文化超開展

共振臺灣
公共領域

吳介祥———主編

Culture
Prevails:
Co-Vibrating Public
Sphere in Taiwan

藝術管理與文化政策
07

文化超開展：
共振臺灣公共領域

國家圖書館出版品預行編目（CIP）資料

文化超開展：共振臺灣公共領域 / 吳介祥, 陳俊
宏, 殷寶寧, 榮芳杰, 劉名峰, 李俐慧, 劉塗中,
高郁婷, 黃意文, 柯人鳳, 趙欣怡作 ; 吳介祥主
編 .-- 初版 .-- 高雄市：巨流圖書股份有限公
司, 2022. 10　面 ;　公分 .-- (藝術管理與文
化政策 ; 7)
ISBN 978-957-732-668-3(平裝)

1.CST: 文化政策　2.CST: 公共領域
3.CST: 文集　4.CST: 臺灣

541.2933　　　　　　　　　　111010145

主　　　編	吳介祥
作　　　者	吳介祥、陳俊宏、殷寶寧、榮芳杰、劉名峰、李俐慧、劉塗中、高郁婷、黃意文、柯人鳳、趙欣怡（依篇章順序排列）
行 政 編 輯	陳翊綾
責 任 編 輯	林瑜璇
封 面 設 計	Lucas
發 行 人	楊曉華
總 編 輯	蔡國彬
出　　　版	巨流圖書股份有限公司 802019 高雄市苓雅區五福一路 57 號 2 樓之 2 電話：07-2265267 傳真：07-2264697 e-mail: chuliu@liwen.com.tw 網址：http://www.liwen.com.tw
編 輯 部	100003 臺北市中正區重慶南路一段 57 號 10 樓之 12 電話：02-29222396 傳真：02-29220464
郵 撥 帳 號	01002323 巨流圖書股份有限公司
購 書 專 線	07-2265267 轉 236
法 律 顧 問	林廷隆律師 電話：02-29658212
出版登記證	局版台業字第 1045 號

ISBN 978-957-732-668-3 （平裝）
初版一刷 · 2022 年 10 月

定價：500 元

作｜者｜簡｜介
（依篇章順序排列）

/ 吳介祥 /

國立彰化師範大學美術系教授，於德國奧登堡大學取得社會學及藝術史的碩士和博士學位。自 2015 年起，是台灣文化政策研究學會的理事，並於 2021 年起擔任理事長。在貢獻文化政策所長之外，也經常撰寫藝術展演的評論，發表在不同的期刊或平臺上。近期的研究專注在記憶文化、反省不義歷史的藝術計畫，以及國家與展演機制之間互相牽引的關係等議題。

/ 陳俊宏 /

英國倫敦政經學院政治學博士，目前為東吳大學政治學系教授，曾經擔任國家人權博物館館長（2018-2021），在任內推動轉型正義的文化反省運動，嘗試以藝術介入途徑開啟社會對話，規劃綠島人權藝術季、人權藝術生活節、國際人權影展等；並出版《讓過去成為此刻：臺灣白色恐怖小說選》、《靈魂與灰燼：臺灣白色恐怖散文選》、《守望天明：人權歌曲合輯》、《政治檔案會說話》等；曾任國際人權博物館聯盟亞太分會主席、東吳大學張佛泉人權研究中心主任，並曾擔任台灣人權促進會副會長、台灣民間真相與和解促進會理事長。目前的研究主題包括臺灣人權運動史、民主創新與審議民主、記憶政治與轉型正義等議題。

/ 殷寶寧 /

國立臺灣大學建築與城鄉研究所博士。現職國立臺灣藝術大學藝術管理與文化政策研究所教授兼所長。專長領域包含建築與文化研究、文化資產與博物館、性別研究等。曾任職於教育部、中央廣播電臺副總臺長、文化研究學會理事長等職務。2017.8 至 2018.7，任臺藝大古蹟藝術修護學系主任。近年出版專書：《性別與設計：建築與女性主義的邂逅》、《淡水文化地景重構與博物館的誕生》、《現代性的魅惑：修澤蘭與她的時代》、《我城故事：大稻埕街區生活書寫》、《知識展示重構：博物館建築空間與觀眾經驗》、《在建築與文化之間，我們設計》。

/ 榮芳杰 /

國立成功大學建築學系博士，現任國立清華大學環境與文化資源學系、人文社會學院學士班合聘副教授。學術研究領域為文化資產管理、文化資產教育與詮釋。目前身兼財團法人古都保存再生文教基金會董事、台灣文化政策研究學會監事、台灣文化資產學會理事、台灣建築史學會常務理事，以及台灣周益記文化遺產永續發展協會常務理事等職務。另外也同時擔任縣市政府文化資產審議委員，努力成為一位拉近民眾與文化資產場所之間距離的傳教士。

/ 劉名峰 /

以金門為基礎，研究民主轉型、公共領域及認同的建構，及其對應於總體臺灣社會的意義。另外，近年的研究主題也涉及海外華人、東南亞的新馬兩國，並以情感模式的概念來理解轉型中的社會。現任國立金門大學閩南文化碩士學位學程副教授。

/ 李俐慧 /

日本國立千葉大學人間地球環境科學專攻環境設計分野工學博士，現任東海大學工業設計系副教授。專業領域為產品環境設計、環境心理與行為研究，致力於探究人們的行動特性、心理意識、人文特質，考察人、物件、環境間的交互關係。學術關懷聚焦在公共領域，曾擔任以街道家具、公共廁所、鄰里公園、公共育嬰空間、捷運車廂、都市公共單車系統等為主題之科技部專題研究計畫主持人，近年來投入科技部人文創新與社會實踐計畫及教育部大學社會責任計畫，展開以地方設計、地方創生為主軸的跨領域行動。2022年與計畫團隊夥伴共同出版兒童知識繪本《乘著繪本逛菜市仔》套書，擔任《五顏六色的市場》作者，嘗試將學術行動轉化為另一種具社會影響力的媒介向大眾傳遞。

/ 劉堃中 /

英國倫敦大學學院（University College London）永續資產研究所博士，現任台灣設計研究院前瞻研發組組長，曾任全聯善美的文化藝術基金會文教處副總監、解決問題股份有限公司共同創辦人、國立傳統藝術中心助理研究員、文化部文化資產局助理研究員、薰衣草森林高等專員。研究興趣為都市文化政策、文化品牌、創意經濟、文化資產與永續發展。曾獲得2012年教育部公費留學獎學金（文化產業學門）。

/ 高郁婷 /

國立臺灣大學建築與城鄉研究所博士，現為中央研究院民族學研究所博士後研究學者。關注都市場域的文化治理與自然治理議題，以及生活形式和城市發展進程的關係，藉此考察捲動社會變遷的歷史─物質路徑及日常生活實踐。未來研究計畫將發展城鎮的寓居民族誌，持續探索家─城辯證運用於本地乃至東亞社會的可能性，及其創發性效果。

/ 黃意文 /

倫敦大學伯貝克學院（Birkbeck, University of London）電影、媒體與文化研究系（Department of Film, Media and Cultural Studies）博士候選人，目前任職於中部地方政府。2009 年取得 University of Greenwich 碩士學位（MA in Events Management），後服務於活動及會展產業。2011 年於屏東美術館辦理塗鴉展，隔年和公司同仁向臺鐵高雄工務段申請社區美化維護計畫，開創「九如鐵道藝廠」（鐵路地下化後已拆除）。曾至許多城市記錄塗鴉作品，也在倫敦帶領私人導覽團跳點解說街頭藝術及塗鴉。

/ 柯人鳳 /

現任台北藝術產經研究室執行長。國際鑑價師公會（International Society of Appsaisers）會員，曾任台灣文化政策研究學會（TACPS）理事。近年研究：台灣畫廊產業史料庫、藝術品鑑定鑑價作業參考準則暨研提人才培育機制計畫、藝術鑑定資料庫與鑑定機制標準化計畫、藝術品鑑定先導服務計畫、藝術經濟學論述之基礎研究計畫、我國藝術品移轉稅制與視覺藝術產業國際競爭力之關係比較研究。著有《藝術經濟力：藝術經濟學論述之基礎研究》。

/ 趙欣怡 /

國立臺灣科技大學建築博士，國立臺北教育大學藝術與藝術教育研究所創作碩士。曾任國立臺灣美術館副研究員、加拿大多倫多大學心理學研究所博士後研究員，2014 年創立社團法人臺灣非視覺美學教育協會，從事美術教育、藝術展演、口述影像、無障礙科技、多感官展示設計等跨領域文化工作。著有《藝術。可見 / 不可見》，開發「國美友善導覽 APP」，策劃《看見：我的微光美學》、《時。光。機》、《非＿存在》、《國美 4.0 建築事件簿》等展。曾獲教育部「第七屆藝術教育貢獻獎」、「第四屆台新藝術獎視覺藝術類 TOP5」獎項等。

推｜薦｜序

2020 年代，「文化公共領域」在臺灣意味著什麼？

　　寫在 2022 年，吳介祥主編的《文化超開展：共振臺灣公共領域》（以及同樣由巨流圖書出版，王俐容主編的《多元的吐納：穿梭於臺灣文化公共領域》）來得正是時候。這兩部臺灣文化公共領域的專書共匯集了二十多篇專書論文，不僅注意到了臺灣公民社會、菁英以及公共媒體、數位傳播科技、社群媒體的公共性及公共議題，也沒有遺忘小寫、小眾、非主流、族裔、性別、底層等對象和議題，同時關注到了文化公部門的審議民主、文化機構（博物館）和企業資本運用 ESG 與文化資產鑑價等文化策略工具，在臺灣文化公共領域中的位置轉換。這兩本新書為臺灣的「文化公共領域」研究和討論奠下了重要的學術基底，以及個案實踐的文化分析基礎。

　　介祥邀請我為她所主編的《文化超開展：共振臺灣公共領域》一書寫序，倍感榮幸。不過，為好書為序難度很高，涉及的議題寬廣，撰文之際，自己也重新思索臺灣文化公共領域的幾個重要問題：

　　時至 2020 年代，文化公共領域在臺灣意味著什麼？「文化」在臺灣真的展得開嗎？所謂文化公共領域的開展在臺灣，究竟是文化的公共性及公共價值在政治、經濟、社會體制中的逐漸擴張及「主流化」？還是獨裁者進化後，政治威權與企業資本系統對常民文化生活世界的「再封建化」？文化公共性與公共價值的「合理性」及「正當性」如何形成？又由誰決定？面對強勢的政治、行政官僚體系與企業資本的共構治理，臺灣的文化公共領域能夠維續嗎？回應這一連串的問題，我想從個人對於「臺灣文化公共領域」的觀察理解，以及自己近年來有限的文化行動參與經驗談起。對我來說，這一串問題的癥結在當代臺灣社會及人民對於公、私界線概念的模糊，以及「公益」和「私利」之間內在邏輯不得不存在的「可轉換性」。不過，公共領域

的探討仍然得緊貼著臺灣的歷史情境及社會脈絡。我認為，臺灣文化公共領域的形成、維續及改變，取決於其民間自主意識的形成和文化內蘊及外在力量的調節與協商。

二次戰後臺灣民間社會的文化力量，與一波波的政治民主化運動、抗爭和經濟的發展是互為表裡的。1950 至 1960 年代除了國家威權體制對人民政治意識型態與生活倫理道德的控制，對農會、漁會的滲透，而基層社會派系則影響著地方政治運作。1970 年代初期，黨外雜誌集結校園學生和黨外政治力量，鄉土文學論爭興起；1980 至 1990 年代，解嚴、解禁伴隨著經濟發展，臺灣民主政治、媒體改革與反對運動激進化，史蹟保存運動、都市空間改造運動興起（國內李丁讚、吳介民、王志弘等學者都曾析論過公共領域及文化運動反抗過程）；到 2000 年代臺灣首度政黨輪替，臺灣的本土化、在地化以及多元族群的議題成為輿論主軸；商業資本獲利擴張與大眾消費邏輯、政論節目的民粹主義盛行；而文建會社區總體營造計畫則使得文化能量深一層擴大到地方社區組織的主體意識。相較於臺灣的政治社會及商業社會的強勢（邏輯），文化及公民社會（邏輯）則相對疲弱。

2010 年代後期到 2020 年代初期，臺灣的文化公共輿論產生了一波熱絡的變化，公共領域的輪廓呼應著新一階段的公民策略性介入而成形。從 2011 百年國慶「夢想家事件」，到 2012 年「文化元年基金會籌備處」的成立；2012 年三黨總統候選人針對國家文化政策空前的公開辯論，以及文化部召開的九場文化國是論壇，並沒有使文化輿論的騷動停歇。2013 年《海峽兩岸服務貿易協議》引發 2014「太陽花反抗運動」，藝文界發起反對文化服務貿易並主張「文化例外」原則、建立文化影響評估制度；而 2015 年至 2017 年間藝文界一系列串聯，介入包括：反對花蓮太魯閣劇場的興建，搶救花東海岸，反對核四興建案，苗栗大埔開發案事件、818 拆政府、搶救淡水夕照與反對淡江大橋興建等議題，則顯示臺灣藝文界菁英從藝術圈擴展到圈外的常民生活和社會議題，也宣示了臺灣「文化公共領域」與文化行動的崛起。

　　同時間，台灣文化政策研究學會於 2015 年成立，2016 年連續策劃了兩次以藝文團體為主的公開民間文化政策行動論壇，蓄積也展現民間文化的能量。後續串聯了藝文團體、文化政策學界和組織，介入了 2017 年全國文化會議公私協力治理，2018 年文化部文化政策白皮書的公民共筆，以及 2019 年《文化基本法》研議、倡議、遊說立法等過程。從民間或者公民介入的角度看來，這是試圖以審議民主、參與式文化治理的民間訴求，策略性地在國家文化公部門的公共治理體制中注入更多反身性與能動性。從民間文化論壇、串聯的游擊戰術，轉為透過與機關部門策略推動文化治理的協力過程中，帶入戰術性、建設性的機制擾動，藉此延展文化公共領域的公民文化論述，也得到了些階段性的改變和進展。不過，很遺憾 2021 年至 2022 年《文化基本法》通過之後的第一次全國文化會議，更換文化部部長後這個公民參與文化政策決策的文化權利和常態性機制，並未再次被確切履行。參與式文化治理及審議文化民主，在形式上、意義上都出現了快速回溢及倒退的現象。對我來說，臺灣「文化公共領域」與文化行動自 2010 年代的崛起到 2020 年代新一階段公民策略變化是否得以維續，值得矚目。

　　我曾在 2013 年〈文化「治理」與文化「自理」：臺灣當代知識分子與文化公共領域的結構轉型？〉一文中，以及 2018 年的《再東方化：文化政策與文化治理的東亞取徑》一書中嘗試用兩章的篇幅，析論臺灣文化公共領域的形構、範圍與內在價值邏輯的轉變。文章爬梳歐美學者從 H. Arendt、J. Habermas、M. Foucault、E. Said、J. McGuigan、T. Bennett、N. Fraser、J. Gripsrud，以及華裔及臺灣學者余英時、李丁讚、顧忠華、金觀濤、劉青峰等，對於歐美及華人公共領域、治理體制、威權與資本系統、公共性以及知識分子在公共領域中扮演的角色論辯，試圖釐清當前臺灣文化公共領域的殊異性和侷限性。過程中發現，臺灣文化公共領域和國家文化治理、企業資本，以及人民的文化反抗之間，其實存在著難以切割的糾結關係。這篇推薦序中，我以此為基礎摘述論點，也加以延展。

　　我認為當代臺灣社會面對公共事務的多重困境，其問題核心仍在於公、私領域的難以明確區辨，這包括五個層次的界線和觀念的模糊：

1 「文化公共性」不等同於文化公部門及公權力，而是社會的自治和自主

當代政府公部門、公務體系或公權力所提供的公共服務雖是公共事務的重要環節，但不等同於公共領域和公共性。在 Habermas 的論述中，國家官僚體系代表的甚至是威權系統。當代國家與經濟資本的系統性共構，已經無法從系統內部進行民主轉變，必須藉由較為激進的民主社會的力量來制衡金錢與行政的力量。公共領域的政治功能必須透過溝通行動中「生活世界」的「理性化」來支撐，也就有賴於自願性公民社會組織的制度化，包括文化協會、學院、獨立媒體、批判社團學會、人權、性別、生態團體、草根性的公民職業團體、工會等等能動者，以及透過當代網路資訊社會與自由、開放的大眾媒介（報紙、廣播、電視），來匯聚弱勢族群意見與公共利益，這點我相當同意。

當代公共領域因此與公共政策的「社會治理」和「網絡治理」論述接合，而文化公共性不再指涉擁有公權力的政府，也不只由經濟強勢的資本家掌控。「公共領域」和「公民社會」的關係實際上是一體兩面，不需要中央集權的強力主導，「自治精神」為現代型態的公共領域奠下了基礎。文化公共領域的議題、範疇也廣義地涵蓋臺灣文化社會中常民自主的文化經濟（媒體、大眾流行文化娛樂）、文化政治參與，日常生活的美感經驗和文化生活方式的意義生產（包含人情味、民俗節慶、宗教活動、在地風俗習慣）。

2 「獨裁者的進化」與文官體制「平庸的邪惡」，造成文化公共性不彰

文化公共領域應不應該與國家或政府的文化「公部門」完全切割？這個問題或許比陳述和現象表面顯得更為複雜。中國傳統的公領域一直涵蓋著國家，自隋、唐以後至今，文官考試體制及儒家知識分子「經世致用」理念，透過制度、官僚組織行政，尋求國家「治法」與「治術」具體落實，御史、諫官制度化成為朝政監督批判的體系。這使得官員、政府公署、甚至公務人

員在傳統華人世界中，成為公權力及公共性的化身，並且兼具倫理道德的崇高性。

不過，公部門的公共服務非都是公共。政務官、政治人物雖任職政府機關首長，卻可能基於政黨之私和個人私誼、好惡、偏愛，在決策施政過程中混淆公、私的界線。嫻熟當代文化治理修辭學的政治人物，更可能在體制中挾帶著審議式民主或參與式治理等形式上的文化論述，形成所謂「獨裁者的進化」。余英時亦曾點出，傳統士大夫知識人侷限在社會地位與政治職務之內，即使當代的文官知識分子、公務人員也難以超越職事、職份的視野與批判性。

體制中所謂的務實知識分子，經常基於對官僚行政不加思索的「處方知識」（recipe knowledge）之需求，而封閉了對於知識批判與反思的可能性（直接告訴我要怎麼做，不要那麼多高來高去的批判跟價值辯論）。身處文化官僚體系的知識分子，是否可能在治理過程中秉持道德良知、凸顯批判性格，勇於向「權力」主張「真理」，講「真心話」相當令人質疑。公務人員面對科層組織的考核、權力運作、行政倫理、人事升遷、官官相護、揣摩上意，或者基於怯懦、怠惰不作為，庇護了政務官的私利，則形成 H. Ardent 眼中平庸的邪惡，也造成文化公共性不彰。

3 公私協力、社會企業與文化中介組織的崛起，使公私領域界線更加混淆

自 1990 年代以來所謂新公共管理公、私夥伴協力的風潮，透過各種促進企業參與公共服務的獎勵（如 OT、ROT、BOT 等），以及當前全球推動企業社會責任、文化投資與社會企業，乃至公益信託制度等，使得**市場變得並非完全是「私利」的匯聚。私部門的企業社會公益、CSR、ESG 的推動，出現了若干由私到公價值邏輯轉換的可能**。這一方面提供市場資本投入文化公益及公共性的想像，事實上也給予政治與商業掛勾，文化公共權力與資本共構更多的縫隙，以及企業透過基金會和公益信託避稅或資金左手轉右手形塑品牌形象的合法手段。

　　加上近年行政法人和公設財團法人等文化中介組織（包括國藝會、國表藝、文策院、國家影視聽中心等）的設立，學界第三部門承接公共服務勞務採購，透過參與式文化治理使得公私界線更加交疊、模糊。問題癥結在於臺灣民間文化專業組織力量薄弱，公部門與企業短暫被擾動後，結構化力量迅速復原。也因此在臺灣公私協力、社會企業與文化中介組織的崛起，同時意味著文化公共領域的擴散和文化治理的主流化，也代表臺灣公共領域正面對獨裁者的變型、進化，以及國家與資本系統力量對公共領域無情地再封建化。

4 批判知識分子獨立性不足，致使民間反抗、監督與制衡的力道薄弱

　　批判知識分子在文化治理體制與文化公共領域中，無論是務實的政策規劃、執行、諮詢、審查，扮演著對於公共權力重要的批判、監督、抗行等角色。然而臺灣當代的知識人、藝術人可不可能批判而務實地參與文化公共領域呢？在臺灣當代的文官考試制度下，政府部門的文官公務員皆來自於民間。所謂學術界的批判知識分子相當高的比例大半生任教於公立大學、研究機構，領取國家的俸祿。臺灣的國立大學、碩士和博士班研究生（包括藝術大學所培育的藝術、文化創作者），也都接受國家高額的學費教育補助。學術界年度接受政府公部門的委託計畫案，在勞務採購計畫以及產學合作計畫案中獲牟利更是所在多有。許多學者樂此不疲，對公部門掌有資源者逢迎諂媚，引以為傲。臺灣亦不乏學術、藝術領域的批判知識分子被延攬從政的案例。

　　金觀濤、劉青峰點出華人世界中把政黨、國家視為一關係共同體，依靠市場和選舉主義而忽略公共理性，在家族公司、民間組織，都靠親戚、同鄉、熟人，甚至江湖義氣建立關係網，是公共規範力量軟弱的原因。批判知識份子以學者身分在為底層公共領域屬於邊緣、弱小群眾釐清其需求並為其發聲過程中，以自身做為弱勢群體代言的角色，而從中挾持、甚至扭曲底層民意，以獲取個人聲望、地位及利益，使得反抗、監督與制衡體制的力道更顯薄弱。

5 公私利益邏輯的「可轉換性」，以及「人文理性」公共溝通模式之必要

文化公共領域若沒有公私邏輯之間的可轉化性，那麼談公共領域是沒有意義的，因為沒有任何改變的可能。只是公跟私的界線怎麼區隔，邏輯怎麼轉換？公益或公共性並非完全排除私利，而是在不同私人利益匯聚過程中，藉由平等開放的「公共論壇」將公民關切的事務，由媒體仲介和銜接，或由公共空間與社會聚合機制，透過互為主體的溝通行動、理性辯證，社會的自我反省和轉化，把個別看法集結匯合統整成「公共論述」。

個人透過公共領域自我實現，將各種私利轉換成為公益或公共的價值邏輯是重要的。在公私相互交會（無論是情感的交流、利益的交換甚至相互敵對）的過程中，理性、尊重地和他人溝通、對話與論述辯證，則是形成文化的公共性的關鍵。不過公共價值的合理性、正當性的建立過程中，卻往往奠基於溝通理性和私人領域的愛、同理和情感，基於理解和感同身受，使個人願意在公私邏輯的轉化過程中，做若干的妥協和退讓。

承 H. Arendt、J. Habermas 的「公共領域」概念，理想言說情境的理性對話與溝通行動理論，乃至於 J. McGuigan 的「文化公共領域」論述，我認為如何將文化的人文元素重新匯入臺灣的公共領域與公共空間，在社區、社群與公共事務的理性辯論中，重新注入常民情感、庶民、娛樂、美學和感動等人文的元素，讓悲哀、傷慟、喜悅、歡愉等常民和底層共同情感經驗，以及對藝術美感價值的共鳴，藉由常民及底層的文化論述，發展出臺灣獨特的人文理性的公共溝通模式則是當前臺灣重要的課題。

➤ 再問：臺灣文化公共領域有辦法轉型維續嗎？

臺灣的文化公共領域確實面臨著時代性的關鍵轉折。面對傅柯鋪天蓋地的微觀權力、循環論述，批判知識分子秉持其主體性、獨立性、文化自理與反抗，務實知識分子的體制內滲透、反動，以及公共意識與批判力量的竄動，究竟能不能撐起人民文化獨立、自主的生存空間？E. Said 在《知識分

子論》中指出，獨立、自主的知識分子，不依賴因而不受制於附屬機構的知識分子（這些機構包括付他們薪水的大學、要求忠於黨的路線的政黨，以及智庫），可不可能存在？現代國家中存在著許多潛在空隙，允許批判知識分子運用官方資源，而卻追求與政府立場相互矛盾的議程與主張。

當代臺灣文化治理雖不能排除治理者與資本擁有者內在的自我節制或改革，以及公私邏輯內在超越的可能性，但卻也不能僅期待政府公部門、企業片面的善意，更需要的是強而有力的文化公共領域，由下而上的反抗支撐以維持文化公共領域的獨立、自主與反身的力量。國家文化官僚體系及政黨的主導力量，確實相當程度地掌控了臺灣藝術文化輿論生產的方向與步調，文化公共領域能動者之間的橫向與縱向互動、聯繫與整合力量仍然相當薄弱，專業學會、協會、藝文團體等能動者對文化政策治理的專業性、理性辯論，卻往往難以尋得跨域藝術文化機構間的共識。而欠缺組織化和長期的人力及資源挹注，民間文化第三部門也不斷面對文化公共性與文化價值組織化、體制化和難以維續發展的現實困境。

我認為在政府威權力量與企業資本的強勢主導下，臺灣文化公共領域的理性辯論雖有相當民意的匯聚，短期內卻難以撼動官僚與資本體制。至於底層的文化反抗，一般人民文化意識仍嫌薄弱、未能與中層專業公共領域結構性接合，致使文化自我規訓與自我治理服膺體制和商業的邏輯，欠缺反身性，對於權力與資本體系的監督與反抗的力道不足。政府官僚政策措施、私人企業資本家贊助投資，確實留有一種跨出政治、商業「本位主義」、「政治經濟利益」，轉而尋求知識人在不同組織中堅持「公益」的「客觀超然」理性的可能性。至於填補這個政府治理與文化自理落差的方式或許是所謂的反身性（reflexivity），這個反身性實踐似乎可以在臺灣近來文化反抗運動的訴求中找到，也就是建構一個更成熟而社會自主的文化公共領域，透過由下而上的監督與批判機制使國家的文化政策反覆地被檢視。

臺灣並不存在純種批判知識分子，我相信無論在公、私部門每個個人內在都有批判性，也有劣根性。因此，文化體制內外、系統中獨裁者的進化與自我節制，科層體制中平庸的邪惡或能動式的賦權，公私協力與民間文化批

判、反抗及制衡監督的力道，私人生活領域的慈善與貪婪，民間社會的鄉愿與良善和內心的淨化及轉換等等，這幾支力量無疑將在當代的臺灣社會中不斷轉換、變型、拚搏。我更相信「人」、「情感共鳴」與「溝通理性」等根本價值結合而成的「文化有機體」，是臺灣文化公共領域轉型與維續的核心關鍵。

《文化超開展：共振臺灣公共領域》這本專書篇章，從公民社會所創造的公共領域視角切入，探討近年臺灣公共領域對文化論述的延展。先由國家博物館機構對於文化記憶的文化介入，析論國家人權博物館（策展、教育推廣、白色恐怖議題）轉型正義議題。再思索文化資產永續發展教育如何做為文化公共領域發展的契機，以及金門戰地文化、馬祖藝術島等戰地文化轉化的議題。專書隨即透過街市動能的匯聚，如超越買賣對話的傳統市場（民間社會人情價值），以及城市街區空間改造：包括大稻埕歷史街區永續發展，商業觀光消費、文創產業的公共領域；彰化市街的翻轉與文化生活個案，探討內縮、流溢，跨世代、新舊傳統，現代都市與傳統基質市民參與的辯證關係；乃至於塗鴉團體對異質空間、化外之地與公民自主的實驗性。藉此凸顯民間社群動能透過社造創生、文資保存、抵抗、游擊戰術等公民社會反抗運動，來維繫臺灣文化公共領域的痕跡。最後專書將眼光落諸機構與企業的文化策略工具，思考藝術資產、無形資產的鑑價機制，CSR、ESG、社會企業如何做為進入文化公共領域的轉換機制，推動文化社會影響力和永續發展的共生共榮等倡議。這些篇章的內容論述值得更多臺灣社會公眾的關注，也期待這部專書的成形，引領臺灣社會走向一個更成熟而有活力的文化公共領域。

國立臺灣藝術大學藝術管理與文化政策研究所教授

2022.07.27

| 目錄 |

PART **II** 街市動能 **139**

PART III 策略工具

CHAPTER

01

▼

緒論：文化公共領域

—— 吳介祥 ——

國立彰化師範大學美術系教授

本書的構思，是台灣文化政策研究學會在眾多議題並陳時，選出社會學的「公共領域」為定位，從最開放的議題範疇出發，欲凝聚「文化公共領域」的特質並開啟新的論述切點。這個企圖很快就遇到兩個架構理論的挑戰，一是一般對文化的認知和界定，本身就是一個公共領域。文化做為有機體，隨機地表徵價值、凸顯傾向，並容納各方論述帶來的形塑或改變，但如此自我描述很難不陷入套套邏輯（tautology）。其二是若將「文化公共領域」範疇劃為各文化子題的集結，則會發現幾乎所有的文化素材都是來自於公共領域。然而這兩個架構理論的挑戰，卻也讓人發現了文化事務一旦浮現，被脈絡化、組織化、媒體化和議題化，乃至取決是否政策化、市場化、資本化或法規化等決定，是一個開放社會非常值得珍惜的過程和動能。

一　公民創造的領域

　　本書徵文以「公共領域」為關鍵字，不少作者也直接回應公共領域的論述模型和相對於文化的適切性及待開拓之處。「公共領域」從哈伯瑪斯（1962）建立論述公共領域的模型之後，在各個理論中被持續開採加工，而哈伯瑪斯（1992）本身也在三十年後以很有分量的著作討論了公民社會（Zivilgesellschaft）的樣態。同時，和他以全然不同的理論模型在論述邏輯上競爭的魯曼（Niklas Luhmann），也以抗議運動（Protestbewegung），描述公共領域和公民社會為「封閉的社會系統的界外觀察者」。對上述兩位理論設計者來說，公共領域和公民社會或抗議運動，都是從正式的社會制度劃出有別於公部門運作的領域，利用這裡不同的權力結構來引發系統差異性（Differenzierung）做為對環境的應變，但一位從正面表述，一位傾向從未可知出發。這些 1930 至 1960 年前就成形的理論模型，在臺灣的社會學界也被充分開展，包括第三部門論述的銜接，分析政府部門與機關的多元化，延伸向各種文化領域來鄰接公民的使用權，達

到公民的文化授能（cultural empowerment），促成深化民主和保障多元的歷程等（王俐容，2009）。

　　哈伯瑪斯（1992）提到公民社會可以讓各有正式立場身分的參與者進入平等或權力關係翻轉的論述場域，轉換決策的邏輯，但同時也有保持中立及自主性，不因循政治運作的談判和交換。公民社會和公共領域的活力，讓國家和社會區分開來，但在法制上互相保證，而形成法治機制下的民主保護結構。因此必須有設施、管道、法律保障的溝通和表達自由等民主基礎設施，來形成上述的分開但互信的關係。因此民主工程的設計如公民提案、訴願、行政法、群眾集結自由、審議機制、公聽會、公共媒體、中介組織等等管道必須充分擴建。當然，哈伯瑪斯的理論架構是針對絕大多數理性公民的，公共領域的存在保障了不同意見、不同專業見解和不同價值取向的論述可以並陳。但公共領域本身也必須被法治容忍，同時允許模糊或不適用法治或曖昧狀態的存在。

　　相對的，魯曼並未直接討論公民社會，而是學者 André Reichel（2012）將他的抗議運動和公民社會論述串接一起。根據系統理論（Systemtheorie）的架構，社會的運作靠著簡化複雜性為二元結構來維持功能，例如經濟制度的可給付－無法給付、司法制度的有責任－無責任，和政治制度的有權－無權之決定。二元化的體制運作會持續發生系統本身的盲點，根據 André Reichel（2012: 70）的論述，抗議和公民社會是不同衝突張力的操作，但可填補上述系統的二元結構之盲點。不管是強勢凸顯特定的價值，例如為了反媒體壟斷或反過度開發的訴求而佔領關鍵公共空間；或是有組織地涉入政策的二元結構影響決策，包括發動公投和街頭遊說等，都是在延展公共領域。魯曼稱抗議運動為「警報式的溝通」、「身體動員」和「媒體動員」，效果疾速也並非沒有運動過度、缺乏縝密性和無法內省制度等風險，但卻是在共同議題內創造一個暫時的平等關係。同時，公民運動也因為題材有別於決策體系，沒有政府機制做決策的責任和壓力，而有源源不絕的創新性和想像力（Luhmann, 1997: 847-857）。系統理論高度抽象描述公共領域和群眾

運動的特質，更能掌握文化公共領域的流動性，也更能描述強度動員記憶、情感的公民運動，即趨向文化性的公共領域。系統理論將社會理論的對象從個體移至「介質」（medium），而讓本書所包含的題材，如博物館人權活動、文資、城市文化生活、市場市集、塗鴉、藝術金融、展演機構共融性等，都可視為系統運作的介質，而讓文化公共領域描述面向更為豐富。

但上述兩套理論的建構，還未預見抗議及公民運動在數十年後，發展出了緊密與政策集結和知識專業化的公共領域趨勢，也沒能描述公共領域在社群媒體、形象美學和遊說技巧上的長足進化。

二 民間社群的動能

臺灣的文化政策史中，公民發難、抗議、民間行動和施壓等，就佔了前面好幾章的篇幅。1976 年，臺北市政府以都市計畫欲打通信義路、和平東路之間的敦化南路，開路計畫的土地兩百年歷史的林安泰古厝面臨拆除，引發保存爭議。經學者奔走，以移地方式保存，於 1984 年大佳河濱公園重建（文化部檔案），並促成 1982 年《文資法》的立法。而 1985 年桃園神社改建忠烈祠的議案，也由於建築師動員了媒體和藝文界，擴散議題的重要性，讓神社存廢的政治決定和歷史、符號及證據性並陳，翻轉了單一的殖民者建設的論述。而保存意識和多視角的論述，則是 1980 年代鄉土運動種下的苗所發的芽（潘映儒，2013）。隨後的各種產業文資保存，如華山文創園區（夏鑄九，2006）、國家鐵道博物館或高雄煉油廠等，也是在不同抗爭力道的公民運動下，以逐步精鍊的論述，一件一件地爭取關注和辯論，再朝向政策的路徑。

臺灣文化政策落實的過程，公民自發性不可忽視。舉例來說，1996 年故宮文物赴美展出前，藝文界對於脆弱文物移動，以及展覽條件和國族尊嚴問題發出巨大的評論聲量，除了促使部分展品撤下展覽名單外，也促使日後

博物館對於文物分級和典藏品狀況評估的作業流程之標準化。又如 2002 年臺中古根漢美術館的興建計畫，合作條件偏向古根漢館方形象行銷，缺乏雙向交流，而在藝文圈掀起文化主體性的辯證。另外，教科書爭議首次出現於 1997 年，日後持續成為認同文化、主體性和民族主義路線之爭，是公共領域的大事件。據統計，第一波的教科書臺灣主體性爭議，在各大紙本報的報導有兩百多則，專欄有一百多篇，而讀者投書則有兩百多篇（王甫昌，2001；杜正勝，1998）。這種爭鳴的氛圍顯示了臺灣文化公共領域在尚無社群媒體的時候，已充滿了競爭性。除了教科書持續的論述競爭外，隨政黨輪替、檔案解編和文獻詮釋，以及所謂的「艱難遺產」（difficult legacies）的呈現，讓公共領域更加成為文化議題託付的重要機制。1995 年第一座國家級的二二八紀念碑競圖出現爭議，而碑文引發更久的辯論，直到 2002 年才重置碑文（吳乃德，2008）。這個涉及政治立場、歷史詮釋、罪責歸屬、當事人記憶，以及社會對補償、回復、正義、原諒及和解等訴求的深切層次，需要有足夠「工具容量」的公共領域來乘載。同時，政策和法規無法呈現的時代幽微記憶、旁人的義憤填膺或是巨視史觀的公允之論，也需藉公共領域的延展性，讓異同互相照見。

文化部的前身文建會，為了建國百年而耗費鉅資之歌舞劇《夢想家》的委託和行政流程、開支和藝術性等各方面問題，不但引起輿論、劇評和政論的集結攻防，還引發了司法機制和監察院啟動調查。諸多辯論也同時是對於政治直接動員藝術對於藝術主體性的衝擊之檢視（陳正熙，2011）。文化界更要警覺的，是政治任命的藝術，或是被收編的創作，是否讓藝術自主性失守（Cheng, 2013；紀蔚然，2014），讓公共領域的「工具容量」限縮？在此之際，民間隨機集結的團體「文化元年」也針對曾志朗擔任文建會主委的人事任命走上街頭，批評政府對於文化事務的繁複深奧和多樣性毫無概念，而認為任何領域的專家都可以指導藝文專業。2011 年年底適逢總統大選時節，「文化元年」也要求總統候選人出席發表文化政見，是總統競選唯一一次有文化政見的事件（台灣英文新聞，2011）。

三　藉公共領域延展文化論述

　　2013 年，文化部成立後一年多，「文化元年」針對依然缺席的文化施政開辦了兩天六場的「文化部危機解密 400 天論壇」，動員了藝文、都市城鄉、文資、文化法學、媒體界及文創產業等各界人士到場，文化部各層級公務員也感受到政績表現的壓力而出席（文化元年網站）。而當《海峽兩岸服務貿易協議》匆促通過時，「文化元年」也號召了藝文和媒體人士在凱達格蘭大道上說明這個協定對臺灣文化產業鏈的衝擊和文化主體性的威脅，甚至有思想滲透的危機。「文化元年」並非固定組織，成員包含社團組織、學生、學者、創作者、歌手、文史研究者、紀錄片專業、作家、出版業、書店業主、導演、文創事業人士、媒體、法界人士和城鄉規劃專家等，以隨機的集結和多元的發聲管道，造成輿論和媒體極大的關注（ETtoday, 2013）。然而政府並未廣納意見，《海峽兩岸服務貿易協議》在立法院闖關後隨即發生「太陽花學運」，塑造了一場政治、文化和社群媒體緊密運作，極度繃張公共領域的公民運動，延展公民不服從和法律之間的張力。學運的爆發是隨機的，卻形成一場動員網絡的有機性、具有極高調度效率的公民社會之運作（吳介民等，2019）。近年多角化的公民社會組織樣態，也呈現出公共領域隨著認同多元化、工具的容量和質量之改變、研究和檔案追蹤的深化，而讓情感、記憶和非幹懸者理性（哈伯瑪斯的幹旋理論 Handlungstheorie），以及共體時艱感（solidarity 或上述吳文用「團結」）同時的存在。

　　在 2014 年「太陽花」公民運動前，諸多文化公共領域已充滿張力，例如 2012 年反媒體壟斷大遊行，既涉及環境生態、又是原住民領域爭議，臺東杉原海岸的美麗灣度假旅館建設引發全國注意和抗議，「不要告別東海岸大遊行暨音樂會」數千人徒步從杉原灣走到凱達格蘭大道上，訴求是捍衛環境和原住民對傳統領域主體性，也是結合藝術和祈福儀式的行動。而 2017 年許多原住民為了抗議《原住民族傳統領域劃設辦法》違反母法《原住民族基本法》精神，在凱達格蘭大道等行政核心區餐風宿露數百天，其街頭活動

「原轉小教室」在 2018 年的「台北雙年展」被請到臺北市立美術館內而成為參展項目。策展團隊透過藝術展，在街頭抗議和公共行政、法律和文化機制的兩端，創造了延長的公共論述空間。

四　豐富的文化公共領域生態

　　本書收列十篇論文，以三個部分呈現，第一部分為「記憶文化」，第二部分為「街市動能」，第三部分為「策略工具」。

（一）「記憶文化」

　　第一任國家人權博物館館長陳俊宏的〈文化介入與轉型正義〉提到了國家人權博物館在從白色恐怖紀念園區到人權博物館的任務和實踐上的深刻思考。作者提到近年的紀念及記憶研究（memorization and memory studies）出現了以「文化介入」（cultural intervention）的趨勢。這種介入不僅是為了處理過去的政治暴力，也同時要讓創傷記憶能被接下來的世代感受和理解，再現隨時間而逐漸被淡忘的集體記憶。陳俊宏首先分析國際間人權教育的重要歷程和關鍵論述，借鏡他國從感受性和敘事力出發的人權教育理論，如 Roger Simon 的「見證教學」（pedagogy of witness），討論了國家人權博物館在轉型正義和人權教育上的幾件實踐經驗。臺灣的轉型正義政策執行的挑戰非常多，除了白色恐怖受難者逐漸凋零外，政治人物利用曲解轉型正義的定義操作議題，以及民間對此議題的生疏乃至冷漠等，都是從艱困歷史推動人權教育的挑戰（Wu, 2021: 9）。作者以實例介紹國家人權博物館如何克服當事者不在場的人權教育任務，包括避免過度簡化不義歷史的問題、理解威權制度下的人心人性，以及教材教案設計的核心思維等。這類案例凸顯透過對艱困資產的深思和體會，才能讓公共領域持續具有辯證力，讓世代不斷探究不義歷史。

　　殷寶寧的〈文化資產教育與文化公共領域之建構：彰化南郭國小與郡守官舍群活化經驗個案〉從性別研究對於哈伯瑪斯早期研究的性別盲目（gender blindness）評論出發，討論了差異性和其他可能性如何進入公共領域的形成過程，補強過去理論僅直接討論平等參與對民主化的貢獻，卻疏忽起始點前就有階級差異的問題。作者引用佛蕾瑟（Nancy Fraser）對哈伯瑪斯資產階級公共領域理論中隱含的性別權力關係之批判，引用她以各種小寫的／小眾／非主流的「公共」取代哈伯瑪斯均質的／大寫的／統合性的公共領域之主張。由此，更有力的探討以學童為主體的文資教育，翻轉參與文化公共領域的資格論。不可忽視的，六十年來追加的論述已經為公共領域研究開啟了更多視角。但誠如《文資法》學者 Lucas Lixinski 提到的，文資政策與法規的主導權在於政府，然而文資欲保留的記憶卻是主觀的、個體的，因而形成了貫徹文資政策的根本矛盾（2021: 176）。殷寶寧最後以哈伯瑪斯受訪透露自己的生命經驗為例，建議了和個人情感連結，包括將學童的文資體驗與認知來補強「多元抵抗的公共領域」。

　　榮芳杰的〈文化資產教育做為文化公共領域的契機：一個永續發展教育的想像〉提醒讀者，文資觀念的落實和知識化，最主要的途徑在於編整進整體教育系統的文資教育。同時作者也點出這個建議早在 1980-1990 年代的「鄉土教育」，但當時執行的成效未盡人意。榮芳杰全盤比較了 2017 年「全國文化會議結論總結報告」、文化部在分區論壇的回應、文資局在 2018 年「全國文化資產會議」的回應，以及立法歷程、《文化資產保存法》與《水下文化資產保存法》兩部《文資法》的差異和國民教育課綱中的文資教育的落差，分析評論文資教育和文資政策是否有一致性。研究指出文資教育與政策應該更具貫穿性，而教師需要有增能的輔助，更重要的是文資教育應與其他科目，如數學、歷史等學科相輔相成。透過教育有效的將文資知識化和生活化，才是文資永續的不二法門。研究並以 2019 年在馬祖南竿津沙聚落以國小學生為對象的夏令營為實證案例。作者明證了文化資產無論如何已經存在於公共領域，但只有將文資整合進入知識體系，才足以形成保存及應用的政策永續性。

　　劉名峰的〈戰地的文化化做為民主轉型過程中之公共領域生成的再現：金門馬祖兩地之政治社會的比較〉呈現文化公共領域的特例。即金門、馬祖為過去軍事布署的最前線，也是最後一波空間解嚴的地區。作者說明執政的輪替現象如何因地方宗族網絡而使兩地發展顯出差異性，也為讀者記述了政治及軍事重地轉化為戰地文資及觀光據點的決策和公共討論過程。作者從戰地文化的形成分析金門、馬祖以最密集的政策、在最短的時間進行民主轉型歷程。而除了觀察選舉、社群網路的集結外，宗親網絡和宮廟系統納入檢視公共領域的範疇，應是此研究獨特的貢獻，也使得讀者對公共領域不同方向的聚斂或延展，產生更大的想像。有趣的是，在劉名峰研究中起步較緩、因於農產業較不穩定而決策更謹慎的馬祖，在 2022 年啟動了「馬祖國際藝術島」活動，一開展就在藝術圈備受矚目。

（二）「街市動能」

　　李俐慧〈策展行動做為文化公共討論之中介：以臺中市第二市場為例〉記錄了她與團隊在臺中市第二公有零售市場，以策展凝聚市場攤商的社群感案例。公共領域的形成離不開消費場域，但多數消費的場域卻不會形成公共領域，哪些需求和急迫性，或哪些架構機制是促使傳統市場形成討論、協作和遊說行動？作者描述了市場在面臨市區重心轉移、場所陳舊、經營方式缺乏競爭性等條件，以勾勒策展對象 —— 臺中市第二公有零售市場的實況。在評估傳統市場的社會、經濟和人情價值後，李俐慧以博物館學和藝術介入的手法將此價值以可感的方式對內呈現。作者記錄了在市場內蒐集到攤商和雇主的長年經驗，規劃他們熟悉的物件展示，而形成超越買賣行為的對話與連結。這種築構在市場「記憶資本」上的文化公共領域，潛移默化地啟動了市場社群內部的質變。

　　劉塗中的〈文化創業的公共領域：大稻埕歷史街區的都市想像與永續發展〉記述了一個具時間軸的複合文化公共領域。大稻埕歷史街區的保存，是四十年前公民社會運作的結果，經歷了街區保存的公共與私領域之間權益

的分配正當性、都市開發和文資保存之間利益的拉距。在探究歷史體驗性（authenticity）和商業、觀光業的融合規劃過程中，都是所有權者、都發及文史專業和文創經營者長期斡旋和實驗的累積。作者提出具有「消費性質的文化公共領域」概念，即從保存出發、從歷史和建築元素開拓商業性，進而啟動具有肯定及認同的消費行為。劉塗中採訪不同面向的進駐業者，得出文化創業也是文化參與的觀察。創意產業是透過在當代與歷史間往返，保存記憶和呈顯公共性價值，而消費也成為實踐，可視為「循環的文化公共領域」的論述。

高郁婷的〈翻轉市街：彰化市文化生活的內縮與流溢〉分析了彰化市在經歷殖民時代到市鎮功能產業化後，現代化及城市資本化的速度不及其他大城市、公共文化治理限於表面層次、公部門被動調度民辦活動的空間需求，觀察出這個城市文化公共領域發展的先決條件和挑戰。作者發現彰化市從 2010 年左右開始出現回鄉的青壯年，帶著世界經驗、創業技術或企劃能力，回到彰化，依著家宅條件和社區街市的紋脈，以不同類型的商業空間來經營文化生活和社群連結。這些陸續形成的書店、講座場域、咖啡店、市集、音樂演出和藝術節慶，在彰化市逐漸形成有別於其他現代化城市的文化公共領域。它們依附在既有傳統和陳舊的街市網絡中，因而必須有不同的延展性和應變力。高郁婷以「內縮與流溢」打開了新的論述，介紹了跨世代、新舊、傳統和現代、具流動性文化公共領域。

黃意文的〈公共治理下的塗鴉：文化表現與規範〉提出了異質空間（heterotopia）和公共領域之間的相似及差異性。塗鴉一直都是在法規和秩序之外的旁敲側擊，卻也隨時可以被管理機制收編，但塗鴉客和塗鴉團體抵抗規範化的街道美學和游擊行動，有其他公共領域沒有的熱情和戰術。作者發現和英、美等國做為階級和領域宣示的塗鴉不同，臺灣塗鴉社群的行動在於在都市街道之間尋找「化外之地」來標示密碼，在市區布滿監視器的臺灣，這似乎也意味著公民自主性的實驗和伸張。黃意文觀察到臺灣的公共空間的文化治理，面對塗鴉的竄動性，不得不持續改變應對策略和法規。研究

同時也凸顯了官方在面對進化中的塗鴉行動時，從維持公共秩序轉向文化治理時，認知和策略上仍不免左支右絀。

（三）「策略工具」

柯人鳳〈藝術資產進入公共領域之機制轉換：以資產評價做為手段之初探〉回應了前述公共領域的「工具容量」，並開啟一個新工具議題。藉由企業的社會責任（CSR）和永續經營指標（ESG）的實務性，柯人鳳探討了文化價值和經濟價值互換的可能性。這個可行性的評估將各種可參考的工具納入，包括有形與無形文化資產的定義、藝術市場的統計和各種評估及排名的方法學、藝術品估價、藝術融資、藝術鑑價、資料庫及數據化，以及上述企業價值計算的量性與質性數據等。作者廣泛探討了藝術進入企業價值評鑑時，應思考的各面向理論，首先為這個領域打開幾扇值得深入研究的門，如文化的可現性和象徵性在過去與現在的運用，以及在鄰接各專職領域時如何建立可測量的選項等。企業社會責任無疑的正在發揮影響力，而企業對藝文的扶持如何成為文化公共領域的一環，的確是頗值得期待的研究。

趙欣怡〈How to Make a Universal Museum? Investigating on Autonomy and Accessible Technology Application with Multisensory Interpretation for the Visually Impaired Visitors〉（如何創造通用性博物館？以視障觀眾自主化及無障礙之多感官轉譯科技應用程式調查為例）是作者調查及評估國內五座國家博物館在共融設施及克服訪客身心障礙的輔助狀況。這個研究非常集中在設施及軟硬體運用上，研究也發覺了五座分布在臺灣各地的國家博物館，因地理、建築條件和機構屬性，能達成的共融服務彼此相當不同。在《文化基本法》及文化平權成為施政重點下，文化公共領域更趨向多角化和專業化，必然也會拉開文化精英和文化弱勢的差距。共融服務應是博物館的基本配備，但也需要極大的想像力、規劃和設計的人才、使用的引導，以及向所需社群推廣的工作等。趙欣怡的研究還特別提到

如何擴大所需人士完成自主的博物館參訪，是共融設計的重要目標之一。雖然研究本身是以工具為核心，但該研究顯示出有適合的工具，才能達到創造「平等的公共領域」之任務。

本書各章是各作者在專業上長期的投注和敏銳的觀察，同時也不乏是對於文化政策的評論和建言。從豐富的研究題材來看，文化公共領域的論述是源源不絕的，它們既是論述、學術，本身也是文化公共領域的一環。而集結出版，除了呈現作者們的耕耘和收穫，也更易於讓跨年代的經驗和議題有所承傳，以及跨範疇的研究者之間的交流，我們以此欣然迎接充滿動能的文化公共領域。

參｜考｜文｜獻

ETtoday（2013）。〈文化界反服貿協議　文化部：電影開啟大陸市場商機〉。ETtoday 新聞雲，取自 https://www.ettoday.net/news/20130621/228759.htm#ixzz7LpB5OQcw

文化元年網站 http://renewtwculture.blogspot.com/

文化部檔案 https://cna.moc.gov.tw/home/zh-tw/art/36327

王俐容（2009）。〈文化政策與公民建構：以台灣與中國大陸為例〉。收錄於江明修（編），《公民社會理論與實踐》（頁：115-134）。桃園：智勝文化。

王甫昌（2001）。〈民族想像、族群意識與歷史 ——《認識台灣》教科書爭議風波的內容與脈絡分析〉。《臺灣史研究》8(2): 145-208。

吳介民、許恩恩、李宗堂、施懿倫（2019）。〈我們「NGO」：太陽花運動中的網絡關係與社運團結〉。《臺灣社會學》38: 1-61。

吳乃德（2008）。〈書寫「民族」創傷：二二八事件的歷史記憶〉。《思想月刊》8(1): 39-70。

杜正勝（1998）。《臺灣心臺灣魂》。高雄：河畔。

紀蔚然（2014）。〈藝術的溫床或深淵？〉。《風傳媒》，取自 https://www.storm.mg/article/22829?page=1

陳正熙（2011）。〈夢想，何以為家？被 100 年慶典遺忘的夢想家們《夢想家》〉。表演藝術評論台，取自 https://pareviews.ncafroc.org.tw/?p=841

夏鑄九（2006）。〈對台灣當前工業遺產保存的初期觀察〉。《國立臺灣大學建築與城鄉研究學報》13（March）: 91-106。

潘映儒（2013）。《神聖空間意義的建構與競逐 —— 從桃園神社到桃園縣忠烈祠》。國立臺灣師範大學歷史系碩士論文。

鄭景雯、郭羿婕、黃慧敏（2011）。〈文化界提問馬蔡宋各有表現〉。台灣英文新聞，取自 https://www.taiwannews.com.tw/ch/news/1788100

Cheng, Fan-Ting (2013). Dreamers' Nightmare: The Melancholia of the Taiwanese Centennial Celebration. *Theatre Journal* 30(1): 172-188.

Habermas, Jürgen (1992). *Faktizität und Geltung*. Frankfurt. Suhrkamp

Lucas Lixinski (2021). *Ligalized Identities*. Cambridge. Cambridge University Press.

Luhmann, Niklas (1997). *Die Gesellschaft der Gesellschaft*. Frankfurt. Suhrkamp

Reichel, André (2012). Die Zivilgesellschaft der Gesellschaft? Systemtheoretische Beobachtungen eines unruhigen Funktionssystems. In S. A. Jansen et al. (eds.), *Bürger. Macht. Staat?* (pp. 53-73). Springer.

Wu, Chieh-Hsiang (2021). Against Oblivion: Art and Hindered Transitional Justice in Taiwan. *Critical Asian Studies*. https://doi.org/10.1080/146727 15.2021.1888307

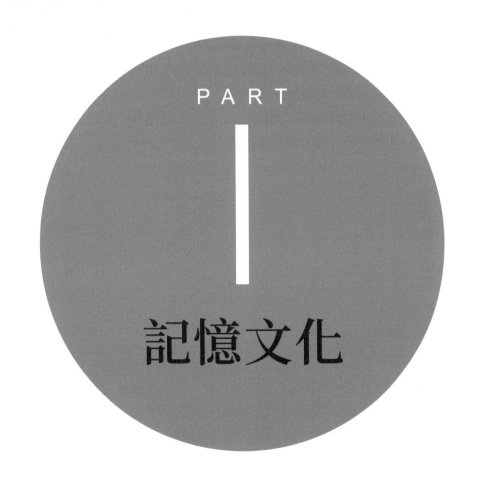

PART

I

記憶文化

▼

文化介入與轉型正義

—— 陳俊宏 ——

東吳大學政治學系教授

「逝者與活人之間有一個祕密協議。……我們在塵世的期待之中到來，也被賦予了微弱的彌賽亞力量……」

—— 班雅明（Walter Benjamin）

「唯有位於市民社會的公共領域中，多元文化的鬥爭才有其空間，同時政治及道德學習以及價值的轉變才可能發生……」

—— 班哈比（Seyla Benhabib）

如何克服過去的歷史傷痛，讓侵害人權的歷史成為社會的集體記憶，並將過去的負債轉化為未來的共同資產，是轉型正義的重要目標。然而轉型正義工程的成功與否，部分取決於社會對轉型正義目標的認可，特別是社會大眾對處理過去的歷史傷痛，從冷漠轉為同理，進而以行動支持。因此，集體記憶的保存與再現是轉型正義的重要任務。近年來透過「文化介入」處理過去的政治暴力與創傷記憶，是國際社會推動轉型正義的重要途徑，對於召喚未曾經歷過暴力創傷歷史的年輕世代之同理與共感，扮演重要的角色。本文嘗試分析 2018 年國家人權博物館成立之後，透過不同文化介入途徑所進行的「困難知識」轉譯與推廣工作，並以「校園白色恐怖地圖計畫」為例，檢視困難知識的展示內容與教學法所應注意的倫理原則，進而評估在逆向梳理歷史紋理的過程中，博物館在記憶工程中的可能與侷限。

一個民主政體如何針對先前威權政體對人權的侵犯作為，從事真相調查、賠償或追究，是成就轉型正義的重要政治工作，而如何透過制度設計與政策的規劃，在避免「太多的記憶或太多的遺忘之間」找到平衡點（Minow, 1998），以達致政治和解、確保惡行「永遠不再」（never again）的目標，更是一個民主轉型社會持續關注的課題。然而在許多國家

的轉型經驗中證明，如何才能成就惡行「永遠不再」的目標，除了進行制度性的改革之外，如何對過去進行深刻的反省，也是社會邁向和解、確保惡行不再的重要任務，因為深刻的反省「不民主」的過去，將替獨裁政權壓迫的過去與民主轉型的未來，提供一個積極的橋梁，使威權遺緒得以轉變成為民主的資產，刻畫出民主的前景與未來。因此追憶（memorialization）是轉型正義的重要任務。近年來，「記憶研究」（memory study）不僅成為跨學科的重要研究領域，也是轉型正義研究的重要課題，其中有關困難知識（difficult knowledge）的再現與傳遞，是一個特別受到關注的研究主題；而強調透過「文化介入」（cultural intervention）處理過去的政治暴力與創傷記憶，則是近年國際社會推動轉型正義追憶工作的重要趨勢，因為不同的文化介入途徑，可以有效傳達因人權侵害事實而引發的情感反映，例如痛苦、悲憫，苦難、憤怒等情感的複雜性，對於召喚未曾經歷過暴力創傷歷史的年輕世代之同理心，進而以行動支持，扮演重要的角色（Bickford & Sodaro, 2010）。

倘若對集體記憶的保存與再現，是避免未來暴力再度發生的重要任務，如何進行集體記憶的保存與再現？如果保存的集體記憶不再是彰顯民族的偉大與榮耀，而是揭露過去的錯誤或不光榮的歷史，哪些記憶應該保存，哪些記憶應該遺忘？透過何種方式再現與傳遞這些歷史創傷？如何讓未曾體驗過暴力創傷的年輕人，體認歷史的教訓，藉由傳承過去政治暴力的集體記憶，做為未來民主公民的心理基礎？

在當今的臺灣，轉型正義在公共領域的反省與實踐，是縫合不同族群的歷史記憶，凝聚政治共同體意識無法避免的關鍵課題。然而由於臺灣特殊的轉型正義進程，導致創傷記憶的再現與傳遞，存在許多結構性困難與限制。對一般大眾而言，轉型正義是既負面又沉重的議題，又因為長期的社會對立與認同分歧，政府推動轉型正義的工作，常會被解讀為「政治清算」，導致大部分的民眾對此保持冷默或敵視，但認同與支持的少數者，儘管立場堅定，但卻長期處在同溫層，鮮少有機會聆聽不同立場的聲音。因此，即使歷

經民主化三十多年，許多歷史現場從未被標示或指認，面對幽暗歷史的路徑仍顯單一、某些歷史的聲音依舊模糊，如何「面向過去而生」，如何思索「共同的未來」，仍是一項未決的課題。

歷經多年籌備，國家人權博物館於 2018 年正式成立，嘗試將過往的傷痕遺址，轉化為當代抵抗遺忘的場域。做為亞洲首座結合歷史遺址，闡述威權統治斲傷人權歷史的國家級博物館，人權博物館肩負著保存與再現記憶的重要使命與任務。然而博物館做為文化性公共領域，在推動轉型正義的過程中，如何透過博物館的場域與資源，結合不同團體，開啟社會對話與反思？博物館應該如何進行困難歷史的展示與社會溝通？

從「記憶研究」與「人權博物館學」（human rights museology）出發，本文嘗試分析 2018 年國家人權博物館成立之後，藉由不同文化介入途徑所進行的「困難知識」轉譯與推廣工作。儘管「文化介入」處理過去的政治暴力與創傷記憶，是近年國際社會推動轉型正義的重要趨勢，然而在國內，仍未見對於轉型正義的文化介入途徑，進行系統性的學術分析與檢視。本文是此議題的初步嘗試。第一部分將簡述當前在國際社會由聯合國所主導的轉型正義基本原則與發展路徑，並說明集體記憶的保存與再現，在推進轉型正義工程的重要性。第二部分則藉由近年學界關於困難知識的研究，分析創傷歷史的展示與教學所應注意的倫理原則；第三部分則說明 2018 年國家人權博物館成立後，藉由不同文化介入途徑所進行的「困難知識」轉譯與推廣工作，最後將以「校園白色恐怖地圖計畫」為例，檢視困難知識的展示內容與教學法的倫理原則，在校園實踐的可行性，進而評估在逆向梳理歷史紋理 [1] 的過程中，博物館在記憶工程中的可能與侷限。

1　此句引用自華特・班雅明（Walter Benjamin）在〈歷史的概念〉文中所提及：「歷史唯物主義者因此盡可能使自己從它們的進程中抽離開來，他的任務著重於逆向梳理歷史的紋理。」參見華特・班雅明（2019）。《機械複製時代的藝術作品》。臺北：商周。

一　追憶與轉型正義

　　做為保障基本人權、維護世界和平的國際組織，聯合國多年來推動轉型正義工程不遺餘力，持續倡議一個全面性的轉型正義途徑（holistic approach），強調「促進真相」、「正義」、「賠償」與「保證不再發生」，是轉型正義的四大元素，在概念和經驗上並非隨機的組合，而是彼此相關且具有互補的關係（陳俊宏，2015）[2]。擔任聯合國首任「促進真相、正義、賠償與保證不再發生之特別報告員」（special rapporteur on the promotion of truth, justice, reparation and guarantees of non-recurrence）的 Pablo de Greiff 教授曾指出，在許多國家推動轉型正義的經驗一再證明，在這四大元素間進行權衡取捨或是有所偏廢，都不利於轉型正義工程的進行，而和解的目標更不可能在缺乏這些元素的前提下實現。[3] 然而轉型正義工程的成功與否，除了上述四項制度與法律工程之外，還需要社會大眾對轉型正義的推動有所共鳴與反思，對處理過去的歷史傷痛，從冷漠轉為同理，進而以行動支持。因此 Pablo de Greiff 指出，轉型正義工程不只限於制度性的改革，還需要在文化領域和個人傾向（dispositions）有所改變，透過教育、藝術和其他文化介入措施，以及檔案與文獻的保存與整理，都將有助於社會面對與處理過去人權侵害的遺緒。特別是面對系統性與結構性的人

2　另請參見 Pablo de Greiff (2012). Theorizing Transitional Justice. In Melissa S. Williams, Rosemary Nagy, & Jon Elster (eds.), *Transitional Justice: NOMOS LI*. New York and London, NYU Press.

3　這種強調全面性的轉型正義途徑，近年來也在經驗層次上獲得證實。根據 Leigh A. Payne、Tricia D. Olsen 與 Andrew G. Reiter 等三位政治學者針對 161 個國家所採用的 848 個機制所進行橫跨將近四十年（1970-2007）的追蹤研究顯示，使用單一機制（特赦、審判、真相委員會）通常對於民主與人權的保障不會有正面的效果，反之，整合不同機制的方式較能促進人權與民主。Leigh A. Payne, Tricia D. Olsen, & Andrew G. Reiter (2010). Justice in Balance:When Transitional Justice Improves Human Rights and Democracy. *Human Rights Quarterly* 32: 980-1007.

權侵害，避免轉型正義的推動導致制度性偏差（institutional bias），需要藉由不同文化介入的措施，讓受難者的聲音與身影被看見，喚醒社會對於體制性暴力與侵害的認識與反省[4]（Grieff, 2014: 18）。近年來，聯合國更進一步強調集體記憶保存的重要性。例如第二任「促進真相、正義、賠償與保證不再發生之特別報告員」Fabián Salvioli 即強調，沒有過去的記憶，就不可能有獲得真相、正義和賠償的權利，也無法保證不會重蹈覆轍，因此追憶（memorialization）是轉型正義的第五根支柱，集體記憶的保存，不僅有助於其他四個支柱的實施，也是使社會擺脫仇恨和衝突思維，並邁向和平文化進程的重要工具。因為對過去不正義的理解、以及基於理解而來的反省，或許是防止暴政再度發生的重要機制。[5] 換言之，如果集體記憶的保存與再現，對於「後衝突社會」（post-conflict society）形塑民主文化扮演重要角色，則在推動轉型正義的過程中，必須予以高度重視。因此，轉型正義的工作不能止於加害者和被害者的咎責與賠償，也不只是法律與制度改革，而是轉型社會必須互相對話學習、共同嚴肅面對的一場文化反省運動，藉助對過去的反省來建立民主文化。唯有社會共同思索與反省過去發生了什麼、為什麼發生、如何發生；以及如何避免惡行「永不再發生」，才能有助於道德共同體的重建。

事實上，從國際人權運動的發展脈絡來說，集體記憶的保存與國際人權體制的發展密不可分。Andreas Huyssen 即指出自 20 世紀以來，記憶政治與人權論述兩者之間交錯的三個重要關鍵時刻：二戰後對獨裁與大屠殺記憶的喚醒；蘇聯及中東歐共產政權垮臺、拉丁美洲獨裁政權與南非種族隔離制度的結束；以及 20 世紀末期前南斯拉夫與盧安達的種族清洗；人權論述與記憶論述並行，透過處理過去人權侵害的歷史，喚醒國際社會的重視，進而採取行動，以追求避免未來再度發生的目標。正如 Huyssen 所

4　參見聯合國促進真相、正義、賠償與保證不再發生之特別報告員的報告：A/HRC/24/42；
　　A/72/523；A/HRC/36/50/Add.1

5　參見 A/HRC/45/45

言：「記憶政治持續保有的力量，依然是在未來得以保衛人權的基本要素。」（Huyssen, 2011: 621）

　　另一方面，我們可以從博物館在國際的發展趨勢，理解集體記憶與人權保障之間的交織發展（Carter, 2019; Apsel & Sardo, 2020; Sardo, 2018）。Jennifer Carter 以人權議題在博物館的發展中，將人權博物館的演變分為三波浪潮。與二戰後人權論述發展相呼應，第一波浪潮始於1950年代，主要是以紀念特定大規模侵害人權歷史事件的紀念館紛紛出現。這一階段中，紀念館連結新形式的記憶論述，以各種展示方式呈現受害者生命故事（如物件、口述史和錄影），象徵性地修復其道德與尊嚴，並為受害社群發聲。第二階段則於20世紀晚期開始發展，主要強調從紀念走向行動主義，在敘述策略上，博物館除了集中在遭受歷史和社會不正義的受害者故事，及其抵抗不正義之韌性外，也將焦點置於相關的倡議社群。在展示策略上，則透過展示設計將觀眾定位為暴行的見證者，並試圖使觀眾由目擊者轉化為人權運動的倡議者。博物館的第三波浪潮則大約起源於21世紀初期，有些人權博物館建構的脈絡來自於國家啟動轉型正義工程處理過去的歷史暴行，博物館的成立做為象徵性的賠償措施（symbolic reparations），除了進行追思紀念之外，並致力於社會療癒。在這類型的博物館中，除了呈現歷史性的主題之外，並廣泛與社會階層有所連結，亦試圖涉及當代議題，促進社會發展人權文化（ibid: 14-24）。這種新型態的人權博物館，試圖展示與再現過去的創傷與暴力，鼓勵觀眾批判性地參與並深入地反思行為（Carter, 2019: 26; Apsel & Sodaro, 2020: 7）。基於人權博物館學（human rights museology），此類型的博物館具有幾種特徵：首先，它是為了人及其背後的故事而存在的，博物館的存在做為一項「提醒」，其傳達的理念之重要性更甚於物件本身，例如要強調人權侵害的事實，則暴力創傷的受難者生命經驗是展示的核心，它強調為受害者發聲，透過受難者生命故事的再現，肯認與紀念受難者，恢復受難者的尊嚴；其次，在展示策略上，採取情感性的途徑進行社會溝通，以感動人心的溝通方式（emotive）取代傳統說教的模式，將觀眾放在一個見證他者苦難的角色，喚起觀眾的同

理心（empathy），獲得有力的學習經驗，以利於個人道德信念的轉變；最後，強調博物館行動主義（museum activism），使博物館成為容納多元聲音和對話以討論正義之場域，並為個人和集體參與人權的實踐，提供多元化的倡議行動（Flemning, 2012; Carter & Orange, 2012, Orange & Carter, 2012, Carter, 2019; 陳佳利，2015）。

人權博物館做為對話的空間，讓當下的觀眾與創傷的過去交會，或許可以讓博物館成為希望的實踐場域。因此如何透過博物館展示歷史創傷的事件，喚起觀眾的批判性歷史意識，便是人權博物館的重要使命。如同 Judith Butler 所言，呈現這些困難和痛苦主題的媒介、技術和形式本身，即是人們理解這些苦難的「框架」，使我們對人、對過去的或當代的弱勢者、異議者、受苦者、被排斥群體的「不安定處境」（precarity）有更深的認識，或許比較容易產生同理心（Butler, 2004; 陳嘉銘，2019）。然而創傷的記憶如何進行公開展示？過去傷痛歷史的記憶，如何觸發人們的道德動機，而不是觸發復仇，或者產生其他可能傷害人權的回應，例如，更逃避自己責任、更被動的社會參與？如果集體記憶是社會建構的，也具有高度政治性與爭議性，倘若展示的目的只是為了滿足當前的政治訴求，不僅無助於社會的和解與重建，更可能導致分裂與衝突（Sardo, 2018）。另一方面，在展示手法上如何避免將創傷故事過於感傷或浪漫化的再現，或是讓觀眾感到幸災樂禍（feeling good about feeling bad），也是博物館進行創傷歷史展示與教學過程中，需要嚴肅面對的議題（Simon, 2005）。

二　困難知識與傷痕歷史

近年來學界出現許多探討創傷歷史教學與展示的相關研究文獻，從不同的學科與研究途徑，探討如何進行創傷歷史的教學與展示，學界稱之為困難知識（difficult knowledge）（Britzman, 1998; Pitt & Britzman, 2003;

Lehrer et al., 2011; Simon 2005, 2006, 2014; Zembylas, 2014）[6]，其中
以 Deborah Britzman 為開端，從教育心理學的角度，提出困難知識的概
念，指涉在課程中如何呈現社會創傷議題，以及在教學法中有關如何處理個
人與創傷相遇的問題（Britzman, 1998; Pitt & Britzman, 2003: 755）。
例如在分析為何在課堂上應該教授《安妮的日記》，Britzman 認為將創傷
歷史與受難者的證詞納入課程的主要目的之一，在於透過對困難歷史的檢
視，讓學生理解那個時代深刻的苦難與不正義，進而關注當年維持仇恨與侵
略的社會結構，體認人的易脆性（vulnerability），並透過創傷經驗讓學生
得以與「缺席的他者」（absent others），進行情感性的連結（Britzman,
1998; Zembylas, 2014），進而培養讀者成為一個倫理主體（ethical
subject），思考人類境況（human condition），培養批判性的歷史意

6　有關困難議題的探討，學界有不同的用法，例如具挑戰性的歷史（challenging history）
（Kidd et al., 2014）、困難知識（difficult knowledge）（Lehrer et al., 2011; Simon, 2005,
2006, 2014）、困難歷史（difficult histories）（Rose, 2016），困難展示（difficult
exhibitions）（Witcomb, 2010, 2013）。儘管有不同的用法，但這些用法都強調這些
主題及內容是長期在公共生活中被排除或邊緣化，同時博物館具有再現這些主題
的倫理責任。參見 Jenny Kidd (et al.) (2014). *Challenging History in the Museum:
International Perspectives.* Ashgate Pub Co; Simon, Roger I. (2005). *The Touch
of the Past: Remembrance, Learning, and Ethics.* New York: Palgrave Macmillan;
Lehrer, Erica, Cynthia E. Milton, & Monica Eileen Patterson (eds.) (2011). *Curating
Difficult Knowledge.* Palgrave Macmillan; Simon, Roger I. (2006). The Terrible Gift:
Museums and the Possibility of Hope Without Consolation. *Museum Management
and Curatorship* 21(3): 187-204; Simon, Roger I. (2014). *A Pedagogy of Witnessing:
Curatorial Practice and the Pursuit of Social Justice.* Albany: State University of New
York Press Rose; Julia (2016). *Interpreting Difficult History at Museums and Historic
Sites.* Rowman and Littlefield, Lanham, Boulder, New York and London; Witcomb,
Andrea (2010). The Politics and Poetics of Contemporary Exhibition Making: Towards
an Ethical Engagement with the Past. In Cameron Fiona & Kelly Lynda (eds.), *Hot
Topics, Public Culture, Museums* (pp. 245-264). Newcastle upon Tyne: Cambridge
Scholars Publishing; Witcomb, Andrea (2013). Testimony, Memory and Art at the
Jewish Holocaust Museum, Melbourne, Australia. In Viv Golding & Wayne Modest
(eds.), *Museums and Communities Curators, Collections, Collaborations* (pp. 260-274).
London: Bloomsbury.

識。因此《安妮的日記》做為課堂閱讀教材，不只是做為文本而已，學生透過日記與創傷歷史的親密相遇，往往會伴隨著有力的道德訓示。這種將學生放入與創傷經驗的見證與證詞之間的對話，是一種情感（affect）的學習經驗，將會擴大學生如何理解自己與歷史的關係，以及體認對「他者」的責任。儘管《安妮的日記》可以有助於學生理解困難的歷史，然而 Britzman 提醒在困難知識的教學過程中，學生可能產生許多情感上的波動，例如對受難者產生憐憫與同情、對侵略者充滿憤怒與怨恨，甚至對於這樣的創傷歷史帶來的結果感到深刻的失落或絕望。因為學生不僅是學習有關（learning about）創傷歷史，還會在從創傷歷史的學習（learning from）而對個人的情感產生衝擊，這種在學習中出現內在的焦慮與期待之間的衝突，導致困難知識的教學對傳統的教學法提出挑戰。因此，困難知識的教學之所以困難，不僅僅是因為創傷知識的內容本身，還因為學習者與這些內容的互動與參與，存在高度不確定性。換言之，困難知識之所以困難，在於對於「他者經驗」的再現，不只是歷史如何被呈現而已，同時包括自我透過與「知識的他者性」（otherness of knowledge）交遇之後，並未強化學習者「認為」已知的事物，反而破壞了其穩定性，由此產生的新知識，複雜化了學習者的理解與想像（Pitt & Britzman, 2003: 755）。

近年來，困難知識的討論也大量出現在博物館的策展中，特別集中在博物館如何進行困難知識的展示與教學的討論。例如加拿大教育學者 Roger Simon 在研究博物館如何進行創傷歷史的展示，藉由博物館以特定的展示方式呈現過去，可以觸發觀眾情緒，進而影響觀眾對過去的思考、判斷與行動，因此，將博物館空間視為過去與現在的重要交會點，這種交會不僅跨越時空，也是當下的觀眾與「缺席的他者」之間的交會（Simon 2005, 2006, 2011a; 2011b, 2014）。Simon 同意 Britzman 的主張，困難知識在本質上並非是附著在特定的作品意象或是論述當中，它之所以困難，不只是因為知識的創傷內容本身，而在於學習者與這些內容的交遇，也是充滿不安的：

所謂困難知識，並不固有於特定的文物、圖像和論述中，意即，不
應將困難視為特定知識本身的特徵或屬性。更確切地來說，在困
難知識中困難的軌跡存在於不確定但可能存在問題的關係中，包括
困難知識與觀展經驗所激發的情感力量、觀眾體驗這種力量的可能
性，及其對展示圖像、文物、脈絡及聲音的理解（Simon, 2011a:
195）。

　　因此觀眾與困難知識所展示的意象、物件與文字的互動，所接收的不僅
是認知上的知識或資訊，同時也是一個無法化約的情感，因此「情感」在困
難知識的教學中扮演重要的角色。Simon 認為它對於博物館教學法上的啟
發，來自於觀眾與困難知識的展示互動過程中，如何處理情緒（emotion）
與思想（thought）之間的持續辯證關係（Simon, 2011b: 447），因為歷
史再現喚起的記憶，在某種程度上不一定是認知層次，而常常是情感層次
的，透過博物館再現創傷的歷史事件，可以建立觀眾與過去之間的倫理關
係，並喚起批判的歷史意識（Simon, 2006: 187），這種實際的交會不在找
尋確切的答案，而是找尋與「缺席的他者」之間倫理關係，而這對於找尋希
望的未來而言是不可或缺的。他將有關「過去」做為困難知識，稱之為可怕
的禮物（terrible gift）（Simon, 2006: 188; 2014: 18-27），這個禮物的
可怕性（terribleness），在於透過與缺席它者的交會，所承載的傷痛、失
落與絕望，它的禮物性（giftedness）則在於透過與過去的交會，經由觀
眾的凝視經驗，將連接過去、現在與未來，使我們得以學習如何將困難的過
去，轉遞為我們對於現在與未來生活的重要資產（Simon, 2006, 189）。從
這個角度來說，在博物館空間所進行的記憶工程，是具有高度教育學意涵
的，這是一種培養有關公共歷史的批判式教學法，他將此稱之為「見證教學
（pedagogy of witness）」，見證教學法擴大展示的情感力量，同時複雜化
觀眾的認知反應，策展人透過場面調度（*mise-en-scène*）呈現過去，讓
觀眾與過去的意象、物件、文本以及聲音交會，回應他者的召喚，重新思考
創傷歷史在社會生活的意義，並強迫自己對既有信念進行反思，發展負責任

且紀念性的親密關係（responsible memorial kinship），履行見證的責任（2006; 2011b）。因此，在與一段我們既不願重複、也不想忘記的過去直接相遇的過程，見證教學不只是讓大眾理解不曾相遇的過去，同時希望透過這個過程，讓觀眾可以重新思考我們對特定歷史的理解，如何影響我們當前的思想與行動。

從上述的分析可知，有關創傷內容如何展示，一方面涉及展示內容本身，一方面也涉及展示的策略如何影響觀眾的理解。因此困難知識的展示與教學，至少需要關注幾個面向：

（一）創傷內容如何再現

由於集體記憶是社會建構的，也是具有高度政治性與爭議性的，因此我們必須理解在展示過程中，無法呈現創傷歷史的全貌，困難知識在博物館的再現，也無法完整呈現創傷事件所帶來的情緒或是後果（暴力或死亡），換言之，我們不可能找到一個絕對公平的方式，再現衝突、暴力或死亡，因此有關創傷內容的再現，展示內容的選擇經常會面對「在場」與「缺席」之間如何取捨的兩難困境。

（二）學習者如何感受、理解與詮釋創傷知識

當學習者個人的概念架構，情感依附（attachment），限制個人面對或解決困難知識的能力，會導致學習者產生外在知識與內在認知結構產生衝突進而感到困惑，甚至迷失方向等（Britzman, 2000: 202; Simon, 2011: 434）。換言之，當創傷經驗的見證，從現有的意義與語言框架下難以理解或不易訴說，擾動了學習者原本已經擁有的關於自己與它者的意義，導致個人的意義感呈現不確定性，這種干擾與不確定性，可能伴隨著負面的情緒，例如強烈的反感、羞恥、悲傷或者憤怒，甚至對於如何處理創傷經驗感到徬徨、失落，甚至呈現絕望。

（三）教學法如何妥善處理

第三個面向則是在面對觀眾產生情感上的不和諧與失落感，在教學法的層次上，如何讓這些困難知識成為可以教學的素材？因此教育者或博物館工作者必須審慎思考自己的學習理論，以及如何讓這些困難知識成為具有教育學意涵的內容（Britzman, 1998: 117）。

三 困難知識與人權博物館

歷經多年籌備，國家人權博物館於 2018 年成立，嘗試將過往的傷痕遺址，轉化為當代抵抗遺忘的場域。[7] 做為亞洲首座結合創傷遺址的國家級博物館，人權館的設立，正象徵著臺灣社會在實踐人權價值與轉型正義歷程的重要里程碑。轄下的白色恐怖景美紀念園區位於昔日戒嚴時期政治案件的審訊、羈押場所，而綠島紀念園區則為囚禁政治犯的場域，無聲地見證了民主道路上，那些沒來得及述說的人權侵害。因此人權博物館肩負了打造記憶工程的重要任務，而隨著受難前輩逐漸凋零，必須和時間賽跑，在研究、展示、教育等基礎面向穩定扎根外，也必須望向未來，尋找歷史敘述的新模式。由於臺灣民主轉型的類型，符合學理上所謂的協商式轉型（negotiated transition），它的典型特徵是威權政黨做出民主妥協的時候，還繼續保有相當的政治優勢，而民主勢力基於種種考慮，同意或默許將民主改革限定在某些範圍內（黃長玲，2015）。在這樣的政治情境下，轉型正義或者被排除在改革清單之外，或者被限縮在一定的範圍內。因此民主化以來，臺灣在轉型正義的政治工程，採取「賠償被害人但不追究加害人」的模式，除了對受害者進行補償之外，其他諸如對加害者進行法律或道德上的

7　關於人權博物館的成立與發展經過請參見 Chun Hung Chen & Hung-Ling Yeh (2019). The Battlefield of Transitional Justice in Taiwan: A Relational View. In *Taiwan and International Human Rights A Story of Transformation* (pp. 67-80). New York: Springer.

追訴，以及對真相的嚴肅調查，經歷解嚴後三十多年，直至 2018 年「促進轉型正義委員會」成立後，才逐步啟動。由於在威權統治時期，人民仰賴統治者提供的單一敘事下生活，生命經驗侷限在統治者所框定的敘事空間，因此即使解嚴之後，政府對於白恐歷史的作為，除了對特定的事件進行儀式性的紀念之外，臺灣各地與離島遍布著當年逮捕、審訊、刑求、起訴審判、羈押監禁及槍決埋葬的場所，在公共領域中從未被標示或指認，許多政治受難者當年的行動，也未獲得應有的歷史評價，進而成為共同的歷史記憶。因為在威權政權體制性暴力所建構的霸權語境之下，他們是一群背叛體制的叛徒，或是為了國家安全或穩定而必須被犧牲的人，甚至他們的犧牲，是國家體制存續必須付出的「成本」。因此時至今日，在公共領域呈現的仍多是追悼與緬懷「獨裁者的記憶」，而挑戰壓迫體制的種種「對抗獨裁者的記憶」，則仍相當少見，各種與黑暗歷史接觸的時刻與面向，不論是政策，或重現於記憶場所時，敘事或角色常顯得單一，某些歷史的聲音仍是沉默的，面貌依舊模糊，因此國家人權博物館肩負著保存與再現記憶的重要使命與任務。

做為上述第三波浪潮下建立的新型博物館，人權博物館至少展現幾種功能：首先，做為真相訴說的場域，它具有保存紀錄與呈現真相的使命，透過檔案收集與研究，提供對於過去暴力事實與結構脈絡與處境的理解與認識，確保政治暴力的公共紀錄；並以政治受難者的口述歷史、個人史料為基礎，將每位前輩獨特的白色恐怖際遇還原於歷史脈絡中，架構威權統治下體制傷害人權的全貌。其次，做為追思紀念的場域，它具有「象徵性賠償」的功能，除了肯認與紀念政治受難者，並協助釐清真相，讓遭受不當判決與權利受損的前輩們，在歷史正義中恢復應有的尊嚴與名譽。最後，做為人權教育的場域，它扮演著扎根人權教育的功能，讓青年世代不僅認識過去獨裁的歷史，透過教育活動讓參觀者從過去的錯誤中學習，進一步延伸對當前具體生活中的人權問題與社會不正義進行反思，進而採取行動。在此，場域（site）的建立就是對話的開始（Apsel & Sardo, 2020），做為對話的場域，人權館期待讓一代又一代的臺灣人持續追問、辯論與創造，去思考自己想打造什麼樣的社會、想成為什麼樣的公民。

四 困難知識如何展示與教學？

為了有效回應困難知識的教學與展示過程中所需面對的問題，人權館對於困難知識的內容與教學法的關注與提醒，從記憶政治的四個重要元素：場域（site）、能動者（agency）、敘述（narrative）與事件（event），針對博物館空間的復原與主題展覽的規劃，做了以下幾點原則性的思考：

（一）呈現他者「面容」（face）的多樣性以及能動性

如上所述，如何在博物館進行創傷歷史的展示，觸發觀眾情緒進而影響觀眾對過去的思考、判斷與行動，其中重要的展示內容，就是讓觀眾從過去的歷史經驗中有所體認，而最佳的方式就是將「缺席的他者」的故事帶入展示中。

由於當年威權統治時期國家暴力侵害人權，是不分族群、性別與統獨意識型態，政治受難者的受難事實具有高度的異質性，因此我們得以窺見臺灣的白色恐怖歷史各種類型的受創主體，有各式各樣的省籍、族群、性／別、職業、甚至離島馬祖與外國人，在官方的統治教條之下，被視為「國家的敵人」；我們也得以看見在這巨大的人性劇場中，有加害者、被害者，更存在著告密者、旁觀者，革命者、遭誣陷的特務以及遭受遺棄的家屬。這些故事充滿了殘酷、偽善及背叛，令人驚恐、畏懼甚至迴避，但也同時反映真實複雜的人性。因此「白色恐怖」的歷史圖像，不僅止於「案件」的數目與過程，更是政治受難當事人及其家屬的真實生命經驗。在政治壓迫時代裡，這群「政治失語」的受難者不僅無法表達他們的聲音，同時也失去在歷史中的位置。然而每一個聽聞他們故事的人，都無法否認，他們的尊嚴，甚至生命，都遭受了以國家之名做出的迫害。因此倖存者聲音的呈現以及政治失語的矯正，是推動轉型正義的重要前奏曲。正如 Arendt 所言：

> 故事如果不講出來，它們的意義仍只是一系列不可承受的事件。……
> 真信乃從故事中升起，因為，在想像的反覆醞釀中，種種遭遇都已
> 經成為她所說的「宿命」。……將生命已經放在我們手中的事實，
> 講出來，才是唯一有價值的。（Arendt, 2006: 129）

透過公開說故事（storytelling）過程，不僅傳達受難者的創傷經驗，
更意謂著這些在過去獨裁政體中被要求噤聲或失語的人，如今藉由官方認可
的過程，他們個人的主觀經驗獲得正式的認可而具有正當性。同時，透過故
事見證與再現的官方認可過程，受難者可以重新建構對自我的意義，以及他
與國家的關係。而公民們透過聆聽這些故事，並認同這些故事的過程，也鼓
勵不同立場的公民之間的相互肯認（mutual recognition）。透過不同故
事的呈現，不僅受難者的名譽可以恢復，面對種種對受難者的質疑、反駁的
論述，受難者的故事也可以斷絕威權體制所強加予社會的錯誤認知，減少不
斷在公共領域流傳而未受挑戰的謊言數目（Ignatieff, 1996）[8]。這些見證者
與證詞的再現，不僅揭露許多我們再也無法迴避的真相，抗拒對歷史詮釋的
過度簡化，他們的在場（the presence），更從「個人記憶的敘事者」，轉
而成為重構「集體記憶的參與者」。因此見證者與證詞的再現，不單是個人
經驗的陳述，同時有助於道德共同體的重建。

由於政治受難者的生命都是獨一無二，如何選擇適合展示與教學案例的
重要原則，是盡量完整呈現威權統治歷史的不同面向，避免造成刻板印象。
過去在公共領域的白色恐怖主流論述經常從「冤、錯、假案」的敘事架構下
談論政治受難者，扁平化受難者的多元圖像，更忽視了許多受難者在歷史所
展現的能動性（agency），而不只是威權統治下蒼白的受難者。透過呈現威
權統治下的多元抵抗形式，讓所有觀眾得以理解在「每一個社會的每一個艱

8　參考 Michael Ignatieff (1996). Overview: Articles of Faith. *Index on Censorship* 5: 110-122.

難時代中，也都存在著這樣的少數人，他們的不屈服即使沒有立即改變他們的社會，也啟發了後代」（吳乃德，2013）。

　　另一方面，儘管傳遞政治受難者的生命故事，立體化我們對於白色恐怖的認識，然而我們必須注意到脈絡的重要，如果過早地讓善惡二分的詮釋架構進入理解場域，可能反而封閉了對話的空間。因此在展示過程必須避免以「加害 vs. 被害」二元對立的敘事架構，評價加害者的責任，進而簡化歷史的複雜性。例如在對於究責議題的討論中，我們經常探詢的是「誰」應該為了「做什麼」而負起「哪種責任」？由於臺灣白色恐怖時期是一個高度體制化、「官僚式壓迫」的統治形式，在一套法律建構的威權體系中，由眾多政府機關、人員進行的分工，單憑每一個機關或人員無法創造出如此龐大的體制壓迫；雖然每一個機關與人員往往只是經手局部的過程，但每一個人多少都有所涉入。因此，隨著角色與任務的不同，責任則有不同面向的區別。[9] 然而在思考責任歸屬的問題時，我們切勿將所有威權體制下的參與者，過度簡化為加害者。如同 Arendt 所言，我們需區別罪惡（guilt）與責任（responsibility）的不同，罪惡只有針對個體時才有意義，它指涉具體行為，而非意圖或潛能，因此沒有所謂集體罪惡或集體無辜。然而我們也需批判的檢視體制參與者經常使用的齒輪理論（cog-theory），辯稱自己只是整個國家機器中無法自主的零件，僅能奉公守法，全心全意為上級的命令效力，

9　在過去有關政治案件核覆過程的學術研究中，對於蔣介石如何運用核覆權直接或間接影響終局審判，已有許多詳實的研究，然而沈筱綺教授藉由「轉型正義資料庫」所進行的實證分析，再次證實，軍事審判制度之下，政治犯的刑期改變，並非基於被告的救濟機制，而是出於獨裁者的意志，蔣介石在許多政治案件所進行的核覆，在違背《軍事審判法》所賦予的權限之下，成為許多政治犯成為死囚的關鍵因素，然而在審判過程中，我們看到許多軍事審判流程中的參與者，不畏獨裁者的意志，本於執權進行判決，而遭至蔣介石多次的核覆。因此從政治檔案資料我們可以看到在軍事審判覆核的過程中，三軍統帥多次更改當事人的刑期，我們可以輕易地說出當時的三軍統帥需要負起最大的責任，然而每一層經手案件的人要承擔多少責任？參見沈筱綺（2021）。〈獨裁者的死囚，台灣威權時期軍事審判過程的蔣介石因素〉。發表於「解碼壓迫體制：台灣轉型正義資料庫研究成果發表會」。

個人毫無選擇，其他人若處於相同的處境，也會做一樣的事（Arendt, 2003: 48）。事實上，在分析納粹時期體制內參與者的責任，Arendt 曾指出，有許多人拒絕支持邪惡的體制。當他們被要求以服從為名而支持不正義命令或體制的時候，他們特意加以閃避，而對體制產生有效的破壞力量。所以，對那些參與邪惡、服從命令的人，我們應該提出的問題不是「你為什麼服從？」，而是「你為什麼支持？」[10] 如果有足夠的人拒絕支持它，甚至不需要主動的抵抗和反叛，這種拒絕支持都是一個有效的武器（Arendt, 2003: 31）。因此，基於 Arendt 對於集體責任分析的啟發，進行加害體系反省的目的，不只是在找尋原兇，更重要的在於使我們瞭解系統性暴力運作的邏輯與結果，反思威權體制對人民所造成的侵害，同時我們可以透過許多政治檔案瞭解在當年威權體制的運作下，不同位置下的人可能面對的不同情境，可以進一步思考他為什麼服從，或者他為什麼反抗。另一方面，由於政治暴力的歷史存在多元的詮釋，因此展示內容與教學必須承認歷史的複雜性，並允許對於這些事件存在多元的詮釋觀點，鼓勵反思、辯論與對話，藉由理解過去的政治暴力，瞭解威權體制的缺失，進而理解如何打造民主。

（二）過去與現在的持續辯證

由於年輕世代並未經歷過政治暴力創傷，無法理解過去發生的事情與自身的關係，導致與博物館所要展示的內容呈現精神上的距離，因此博物館面臨的挑戰，就在於如何激發年輕世代認知過去發生的事情與自己有關，協助觀眾縮短精神上的距離。因此在教學法的層次上，不應只限於「歷史知識」

10　Arendt 進一步主張：「……所以，對那些參與邪惡、服從命令的人，我們應該提出的問題不是『你為什麼服從？』而是『你為什麼支持？』如果我們能將『服從』這種破壞性的字眼從政治和道德思想中剔除，我們將大為受益。如果我們能仔細地反省這些問題，我們或許可以重獲自信、甚至重獲驕傲，亦即重新獲得以前我們稱之為人的尊嚴、或人的榮耀的東西：也就是生而為人的身分。」參見 Hannah Arendt (2005). Personal Responsibility under Dictatorship. In Jerome Kohn (ed.), *Responsibility and Judgment* (pp. 11-48). New York, NY: Schocken Books.

的傳授，而應先從年輕世代具體生活的人權處境出發，找到可以與過去連結的方式，並透過對過去威權歷史的認識，延伸至我們對具體生活的人權處境有所反思。因為一個社會中的某項人權議題，從威權時期轉型至民主時期，一定有其連續性，或有其結構性的改變。換言之，當代的各種人權議題或許可以在威權時期找到對應（counterpart）的議題、思維和做法。如果規劃策展和教學內容時，可以採取雙元對應的觀點 —— 將過去的人權議題對應到當代的人權議題，或是當前的人權處境如何與過去的人權處境相對應，比較威權時期和民主時期相對應人權議題的起因和困境，或許比較能夠和當代社會發生共鳴與對話。雙元對應的人權議題規劃，讓歷史與當代持續不斷的辯證，能夠幫助我們去追溯某項人權議題的歷史、制度和社會根源，清楚該項人權議題的過去和現代的輪廓和軌跡，進而從對過去不正義的深刻反思中，探索對當前世界的洞察與願景。舉例而言，在歷經長達三十八年的白色恐怖戒嚴時期的威權統治，臺灣各地遍布著當年逮捕、審訊、刑求、起訴審判、羈押監禁及槍決埋葬的「不義遺址」，是臺灣人權發展史上的重要歷史現場。對於生活在民主憲政體制下的年輕世代而言，很難理解那一段人權未受到制度性保障的戒嚴體制及其運作邏輯。因此，藉由不同空間場域的介紹以及政治受難者對於空間的證言，觀眾藉由身體感官與空間進行對話，體驗政治犯在不同階段，所遭遇國家暴力的種種人害（human wrongs），觀眾將有清楚的對照圖像，或許更能體認保障人權的重要性與民主憲政體制運作下的法治真諦。

（三）藝術介入

　　面對臺灣特殊的政治轉型模式，博物館在轉型正義的推動上如何扮演社會溝通的角色，開啟不同立場者之間的思辨與對話，邀請社會各界共同思考國家暴力下各異的受難經驗，並進一步轉化為跨越時代的公共記憶打造工程，在有限的歷史真相與當前社會對立的環境中，實屬不易，然而文學與藝術確實以其自身的力量提供新的提問跟想像。透過藝術，不僅讓沉默與邊緣

的聲音被聽見，使看不見的可見（making the invisible visible），也創造對話與參與的空間（de Greiff, 2014）。換言之，透過藝術的媒介開啟公共對話的過程中，讓社會大眾瞭解，在威權統治下，公民如何地恐懼表達自己的政治意見、心理如何地被扭曲而互不信任、知識如何被教條取代、心靈如何被禁錮、同胞又是如何凌虐自己的同胞，而更重要的，這一切為何發生？而這種理解不只是基於同情，而是同理那個時代面臨的問題，理解威權體制對於個人的生活產生的影響，並進而反省沒有限制的政治權力帶來何種後果。因此透過藝術做為一種公共對話形式，關注的是觀眾如何從同情（sympathy）轉而同理（empathy）[11]，並從「知識」（knowledge）層次，轉變到「認可」（acknowledgement）層次。所謂「知識」，指的是擁有資訊，並因而瞭解事實；而「認可」指的是一種接受，不只是對客觀事實的接受，還有對其情感與社會重要性的接受，「認可的前提是對事件之發生抱有責任感，並瞭解到該事件對當事人以及整體社會的意義」。[12]

如同 Simon 所言，見證教學法關注觀眾與困難知識的展示互動過程中，如何處理情緒（emotion）與思想（thought）之間的辯證關係，一方面我們需要召喚觀眾對人權議題的情感（可能是憤怒、同情、欽佩、不捨和恐懼等），但又要避免麻痺和無感的刺激，因此透過不同的藝術形式介入歷史，旨在調和「理性」、「感性」的教學方法，協助觀眾「同理」與「認可」，並透過不同媒材，從不同的視角去探索、感受及思考轉型正義（何友倫，2021）。

11 　新文化史學巨擘琳・杭特（Lynn Hunt）在探討「人權」這個概念究竟如何被發明曾經指出，人權觀念的興起，與18世紀書信體小說的發展，有很大的關係。這種全新體驗類型的小說閱讀形式，藉由小說中對平民主人飽受不平等之苦的內心情感細膩的呈現，讓讀者感同身受超越性別、階級、信仰的界限，意識到「他者」和自己一樣，擁有共同的內在情感，促進了平等觀念在廣大讀者中的傳播。同理（empathy），讓「在差異中想像平等」成為可能。由於文學作品蘊藏深層真實、反映人的視域、感知與關懷，透過跨越不同年代的文學作品，「讓過去成為此刻」，深觸時代的樣態與記憶，讀者感同身受小說隱藏的歷史，理解壓迫年代的社會氛圍與個人處境，探詢體制性壓迫的本質，思索人權的核心價值。

12 　奧比・薩克思（著）、陳禮工、陳毓奇（譯）。《斷背上的花朵》。臺北：麥田。

五　博物館如何與校園共學與協作：「人權樞紐模式」

　　由於臺灣特殊的轉型正義進程，導致有關校園轉型正義教育的推廣，存在許多困難與限制。這些困難一方面來自校園行政系統的壓力，在教育中立的論述之下，關於這些知識的討論，往往會受到來自校方或家長擔心過於「政治化」的質疑，[13] 導致教育現場對於轉型正義教學卻步，或為避免爭議，寧可以國外案例做為教學內容，使得學生對於國外轉型正義經驗可以信手捻來，但對自己土地的故事卻非常陌生，成為在「故鄉的異鄉人」。此外，以往的課程框架將轉型正義限定於知識層次上的教學，對應傳統學科的分類，會發現仍侷限在歷史科及公民科，無法讓轉型正義的教學跳脫學科領域與框架，使過去的創傷歷史成為所有人的公共記憶。另一方面，在過去的教學現場，面對「二二八事件」與「白色恐怖」，僅從歷史課本有限的內容與呈現方式，使得轉型正義相關議題僅為考試而學習的知識，淪為國定假日的認知，所以有著局外人的冷漠與疏離而無感，無法產生深刻的影響（劉麗媛，2020）。

　　教育現場的困境，在 108 課綱實施出現新的契機。相較於九年一貫時期的人權教育有獨立的課綱架構，十二年國教則不再有議題課綱，然而在課程架構上，領域課程或是彈性學習都有融入人權議題的更多空間。「人權教育」在課程定位上屬於「議題融入」[14] 類型，被預設為可以用不同策略融

13　參見 https://tw.appledaily.com/forum/20180711/U57XAKBTEBNPPTYYRRH4AEIAVM/；https://musou.watchout.tw/read/4pxYgicTVC9dxDA1Reyx

14　108 新課綱共有十九項議題規範於《總綱》中，包括：性別平等、人權、環境、海洋、品德、生命、法治、科技、資訊、能源、安全、防災、家庭教育、生涯規劃、多元文化、閱讀素養、戶外教育、國際教育、原住民族教育等。根據十二年國教《議題融入說明手冊》的定義，議題具有五項特性：時代性、脈絡性、變動性、討論性、跨領域。即議題內涵及重要性隨著時代思潮、社會變遷、國際情勢而有討論之必要，需藉教育而耙梳釐清，且非單一學科知識即可理解與解決，而需跨領域角度。

入各領域課程，並由於「涉及人際互動相互對待面向」，而尤其適合人文社會領域。[15] 另一方面，十二年國教以「核心素養」做為課程發展主軸，不再強調學科知識，而是學校教育應該與生活連結，強調培養學生「自主行動」、「溝通互動」、「社會參與」三大面向，關注學習與生活的結合。這樣的課程目標提供教學現場老師更多的開課空間，不再拘泥於課本的內容，因此人權館所累積之多項學習資源，在此政策環境、課程空間和議題特性當中，有機會擴展更多的教育實踐。

因此，為了促進社會對話與溝通，基於上述對於困難知識的展示與教學的啟發，人權館透過各種文化介入途徑與藝術媒介對困難知識進行轉譯，期待邀請各種不同立場的人，特別是未曾經歷過暴力創傷的年輕世代，共同面對過去，反思未來。這種推進的路徑，筆者將它稱之為「人權樞紐」（human rights hub）模式。這是一套具有民主審議與參與精神的文化治理模式，並期待在這些核心理念的指引下，打造人權館成為臺灣推動人權教育的「學習樞紐」，做為教育工作者在困難知識的探究與協作、教學實踐經驗（best practices）分享的合作平臺。在這樣的理念之下，人權樞紐的運作基於以下幾個面向：

（一）內容研發：建立實驗／共學／知識社群

面對臺灣特殊的政治轉型情境，如何透過藝術的媒介開啟對話，首先必須面對的是：藝術的內容如何產生？透過何種方式進行對話？由於公共溝通與對話必須是雙向的，如果只是人權館單方面地宣稱，永遠無法達致對話的效果，因此邀請社會大眾共同參與以藝術所打開的對話空間，顯得意義重大。然而轉型正義做為困難議題，不僅社會大眾冷漠，對於藝術家而言，也是陌生且難以言說的議題，因此為了協助藝術家在認識議題、理解議題的基

---

15 數學、科技、自然科學等領域的學科知識之生活應用，亦可產生人權相關議題。

礎下進行創作，館方捨棄傳統直接委託藝術家創作的形式，採取「徵人不徵件」的方式，規劃為期數個月的工作坊，進行集體共學與創作，意即先徵求對此議題有興趣之參與者，再藉由共學培力過程，完成作品的提案設計，使得徵選計畫轉型為非傳統競賽導向。透過此一轉向以及工作方法的調整，使博物館更能發揮其公共議題溝通以及教育推廣的功能。因此人權館規劃了由策展人、政治受難者與館方所共同組成的「知識陪伴社群」，透過一系列的共學課程，提供創作者所需的資訊與教育資源，並定期進行小組討論與提案發想，讓參與藝術家在創作過程中，一方面持續增加對議題認識的深度與廣度，一方面在創作過程中，策展團隊扮演陪伴者的角色，多次辦理小組討論會，與藝術家一起學習相關知識，也提出創作的建議，經過一連串「試誤」的共學歷程，完成各自的作品。[16] 藉由這些作品，館方隨即展開全島的巡迴展覽，藉由展覽作品與活動，開啟與不同立場者之間的對話。透過上述的研發系統與工作方法，強調的重點在於社群共學、公共議題的溝通，著重在人與過程，而不只是成果的展示。在過程中不僅協助藝術家認識議題，進而完成作品，並藉由作品擴大社會連結；另一方面，透過這樣的共學過程，也改變了藝術家對於困難議題創作的想像，讓不少藝術創作者在作品展覽結束

16　人權館分別針對不義遺址與人權繪本創作，進行藝術創作共學工作坊的培力。例如在不義遺址工作坊的設計上，參與藝術家必須在三個月左右完成兩種層次的培訓，之後再進行創作：一是關於轉型正義與不義遺址的基礎知識，二是對於製作紀念碑的後設思考，或是如何透過藝術創作使溝通成為可能。團隊分別在臺北與高雄舉辦兩場工作坊（共七天六夜），盡可能地踏查兩地的不義遺址。參與者們隨著研究者、受難前輩、受難家屬的導覽，耳聽故事，腳踏實地，開始思考：如何標誌出這些所在曾經的殘暴與苦難？這些困難議題如何言說？除了集中式的工作坊，執行團隊也安排藝術家們前往坊間各式相關講座論壇，並在發想作品的過程中，與策展人定時討論。這批藝術家們在三個月左右的工作期間，逐漸形成一個共學團體，彼此熱切地討論，互相提供對於作品的想法和意見。這個工作模式也應用在人權繪本創作工作坊，陪伴繪本創作者以臺灣威權統治歷史為背景，探索各種類型的人權議題，開發本土的人權繪本，因為議題性質與學員屬性的差異，共學與陪伴的時間將近八個月。

之後，持續進行相關議題的創作，[17] 開發不同的作品，使創作者持續進行人權藝術的創作，共同在轉型正義的道路上一起努力。[18]

經過一系列藝術家的共學工作坊，透過一次次共學的腦力激盪，開發出具有創意的作品，設計學習工具箱，才能提供教師豐沛的教學資源，在校園中落實人權與轉型正義教育。

（二）「培力」

為充實人權教育中的「兒童專區」，2018 年人權館邀請臺灣兒童文學的重要推手林真美老師與林以琳老師，將人權議題、兒童、閱讀三方結合，充實人權繪本圖書、建置繪本教室，並規劃兒童繪本工作坊。在工作坊中，透過繪本說故事，並設計了專屬兒童的導覽活動，讓參與的兒童除了認識臺灣過去人權遭受侵犯的歷史，也理解自身的權利，進而提供參與者透過藝術創作的反饋與對話，藉由多元形式，將「身為人，應該如何被對待」這樣的思考深植兒童內心，讓人權價值的落實，不再僅為形式上的法條文字。為了培育更多人權繪本的師資，並創設「人權繪本師資培育工作坊」，分為初階、進階與實習三個階段課程，長期培訓繪本教學儲備師資。此外，人權館也定期舉行教師研習，針對不同議題進行教師的增能與培力。例如每年暑假期間人權館與「富邦文教基金會」，針對藝術如何轉譯困難議題進行研習，並

17　根據初步統計，2019-2020 年參與共學的創作者中，有超過七成持續至今有在參與轉型正義相關領域的推廣工作：促轉會除罪儀式、安魂工作隊、人權博物館講師、人權博物館教具箱工作案、人權博物館不義遺址商品案、富邦文教基金會人權教育講師、不義遺址告示設計製作、光州雙年展、黑名單護照計畫、人權藝術季參展創作者、左營地方文史調查等。

18　舉例而言，館方將兩屆不義遺址的作品，針對公共溝通的主旨與對象的差異，邀請藝術家們再次合作，將原有的展覽作品轉譯成為「文創商品」，或調整轉譯成為教育現場的「教具」，同時邀請許多參與的藝術家成為館方「校園白恐地圖計畫」的藝術講師，成為人權教育的藝術實踐者。

以館方出版的電影 [19] 與文學 [20] 相關書籍為素材，共同探索議題融入的可能性。為了促進師生對政治檔案的認識，人權館每年與「台灣民間真相與和解促進會」合作舉辦「政治檔案解讀研習營」，並共同出版政治檔案的參考書籍，[21] 提供參與者如何進行政治檔案解讀所需的心法與技法，而在歷年的研習營學員中，我們更看到不同類型的藝術創作者，藉由爬梳相關政治檔案，陸續發表許多精采的作品。

（三）「陪伴」

無疑的，困難知識的轉化難度頗高，即使參加研習與培力課程，仍然不足以支持老師進行課程轉化，需要連續性的激盪與交流，因此館方也與教師們組成共學群組，持續協助老師進行共學與備課。人權館期待在建立長期夥伴關係的基礎下，培力在地的力量，持續展開不斷的「對話」及「溝通」過程，探索困難歷史詮釋及知識轉譯渠徑。館方會依據老師對於轉型正義與白恐議題的熟悉度，而採取不同的合作模式，例如 1. 有些老師初次接觸轉型正義，對於白恐議題不瞭解，會先邀請館方的講師群 [22] 或是政治受難者或家屬 [23] 進入校園進行分享，引發同學學習動機；2. 授課教師除了課堂教學

---

19 《電影裡的人權關鍵字》系列由國家人權博物館與富邦文教基金會共同策劃，以不同類型的電影為文本，爬梳其中觸及的人權議題，整理成關鍵字，進而展現身處此時的臺灣，我們如何以電影做為透鏡，觀察這些關鍵字與己身的關係。目前已出版四冊，包括《超級大國民》、《雨季不再來》、《借問阿嬤》、《第六十九信》。

20 「白恐文學系列」是由國家人權博物館與春山出版社共同出版，以人權館所建置的「白色恐怖文學目錄資料庫」為基礎，試圖讓讀者們藉由文學體認戰後威權統治下，臺灣社會的特殊樣貌與歷史傷痕，感受在那些苦難的年代裡，人們的現實處境與生命經歷。目前已出版《臺灣白色恐怖小說選》與《臺灣白色恐怖散文選》的選編。

21 《政治檔案會說話：自由時代公民指南》，由國家人權博物館與台灣民間真相與和解促進會共同出版。

22 https://www.nhrm.gov.tw/information_389_109658.html

23 https://www.nhrm.gov.tw/photo_291_4911.html

之外，藉由租借人權行動展²⁴或申請影展聚落，²⁵進行跨學科的教學或舉辦全校性的活動；3. 有些老師則依據學校或在地曾有的白色恐怖歷史，參與人權館的「校園白色恐怖地圖計畫」，帶領學生深入理解校園的政治事件。因此基於教師與同學的需求，由淺入深，規劃設計不同的模組；²⁶ 4. 針對館方研發教學資源的過程，會邀請老師們提供教學現場的實務經驗，在活動進行前會透過「共識會議」的方式與老師們在理念與教學方式取得共識，活動結束後也會定期舉辦成果分享，邀請老師提供最佳教學實踐經驗，並邀請老師加入人權館的講師群。透過不同的合作模式，人權館希望可以成為教師的支持體系，也期待透過這樣的陪伴機制，從點、線擴及到面，逐步形成全國性的人權教育網絡。

24　自 2019 年起每年辦理人權主題特展行動推廣計畫，以「人權故事行動展」為題，整合過去累積之研究、展覽資源及教育推廣經驗，重製具代表性、觀眾反應良好且富含教育意義的人權主題特展，轉化為精錬、輕巧、便於佈卸展的形式，提供全國各級學校單位申請運用，並安排專家學者、政治受難家屬進校園分享，與師生互動，提升人權教育推廣的範疇及廣度。目前已推出的行動展，包含「2018 言論自由日特展：噤聲的日常」、「臺灣監獄島：白色恐怖時期不義遺址特展」、「獄外之音：白色恐怖政治受難者女性家屬口述訪談成果展」、「遲來的愛：白色恐怖時期政治受難者遺書特展」、「我是兒童我有權利：兒童權利公約 30 週年主題特展」（含大眾版及兒童版）、「山東流亡學生與澎湖 713 事件 70 週年特展」、「釋放臺灣政治犯 —— 海內外人權救援展」以及「2020 言論自由日特展：『銬！我被抓了？！』」等九檔展覽，內容含括大時代與集體記憶、加害體制與空間紋理、政治受難者與家屬生命故事、及兒童人權議題等不同敘事脈絡，多元呈現白色恐怖人權壓迫的微觀與巨視，期將人權理念推廣至全臺各處，增進校園師生、社會公眾對人權議題的接觸和瞭解。

25　搭配人權館每一年舉辦的國際人權影展，同時規劃「人權影展聚落」，開放社區或是學校機關向人權館申請影展的影片到社區或是學校來放映，「自己的影展自己辦」，並且舉辦映後的講座及討論活動，藉由博物館的資源，發展成具有在地特色的人權聚落學習空間。

26　我們觀察近年來許多老師與館方的合作方式更為多元靈活，依據老師的課程規劃或是學校的特色需求而有不同的合作方式。

六　我們與白恐的距離：「校園白色恐怖地圖計畫」

　　在上述的合作模式中，校園白色恐怖地圖計畫，是人權館與老師們合作密度最高，也是難度最高的模式。人權館自 2019 年啟動的「校園白色恐怖地圖計畫」（以下簡稱白恐計畫），試圖以個體情感連結做為支撐，篩選出五十一所曾經歷白色恐怖的中學，[27] 邀請參與者自遙遠的「威權時期」回返自身校園的人群、空間與歷史，思考並內化為自身經驗。參與的「共感」讓學生不只是認識歷史，還能成為捍衛歷史與人權的實踐者。如上所述，在校園推廣白色恐怖教育，長期以來在教育中立的論述之下，受到來自校方或家長的憂慮與壓力。為了克服這個問題，「白恐計畫」嘗試以學校或在地發生的故事切入，先從自己學校或鄰近社區過去發生的案件著手，從研究校史或地方史的角度出發，讓學生認識到以前老師、自己的學長姊，或是學校附近社區曾經發生的政治案件，再慢慢拓展認識的範圍。這種由自身出發往外擴展的教學方法，往往能夠拉近與學生的精神距離，而不會對過去歷史毫無感覺，甚至認為與他無關。

　　此計畫為二階段，在第一階段以校園的、在地的脈絡連結當代議題，提供講授轉型正義、民主法治、人權價值等內容的專業師資。有別於過去的講授性課程，第一階段課程也納入文學、藝術創作等美學領域，除了豐富教學介面外，同時鼓勵跨學科、跨領域的結合，創造更多對話的可能。第二階段的課程則結合藝術家，長期陪伴學生將所學的人權、轉型正義價值，透過不同形式的藝術，再現他們自己認知的學習內容。如上所述，藝術介入的教學方法，目的在於促進同學透過感官體驗去認識白色恐怖，它不是知識的灌

27　根據目前所知政治檔案資料中可以發現當年發生在校園的白恐事件的學校超過一百多所，遍及國小至大學，因應新課綱的實施，館方先整理並標示五十一所高中職學校做為第一階段的合作對象。

輸，不需直白地揭露教案設計的目的，而是由感受慢慢積累，鼓勵同學自己探索及體驗。此計畫實施以來，已有許多成功的案例，[28] 人權館期待透過這樣的在地培力過程，帶動全國校園參與收集、創造屬於區域社群的多元化人權教育教案，發展出鄉鎮化脈絡的臺灣人權歷史故事篇章。以下本文將以新北市三民高中做為個案分析。

七 案例分析：「牢，既往事 —— 蘆洲的白色故事展」

新北市三民高中劉麗媛老師是在教育現場頗受敬重的資深公民老師，對於公民教育的核心精神有精準的掌握，長期以來透過不同的教學方法與課程模組，進行公民培力（civic empowerment），培養學生擁有當代民主政治處理公共事務所需要的技能與德行，在歷年公民學科改革過程，一直扮演相當重要的角色，近年來則在課堂運用審議教學法 [29] 處理爭議議題 [30]（劉

---

28 請參閱國家人權博物館（2021）。〈校園白色恐怖與威權創傷記憶的當代再現〉。《向光》5。

29 審議教學（deliberative pedagogy）是一套有關民主教育的課程教學與學習歷程，透過課程的設計安排，創造友善的溝通情境，讓學生在其關注的議題裡，透過自由、平等的對話空間，鼓勵學生考量多元觀點、思考各種觀點的潛在衝突、權衡各種衝突的情境，並在以理性論述、尊重差異的參與條件下，尋求大家可以接受的主張或行動。這種教學活動需要不同參與者在考量各種經驗資訊以及道德主張之下進行集體決定。在這個過程中，參與者必須證成他們所提出的主張，並在聆聽彼此不同觀點的基礎下，達成大家可以接受的決定，即使最終的決定無法達成共識，也能各自保留自己的意見，求同存異（agree to disagree），維持彼此的相互尊重。參見陳俊宏（2019）。〈民主教育的新想像：審議式教學的心法與技法〉。收錄於《素養教室：學習審議民主》。臺北：新學林。

30 有別於以往課程由老師或教科書提供標準答案，審議教學需要同學進行議題探索，因此老師扮演的是協助者（facilitator）的角色，除了鼓勵同學間彼此對話，當呈現意見不一致的時候，老師可以適時處理，甚至可以鼓勵同學考量尚未被提出的觀點。

麗媛，2019）。

　　從培養公民素養的角度來說，劉老師認為學生所學的不應限定在課堂上課綱指定的範圍與課本陳述的內容，因此她跳開原有的課程框架，以兩年的課程期程規劃人權與轉型正義課程模組，以她所負責的高二、高三學生公民課程為主，藉由講述課綱的內容之外，搭配人權行動展、影展、辯論比賽、策展等學習歷程，讓學生對轉型正義的認識，以堆疊的方式進行，逐步、逐層累積他們對轉型正義的感受和理解。

　　為了嘗試在課堂進行轉型正義的教學，劉老師參與了 2018 年人權館所舉辦的教師研習，對於轉型正義的基本概念、戒嚴統治時期的法治運作、空間遺址踏查等議題有了深入掌握，並盤點文學、電影、歷史、藝術等不同領域的教學資源，使得她對於如何在課堂進行轉型正義教學有了初步構想。因此 2018 年開始，她以高三選修課綱「防止政府權力濫用的行政法」的單元，以議題融入的方式，導入轉型正義內容。在課程設計中，為避免同學僅停留在認知層次，事先即透過前測問卷瞭解同學對轉型正義的基本認知與疑惑，並透過影像紀錄帶領同學認識各地不義遺址，以及鄰近學校的蘆洲地區白色恐怖故事，及其他國家轉型正義的案例分享。不同於以往課堂反應的靜默，學生的反應熱烈，對課程內容相當有感，並能反思轉型正義的深層意涵，特別是對於白色恐怖故事就發生在自己的生活所在之處但卻從不知曉，感到非常驚訝，也引發學生對於參與和討論下一階段課程的積極意願（劉麗媛，2020: 144）。

　　有了微課程的成效後，劉老師進而將轉型正義與人權教育擴大在全校實施，於 2019 年申請國家人權博物館「人權故事行動展」的「獄外之囚」的特展，邀請全校公民科老師共同參與，除了特展之外，此次又規劃一系列的全校性人權教育課程，包括「人權故事分享講座」，邀請藍芸若女士分享受難者女性家屬的心聲，見證白色恐怖時期國家暴力造成的集體創傷；以及高一人權議題的辯論比賽，探討「中正紀念堂的轉型是否有利於臺灣民主政治的發展」。其他的公民老師可以基於不同的課綱議題，融入自己的課程並搭

配展覽內容，但展覽以及其他相關推廣活動，則邀請全校同學共同參與。[31]
從學生在課堂的討論、人權明信片的創作回應以及對於展覽的回饋可知，透過課程與活動開啟學生對於複雜歷史面貌、個人處境的認識，打破因自身生命經驗所限制的無知或恐懼，更為開展自己的視野。

在微課程以及全校性人權活動的成功經驗後，2020 年劉老師決定與館方合作共同進行校園白恐地圖的計畫，並決定進行第二階段策展創作計畫。如同 2018 年的操作經驗，劉老師以高三選修課綱「防止政府權力濫用的行政法」的單元，以議題融入的方式，導入轉型正義內容，並安排林傳凱老師和政治受難者家屬廖至平先生分享蘆洲的白恐故事，透過在地的白恐故事，讓學生更加靠近轉型正義理念，瞭解白恐的多重面貌，讓有生命、有溫度的故事牽引與學生的連結，進而探究真相與理解轉型正義，由遠而近逐步觀察與探索。由於第二階段策展計畫需要花費同學許多課外時間，同時高三同學必須準備即將來臨的學測，因此採取自願報名的形式，邀請同學參加。由於課程中學生對於課程內容與講座分享有不錯的回響，更堅定學生策展的動力和決心，最終共有二十五名同學決定在完成學測之後，進入校園白恐第二階段的策展計畫。「策展工作坊」安排在學生完成學測後的寒假期間進行，由館方與富邦文教基金會共同協助課程規劃，並邀請藝術家張紋瑄老師，協助劉老師帶領同學進行創意發想與實作。

在工作坊展開之前，老師帶領學生探查人權景點，包括國家人權博物館、臺北二二八紀念館以及鄭南榕紀念館，讓同學在親臨不義遺址，感受空間氛圍以及展示的手法與策略，建構人權展覽的初步想法。之後展開兩週共四天的「策展工作坊」課程，透過實作的課程，讓同學親自體認如何藉由展覽進行困難議題的溝通。

---

31 展場備有便利貼提供學生留言，也有留言卡向受難者家屬致意，可以寫下自己的想法心得。看完展覽再回到教室討論，完成學習單，而場內的留言連儂牆，也成另一種觀看的展板。

　　在第一天的工作坊，老師希望同學們思考此次活動的初衷，因此破冰活動先邀請大家分享「加入策展團隊的動機是什麼？」、「希望此次展覽呈現哪些內容？」繼而聚焦人權展覽的探討，並請同學針對以下幾個問題進行討論：

（一）　請同學選定「一個展覽空間」做為案例來觀察及分析，在這個展覽空間中，要跟觀眾溝通的故事是什麼？

（二）　在展覽空間中，透過哪些方法、媒介來說故事？

（三）　對你來說，上述內容跟形式的組合是有效的嗎？為什麼？

　　在經過第一輪的討論之後，接下來的單元「象徵、寓言與寓言的顏色」，則邀請同學共同思考如何使用象徵與意喻來講故事，探討物件象徵與寓言意義的關係。而第一天的回家功課則為尋找一個自己想要研究的白恐相關人物（可以是被害當事人或是其親人）。第二天則到臺北市立美術館進行參訪。本單元設計的目的，希望同學們能夠比較人權館的「資料展」及美術館的「藝術展」異同，並討論各自在故事傳達上的優勢及劣勢。因此邀請同學共同思考：

（一）　在這個展覽空間中，要跟觀眾溝通的故事是什麼？

（二）　空間中，透過哪些方法、媒介來說故事？

（三）　以你來說，上述內容跟形式的組合是有效的嗎？為什麼？

　　在這些討論的基礎下，要求同學開始分組進行研究對象的訪談以及物件的收集，並請同學分為「文字」、「影像」與「物件」三大組，每組分別討論針對展覽中所看到的展示策略與手法進行歸納與分類。第三天的課程則開始帶領同學進行創作發想，在「創作孵育：從真的真故事到假的真故事」單元中，請各組從選定的故事開始，發展出自己的視角及立場，並將史實轉化為寓言，同時尋找寓言中各個角色的對應象徵物件，選定角色與象徵物件之後開始設計拍攝腳本，討論拍攝細節。第四天課程，除了實際拍攝各組的寓

言短片，呈現並討論六支影片的成果，也構思展場空間分配與觀者經驗的關係，發想可能的展現方式，以及作品與空間的對應關係。最後由同學進行策展團隊的名稱以及此次展覽名稱的討論與票選，最終決定以「自由組意」策展團隊命名，並以「牢，既往事 —— 蘆洲的白色故事」做為展覽名稱。繼而在年後開學前，研讀並探究蘆洲的白恐人物事蹟。展覽的起點是從瞭解歷史開始，探究白色恐怖，實地踏查人權景點，跟隨政治受難者前輩的路徑看見事實、瞭解真相，再經由策展工作坊，轉換角度重新解讀所吸收的知識，透過團隊之間的密切討論，解讀白色恐怖歷史，研究政治受難者的故事，除了展覽之外，嘗試以寓言和白色恐怖歷史進行對話，反思並創作出六支影片。為了拉近觀眾與展覽在精神上的距離，展覽總論的主要論述先從香港反送中運動與新疆集中營議題切入，邀請觀眾一同思考國家暴力的問題，進而述說在白色恐怖時代國家暴力侵害人權的故事。展覽內容分為三大主題，分別為「白色記憶」、「白色寓言」以及「白色背影」。「白色記憶」以蘆洲的五位政治受難者的故事為主體[32]，以及政治受難者二代的想法，訴說他們在白色恐怖時期的生命故事；「白色寓言」是透過對於不同角色的重新理解，跳脫歷史控訴，思考白色恐怖多重複雜的歷史面貌，打破因自身生命經驗所限制的想像，以影片的寓言，察覺故事的弦外之音；「白色背影」則記錄了「自由組意」策展團隊參與講座、探查人權景點、自由發想、小組討論、寓言工作坊設計拍攝腳本及物件，以及對於展場規劃、空間設計、教育推廣的討論和行動等，歷經一個多月點點滴滴的過程。展覽展期選擇 2021 年 3 月 3 日至 3 月 17 日在三民高中蘆荻美學博物館、三民高中圖書館展出，並由策展同學提供導覽服務。除了邀請全校師生前來觀看之外，也吸引社區居民與臨近三重區三和國中、蘆洲國中老師帶領學生進行戶外參訪。[33]

---

32 分別為李蒼降（1924-1950）、李友邦（1906-1952）、嚴秀峰（1920-2015）、廖瑞發（1910-1950）、李瑛（1928-）。

33 因為這樣的參訪經驗，也鼓勵蘆洲國中老師申請 110 年度的人權故事行動展，開始規劃校內的人權教育計畫。

因為廣受社區居民肯定，展覽結束後，在蘆荻社區文化中心的邀請下，2021 年 5 月 13 日至 5 月 20 日在蘆荻社區文化中心進行巡迴展出。

從三民高中的案例分析中，以困難知識教學的三個面向進行檢視，可以發現劉老師在教學內容的選擇上，先從學生關心的議題引發學生的動機，並請同學探索在地白恐故事，透過策展讓政治受難者與家屬的面容清晰的再現。由於當年威權統治時期國家暴力侵害人權，不分族群、性別與統獨意識型態，政治受難者的受難事實具有高度的異質性，本次展覽五位政治受難者的故事，從人權的角度出發，呈現不同政治立場、族群與性別身分受難者的生命遭遇，不再強調受難的悲苦敘事，而是呈現在威權體制的結構不正義之下，這些受難者追求理想，為理念獻身的能動性，進而能對國家權力運作進行體制性的反省，避免歷史重演。對於學生而言，藉由課程知識與策展過程的學習，透過情感與思考的辯證，同學將不只是獲得轉型正義的基本知識，也體認採取轉型正義行動的必要性。同學的回饋單寫著：

「真正感動的是，透過課程，開啟學生對於複雜歷史面貌、個人處境的認識，打破因自身生命經驗所限制的無知或恐懼，更為開展自己的視野。因為理解乃是社會對話的第一步。」

「從前，對於白恐及轉型正義都是透過課本及搜尋引擎上的網頁。經由這次的展覽，我更深度的瞭解到白恐的多重面向，也對我們所在的蘆洲政治受難者有更全面的瞭解，而轉型正義方面，因為有訪問政治受難者的關係，我更加瞭解到，我們真正要做的不是專注於賠償的金額，而是心靈上的撫慰，這才是受難者家屬真正需要的。在轉型正義這條路上臺灣還有很長的一段路要走，因為至今當年的檔案也並未完全公開，以後我們也得持續監督政府及促進轉型正義的發展頁。」

　　透過與缺席他者的面對面交會，學生們得以理解歷史的複雜性，避免以「加害 vs. 被害」二元對立的敘事框架，評價參與者的責任，並能從逆向爬梳歷史的紋理中，找到未來的方向：

「我們過去在看白色恐怖時，總是認為受害者及加害者是完全對立的角色，且對於所有的加害者都抱持著罪不可赦的看法。但經歷過這次的策展過程，我真的發現一件歷史事件是非常複雜的，不可能只以兩個角度就完整詮釋這件事的來龍去脈，也不可能以課本中幾句輕描淡寫的話就全然瞭解。」

「或許我們此時此刻做的策展，也是轉型正義的一種方式，透過詢問被害者家屬的經歷及邀請他們到場演講，讓他們發表他們的心聲及抒發他們的感受，使他們的心得到出口，也使他們知道有人熱切的關心這件事，我想對他們而言是一件很欣慰的事；而我們也透過展覽記錄白色恐怖，再次喚起世人對於白色恐怖的關注，讓白恐不再只是課本中的死知識，或是單純的歷史，而是值得銘記於心及代代相傳的前車之鑑。」

　　透過藝術介入的方式，同學藉由策展的方式，讓自己的思考與情感相互辯證，體驗藝術帶來的力量，在逆向爬梳歷史的紋理中，回應缺席他者的召喚：

「從展覽的開始，我開始接觸用藝術的視角看待白恐，這是有別於以前透過課本文字、網站講解，新的學習，也對分析物件、故事的關聯有大幅度的進步。」

「我認為自己以前對於白色恐怖的認識只有簡單的時間、背景和事件，但在策展的歷程中，我對白恐的歷史是由事件更進一步瞭解當時的人有什麼想法、採取什麼行動，甚至是如何遭受迫害。這樣的

瞭解讓我覺得很真實、很貼近我們的生活，所以更能同理受難者及其後代內心的感受。」

另一方面，透過爭議議題的討論，搭配策展的實作經驗，讓同學將不同學科知識串接起來，提供同學理解在民主社會中如何處理衝突與爭議議題：

「透過這次展覽也讓我知道溝通也是一門學問，每個人都有不同的想法時，如何去達到平衡，中間的溝通過程很重要，大家不斷的討論、提出疑問、反覆確認、統一形式、開會，為的就是讓整個展覽有一個完整性，對於想法的統整，理念的整合都要耗費很多的時間成本，但練就了我腦力激盪，急中生智的能力，同時間很大量的資訊在腦袋中，要很有條例的分類才可以清楚的把一項一項任務解決，我的做事能力也變強了。策展的過程中練就了我的責任心（感），盡量把事情處理的完善，才不會拖累到大家的進度，雖然過程很煎熬，但是這也成就了我們有一個好的結果，有種含淚播種必歡呼收割的感覺。」

「我發現有時候會侷限在一個小小的世界觀裡，沒有辦法用更多角度去看待一件事情，可是當一群人在討論的時候，每個人提出自己的觀點就可以讓一件事情用多個角度去呈現。我學到最多的是如何將一堆的文字資料轉化成一個小小的故事，將自己主觀的思想去除只用客觀的話語去敘述。在面對受難者家屬時我也更能用同理心去感受他們當時所受的苦，希望不要讓之前的事再重蹈覆轍。」

從三民高中對困難知識的展示與教學的案例中，呼應本文對困難知識展示與教學的提醒，而同學大展身手的實作，不僅具有高度的原創性，而每個學生均可以產出完全不同的內容，換言之，將白色恐怖的知識與感受以及個人生命經驗雜揉後產出的成果，是個人最直接對於白色恐怖的思考與反省。藉由書寫、影像創作，同學必須反覆地思考與辯證白色恐怖與自己的關係，

學生不僅認識歷史，並且透過藝術創作，對創傷歷史有所「同理」與「認可」，進而轉換成為捍衛歷史記憶的實踐者。藝術介入的另一個好處，是讓同學們的學習歷程與生活連結，不再只強調學科知識，從「自主行動」、「溝通互動」、「社會參與」三大面向培養學生基本能力，符合新課綱以「核心素養」做為課程發展的主軸。在書寫、創作的過程中，除了與自己對話，也必須思考如何與觀眾對話，因此同學們必須學習不同媒材的溝通方式，學習一套社會對話的溝通方法，這個「賦權」的過程，是人權教育重要的目標。

八　結論

波蘭報導文學作家 Witold Szabłowski 在《跳舞的熊》中，以歐洲境內長久存在的傳統「跳舞的熊」，比擬從共產制度過渡到民主體制的人們，皆面對著一段「自由令人疼痛」的學習路程。轉型正義工作所面臨的窒礙難行亦是如此。本文檢視 2018 年國家人權博物館成立後所採取的文化介入途徑，試圖在禁錮封閉的主流論述場域，開啟社會反省與對話的可能性。人權館做為文化性的公共領域，透過不同文化介入途徑，試圖開啟不同立場者之間的思辨與對話，使博物館成為容納多元聲音和對話的場域，並共同思考國家暴力下各異的受難經驗，以人類境況（human condition）為基礎，去理解歷史現場當下面對的生命抉擇。而人權館以具參與式文化治理精神的「人權樞紐模式」，與民間團體與各級學校建立夥伴關係，藉由共學與協作，進行困難知識的轉譯與傳遞工作。本文指出，藝術始終是面對困難歷史，開展對話的有力途徑。藉由不同藝術創作的邀請，打開多元的溝通形式，讓各種差異的聲音能以被聽見。而從「校園白色恐怖地圖計畫」可以得知，在接受「可怕的禮物」過程中，透過藝術及文化機制打開對話空間的經驗，讓更多人參與轉型正義及困難歷史記憶的公共對話，逆向梳理歷史的紋理，回應「缺席的他者」的召喚，為傷殘的過去提供安置之所，也為紛雜的當代，撐出相互理解的可能性。

　　如同哈伯瑪斯所言，公共領域做為生活世界感受問題的共振板（sounding board），倘若能將如何「面向過去而生」，如何思索「共同的未來」的道德命題，具有影響性地予以論題化，將有助於喚起朝野社會對於轉型正義工程的重視，然而面對高度對立與分岐社會，在可預見的未來，它仍是臺灣民主轉型的未竟之業。本文所分析的種種文化實踐與公共對話的潛能，是否可以進一步促進社會的轉型與和解，或終究只是過眼雲煙，仍是個未知的命題。

參｜考｜文｜獻

Carter, Jennifer（2019）。〈人權文化下的博物館：社會參與博物館實踐之崛起、形式與倫理〉。《博物館與文化》17: 5-30。

吳乃德（2013）。《百年追求：臺灣民主運動的故事，卷二：自由的挫敗》。新北市：衛城出版。

何友倫（2021）。《轉型正義下的人權教育》（即將出版）。

陳俊宏（2015）。〈檢視台灣的轉型正義之路〉。《新世紀智庫論壇》71: 18-28。

陳佳利（2015）。《邊緣與再現 —— 博物館與文化參與權》。臺北：臺大出版中心。

陳嘉銘（2019）。〈人權教育的博物館途徑〉。《博物館簡訊》89: 16-21。

黃長玲（2015）。〈那些我們該記得而不記得的事〉。收錄於台灣民間真相與和解促進會（主編），《記憶與遺忘的鬥爭：臺灣轉型正義階段報告書》（卷三面對未竟之業）（頁 157-166）。新北市：衛城出版。

劉麗媛（2019）。〈死刑的理解與想像 —— 象限討論法、SAC 討論法〉。收錄於陳俊宏（編），《素養教室：學習審議民主》（頁 79-112）。臺北：新學林。

劉麗媛（2020）。〈轉型正義的教與學〉。《台灣人權學刊》5(30): 139-154。

漢娜 · 鄂蘭；鄧伯宸（譯）（2006）。《黑暗時代群像》。臺北：立緒文化。

Apsel, Joyce & Amy Sodaro (2020). *Museums and Sites of Persuasion Politics, Memory and Human Rights*. Routledge.

Arendt, Hannah (2003). Personal Responsibility under Dictatorship. In Jerome Kohn (ed.), *Responsibility and Judgment* (pp. 11-48). New York, NY: Schocken Books.

Barsalou, J. & Baxter, V. (2007). *The Urge to Remember: The Role of Memorials in Social Reconstruction and Transitional Justice*. United States Institute of Peace: Washington, DC, USA. Available online: https://www.usip.org/sites/default/files/resources/srs5.pdf

Bickford, Louis & Amy Sodaro (2010). Remembering Yesterday to Protect Tomorrow: The Internationalization of a New Commemorative Paradigm. In Yifat Gutman, Adam D. Brown, & Amy Sodaro (eds.), *Memory and the Future: Transnational Politics, Ethics and Society* (pp. 66-88). London: Palgrave Macmillan.

Britzman, D. P. (1998). *Lost Subjects, Contested objects: Toward A Psychoanalytic Inquiry of Learning*. Albany, NY: State University of New York

Butler, Judith (2004). *Precarious Life: The Powers of Mourning and Violence*. Verso, New York NY.

Carter, Jennifer & Jennifer Orange (2012). Contentious Terrain: Defining a Human Rights Museology. *Museum Management and Curatorship* 27: 2.

De Grieff, Pablo (2014). On Making the Invisible Visible: The Role of Cultural Interventions in Transitional Justice Processes In Clara Ramírez-Barat(ed.), *Transitional Justice, Culture and Society: Beyond Outreach* (pp. 10-24). Social Science Research Council. New York.

Fleming David (2012). Human Rights Museums: An Overview. *Curators The Museum Journal* 5: 251-256.

Hunt, Lynn (2008). *Inventing Human Rights: A History*. New York: W.W. Norton & Company.

Huyssen, Andreas (2011). International Human Rights and the Politics of Memory: Limits and Challenges. *Criticism* 53 (4): 607-624.

Lehrer, Erica, Cynthia E. Milton, & Monica Eileen Patterson (eds.) (2011). *Curating Difficult Knowledge*. Palgrave Macmillan.

Minow, Martha (1998). *Between Vengeance and Forgiveness: Facing History After Genocide and Mass Violence*. Boston Beacon Press

Orange, Jennifer & Jennifer J. Carter (2012). It's Time to Pause and Reflect: Museums and Human Rights. *Curator: The Museum Journal* 55: 3.

Pitt, A. J. & Britzman, D. P. (2003). Speculations on Qualities of Difficult Knowledge in Teaching and Learning: An Experiment in Psychoanalytic Research. *International Journal of Qualitative Studies in Education* 16(6): 755-776.

Sodaro, A. (2018). *Exhibiting Atrocity: Memorial Museums and the Politics of Past Violence*. Rutgers University Press: New Brunswick, NJ, USA

Simon, R. I. (2005). *The Touch of the Past: Remembrance, Learning, and Ethics*. New York: Palgrave Macmillan.

Simon, R. I. (2006a). The Terrible Gift: Museums and the Possibility of Hope without Consolation. *Museum Management and Curatorship* 21(3): 187-204.

Simon, R. I. (2011a). A shock to thought: Curatorial judgment and the public exhibition of 'difficult knowledge'. *Memory Studies* 4(4): 432-449.

Simon, R. I. (2011b). Afterword: The Turn to Pedagogy: A Needed Conversation on the Practice of Curating Difficult Knowledge. In E. Lehrer & C. Milton (eds.), *Curating Difficult Knowledge* (pp. 193-209). New York: Palgrave MacMillian.

Simon, R. I. (2014). *A Pedagogy of Witnessing*. Albany: State University of New York Press.

Zembylas, Michalinos (2014). Theorizing Difficult Knowledge in the Aftermath of the Affective Turn: Implications for Curriculum and Pedagogy in Handling Traumatic Representations. *CurriculumInquiry* 44(3): 390-412.

文化資產教育與
文化公共領域之建構

彰化南郭國小與郡守官舍群活化經驗個案

—— 殷寶寧 ——

國立臺灣藝術大學藝術管理與文化政策研究所教授兼所長

南郭郡守官舍群為 1920 年代興建於彰化南郭庄的日式宿舍群，包含彰化郡郡守官舍與職員官舍，共計十六棟建築物。部分宿舍因住戶遷出與建物老舊，而略顯蕭條封閉。2016 年起，南郭國小學生於社區走讀課程中，關注這群老建築。此後，南郭國小師生以結合學校課程方式，陸續展開社區調查、環境清理、藝術創作及展覽與實驗教學等方式，實質推動官舍群之保存活化工作，迄今（2022 年）超過六年，並於 2019 年年底，成功登錄為聚落建築群，為在地國小師生推動社區文化資產保存活化的案例。

「文化資產保存」本質在於社群共同歷史之溝通、記憶與傳承，是個需要建立社群對話的動態過程。然而，在各種價值無法充分對話的文資保存現況中，屢屢因文化資產保存與否，造成不同社群對立的危機。那麼，南郭國小師生透過教育現場的實作，是否形同打開對話空間，構成各種價值得以充分溝通對話的文化公共領域？文資教育是否有機會成為推動文化資產保存的前哨？

本研究以文化公共領域概念視角，以彰化縣彰化市南郭國小與官舍群個案經驗，探討以文化資產教育如何構成文化公共領域，並得以推動文化資產保存活化，以及社會溝通對話之可能。

一　前言

哈伯瑪斯對於「公共領域」溝通的概念建構，描繪出一種社會公共交往網絡之建構，及其對於支撐民主社會的不可或缺價值（Habermas, 1962/1989）。因為哈伯瑪斯這個觀點攸關於對民主價值的辯證，持續引發各方觀點的對話。其中，從階級與性別差異課題對於公共領域概念的批判反思，亦為討論焦點所在。「資產階級公共領域」這個用詞本身清楚指涉階級特徵，強調是從 18、19 世紀初英、法、德三國的歷史語境出發；但隱而未顯的，

則是過往這些歷史時期的性別狀態。自然也在 20、21 世紀，引發更多性別與種族等視角的批判（Habermas 著、曹衛東等譯，1962、1990、2002）。

　　誠然，如同哈伯瑪斯在該書序言提及，閱讀其研究產出之際，必須懷抱著「歷史的想像」，因為直到 18 世紀，德國甫逐漸浮現出一個「規模雖然偏小，但已經具有批判功能的公共領域」（Habermas, 1989: iii-iv）。此外，這個公共領域的概念模型也的確是作者所欲建構的「理想型」，以及這樣的理想型概念，對於現代社會、民主化、理性等價值的彰顯，且意涵了後續延展討論的可能性。易言之，基於一種人類乃是共同生活的、群體、具社會性的政治組合，哈伯瑪斯所倡議的，則是基於一種正面對抗的、系統性的，足以構成組織性能量，並與國家權力相互匹敵的，預先性的戰略性思維。因此，固然可能在理論概念的討論過程，充滿理想性的色彩，但也同時預設了唯有經過這個理性辯證的思維過程，人類得以以一個主體的身分，在其生存的社會世界中，共同擁有公共性。這也就是哈伯瑪斯致力於發展以「溝通行動」、「社會交往」概念為基底，當社會上多元主體能闡述自身不同見解與想法，擁有平等對話的機會時，以「公共領域」這個理想模型做為穿透國家政治權力的組織性能量，才可能發揮。

　　循著這樣的思維不難想像，在面對各種公共議題與政策辯論的時刻，整體社會是否具有足以支撐多元主體與各類議題對話的公共領域，得以在政治場域有所折衝與協商，是一個社會民主化程度的象徵，也是公共政策是否得以承載多元價值公共性的具體指標。更有甚者，此多元議題與主體所構成的公共領域，足以構成具反抗意涵與抵抗能量之反公共領域（counter public spheres），則不啻為多元社會中，深化民主論述，以及現代理性社會的具體表徵。

　　以前述圖式來觀察，國家機器體制中所設定／執行的文化資產議題與政策，始終是臺灣文化政策體系中的困局。因此，由哈伯瑪斯所倡議的公共領域的想像與建構，是否得以構成民間社會一個抵抗性的力量所在？

　　因此，本文試圖以「公共領域」多元性的視角，觀察近年來在國民教育體系中，許多第一線教師試圖推動文化資產教育，及其推展過程中，透過積極主動與社區、社群對話的過程，並以彰化縣彰化市南郭國小參與保存活化「南郭郡守官舍群」的經驗做為觀察探討個案，闡述其所能建構起來的文化公共領域與相關論述。

二　哈伯瑪斯「公共領域」概念與佛蕾瑟的概念翻轉

　　哈伯瑪斯「資產階級公共領域」論述出版以來，受到廣泛的關注與討論，也招致許多批判。在引用這個概念前，必須就相關論點再稍加探析。

　　根據哈伯瑪斯的闡述，在研究方法的層次，他將「公共領域」視為一個歷史範疇來探討（Habermas, 1989: xvii-xviii）。而他所指稱的資產階級公共領域，首先應該理解為一個由私人集合而成的公眾的領域（Habermas, 1989: 27）。從起源上來看，「公共」這個詞在使用上，即面對了不同歷史階段的差異。有時看來是指稱建立在工業進步和社會福利國家基礎之上的市民社會，但有時這樣的相互關係聯繫也顯得模糊。有時看似指稱一種社會關係，有時又像是一個術語（Habermas, 1989: 1）。特別是其中又牽動了空間性的指涉。例如，舉凡對公眾開放的場合，我們稱之為公共的，像是公共場所、公共空間、公共建築。和封閉社會或個人場域形成明顯對比。但這並不意涵這些公共場所必然是公眾與社會交往的場域，可能僅是國家機構的辦公場所。在此，所謂的「公共性」乃是因為這是國家公共權力機關，擔負著為全體公民謀求幸福的使命（Habermas, 1989: 1-2）。

　　就從中文的語境來說，「公共」這個概念同時指涉了「非個人」／「非私人」，以及「公眾」、「集體」兩個層次的意涵，亦即一種脫離個別／私人／或家庭場域者，即可以「公」稱之；然而，所謂的「公共」一詞，或其所隱含的「公共性」價值，則具有更強烈的啟蒙理性意涵內蘊。換言之，走出家庭或個別個人生活場域後，如何凝聚為具有公共性價值的「公共領域」，本身即意涵著具有理想性特徵的知識導向與「理性化」過程。無庸置疑的，「公共性始終是我們政治制度的關鍵性組織原則」（Habermas, 1989: 4）。

　　隨著資本主義朝向重商資本主義的發展趨勢；「市場」的社會交往模式取代了以家庭為核心的生產型態；報紙與雜誌的出現，城市與「市民」概念的確立；國家權力機構逐漸轉化為「政府」體制，而政府權威當局和廣大民眾之間真正形成公共管理和私人自律的緊張關係。當市民生活越來越仰賴於以消費者的身分，受到商業政策所左右，由市民所構成的「社會」成為國家的對立面，它一方面明確劃定一片私人領域不受公共權力管轄；另一方面，則又在生活過程中跨越個別家庭的侷限，以關注公共事務。運用其理性與批判性的評斷，「公眾」得以扛起這樣的挑戰。而政府當局藉由新聞媒體這個工具，把社會變成一個特定意義上的公共事務（Habermas, 1989: 24）。

　　奠基於前述的歷史性條件，哈伯瑪斯將 18 世紀已經逐步浮現的資產階級公共領域的基本輪廓繪製框架如表 1。在這組框架思考中，核心概念在於「國家」與「社會」的分離，並以公共領域和私人領域來區分。公共領域只限於公共權力機關。但私人領域也包含真正意義上的公共領域：因其是由私人組成的公共領域。因此，針對私人所擁有的天地再加以區分出來 —— 私領域包含狹義的市民社會，亦即商品交換和社會勞動領域；家庭及其中的私生活也包含在此。政治公共領域是從文學公共領域產生出來的。其以公共輿論為媒介，調節國家和社會的需求（Habermas, 1989: 30）。

📍 **表 1　哈伯瑪斯資產階級公共領域概念圖**

私人領域		公共權力領域
市民社會 （商品交換和社會勞動領域）	政治公共領域	國家 （維安領域）
	文學公共領域 （俱樂部、媒體）	
婚姻家庭內在空間 （資產階級知識分子）	（文化產品市場） 「城鎮」（Town）	宮廷 （王公貴族社會）

資料來源：Habermas（1989: 30），本研究重繪。

在這個架構性關係裡，「文學公共領域」（public sphere in the world of letters）是個有意思的存在。根據哈伯瑪斯的描述，這個「文學公共領域」是一種非政治性的公共領域。是一個公開批判的練習場所，這種公開批判基本上還是集中在自己的內部。相較於過往宮廷皇室的空間場域，「城市」乃是讓資產階級文學公共領域得以活絡的所在，舉凡咖啡館、沙龍與宴會等等。知識分子透過在這些場合的社會交往，彼此溝通、愉快交談，形成某些論域與批評，而逐步地建構起資產階級的公共領域（Habermas, 1989: 28-29）。

這樣的論述已清楚指陳了自當時的社會運作中，許多面向公眾之文化生產，以商品化型態出現在公眾生活中。例如閱覽室、劇院、博物館或是音樂會等等。正因為文化具有了商品形式，而使其得以稱為文化（Habermas, 1989: 29）。更進一步地說，哈伯瑪斯這組資產階級公共領域浮現的範式中，經由城市中商品經濟的文化產品市場運作，也就是一個物質性的介面過程中，乃是市民彼此之間社會交往的具體載體。這個物質性的載體既解釋了文化生產透過商品經濟交換的邏輯運轉著，是廣大知識分子／資產階級得以相互交流、產生互動的實質空間場域；而這樣的運作體系，同時支持著特定空間的持續再生產，以確保公共領域的物質性與言談、思想和觀點的交換，不僅藉由批判與公眾輿論的力量，逐步地朝向政治公共領域邁進，也使其自

身的存在得以建構為社會性的力量，而具有足以與國家公共權力的領域相互對抗、制衡，或者是協商和調節階級利益所在。

另一方面，言語間的交換，一直是哈伯瑪斯強調社會溝通行動中的核心元素。在《合法性危機》一書中，哈伯瑪斯指出，社會體系的普同性原則有三項：社會系統及其環境在生產與社會化之間的交換，乃是透過「話語」為媒介，此媒介承認真實與規範需要正當化，也就是一種論述有效性的訴求。其次，社會系統的目標價值改變乃是生產力狀態和生產自主性程度的一種功能。這個目標價值的改變乃是受限於世界觀發展邏輯，世界觀對於社會整合的必要性沒有影響。第三，社會發展程度乃是由體制所允許的學習能力所決定。特別是理論－技術與實踐問題是否有所差異，以及論述學習過程是否得以產生（Habermas, 1975: 8）。

建立於經過市場經濟所中介的文化商品，在特定場域空間中，資產階級之間話語的社會交換／交往過程，這個具物質性特徵導向的論述雖然得以讓資產階級公共領域發展逐漸穩固，但也正是這個框限了既有社會的階層化狀態，必然排除了女性或其他階級參與其中的機會，遑論從不同種族或是年齡階層的角度言之，更是如此。舉例來說，佛蕾瑟（Nancy Fraser）引述了包含瓊安・蘭迪斯（Joan Landes）、瑪麗・萊恩（Mary Ryan）與傑夫艾利（Geoff Eley）等歷史學者的觀點，論證哈伯瑪斯公共領域觀點中隱含的性別盲目狀態。她指出，例如像蘭迪斯所研究的法國大革命走向新共和的過程中，性別因素一直是很嚴重排除女性公共參與的關鍵。像是以女性為主要參與場域的「沙龍文化」，被這些共和主義者污名化為「造作的」、「柔弱的」、「貴族的」；他們只想訴求一種新的、無聊的，所謂的「理性」、「賢良」、「男性化的」的公眾演說與表達風格（Fraser, 1990: 59）。

佛蕾瑟甚且指出，哈伯瑪斯主張這個資產階級公共領域源自於 18、19 世紀的歐洲社會情境，但實際上，社會上各種成員仍是擁有能接觸到公共生活的機會與管道。我們幾乎可以說，主張女性完全被排除於公共場域之外的論點，本身也是充滿意識型態的。特別是引用歷史學者瑪麗・萊恩（Mary

Ryan）的研究結果來看，主張資產階級構成的集體性具有公共性意涵，本身即是一種性別與階級盲目的公共性想像。更真實的歷史應該是，有著複數的、多樣差異的各種小寫的公共，可以說是構成了抵抗資產階級公共性迷思的「反公共領域」（counter-publics），彼此之間相互競逐與鬥爭，才是多樣的、小寫公共領域所引領的歷史樣貌（Fraser, 1990: 61）。

佛蕾瑟引用這些研究與觀點所提出的批判，雖然某個程度形同瓦解了哈伯瑪斯整個論述架構，及其論述架構背後所蘊含，以「公共領域」做為對抗國家權力機構暴力之系統性壓迫宰制的行動能量，以及透過公眾輿論逐步推展，以公共領域做為戰鬥場域的策略思維中，「輿論」、「公論」（public opinions）做為討論對話理性基礎的物質生產性價值。

有意思的是，佛蕾瑟順著這個理路匍匐前進，追加了另一個理論批判問題：在點出前述隱含的性別與階級偏誤後，我們已經無法天真地以為，這個資產階級公共領域只是一個尚未實現的烏托邦理想，這其實正是一個父權中心意識型態作用來正當化當前階級支配型態。換言之，在所有的政治宰制關係本質中，這個資產階級公共領域乃是一個制度性的載體。挪用葛蘭西的霸權理論來解釋，即是意味著新舊型態的政治支配現實，從一個原本的暴力系統，轉換為一個取得公眾同意（consent）的文化霸權統治型態（hegemonic mode of domination）（Fraser, 1990: 62）。如此一來，相當尷尬地，彷彿採用了資產階級公共理論觀點，即意味著默許了一種性別偏誤的理解。不過，佛蕾瑟並沒有如此武斷地終結這個討論，反而再從四個不同的假設前提繼續推衍，試著讓這個概念可以更細緻地往前推展。

本研究則意圖循著這個討論的線索，挪用葛蘭西（Antonio Gramsci, 1891-1937）的文化霸權理論中，關於「同意」概念如何作用，來拓展「公共領域」概念的行動價值意涵。

葛蘭西對資本主義社會階級關係的分析中，最具有洞見的詮釋之一即是明確指出，資本主義國家可以維繫既有運作不墜，除了暴力或政治和經濟上

的優勢支配關係外，主導宰制階級同時在統治和心智與道德的領導權兩方面都取得霸權。也就是在強制的暴力支配外，意識型態層次上，被支配群體在價值層次上，乃是「同意」既有的權力支配關係與社會秩序，使得整體社會運作模式能夠維持恆定，難以撼動。換言之，一旦受支配階級想要突破這個權力結構，奪取文化霸權即是取得權力的基礎。而「教育」則可能是改變這個文化與價值的前哨戰。然而，在此必須強調的是，「教育」體制一如宗教與媒體，同屬被阿圖塞（Louis Pierre Althusser, 1918-1990）所稱「意識型態國家機器」（ideology state apparatus）的一環，固然是維繫既有體制穩定運作的關鍵力量。然而，教育體制本身所具有的啟蒙本質，則同時可能具有解放既有權力秩序的可能性。特別是批判教育學概念的浮現與發展，大大地增能了許多第一線的教育工作者，而能夠更具批判性視角地，從教材、教學、教法、課程內容的意識型態解析，以及師生關係等權力面向，反思教育現場的解放意涵與進步價值。

佛蕾瑟以性別理論與歷史學視角，批判了哈伯瑪斯資產階級公共領域理論中隱含的性別權力關係假設。主張以各種小寫的／小眾／非主流的「公共」，來取代哈伯瑪斯理想型中均質的／大寫的／統合性的公共領域。以此類推，不同族裔的、階級的，甚至是不同年齡群體，都是承受不均等權力關係歧視的對象與分類範疇。教育場域，特別是國民教育體系，向來被視為國族國家體制維繫其政權正當性的重要戰場，不僅教師來源由國家體制直接培育與管控，教材內容也是由中央主管機關主導以貫徹至全國。而受教者則是一群在國家法令體系視為「不具有完全行為能力」的「未成年人」，需要仰賴國家權力的中介與主導。凡此種種，均使得國民教育體系充滿高度控制與國家權力全權支配的濃重色彩，歧視與管控無所不在。

所幸，臺灣於 1987 年解嚴後，各個領域積壓許久的動能，藉由不同議題訴求的社會運動逐一發展，試圖掙脫長期以來威權統治國家支配的權力關係。教育體系也是。1994 年的 410 教育改革倡議，以及隨之而來國家體制所回應的各種教育方案改革與制度面的調整，「鬆綁」、「自由化」、「尊重多

元文化」為其中幾項重要的核心價值，臺灣教育現場逐年產生許多改變。

故本文以國民小學的文化資產教育場域做為討論個案，則是在哈伯瑪斯所欲提擬，與國家權力機構相互抗衡的民間社會系統性能量之建構的想像引導中，試著以小寫的、具有反抗性意涵的非主流公共場域建構，以期同時從文化治理架構中，長期遭到漠視的文化資產議題，以及小學歷史文化教育現場，思辨是否有機會建立起所謂的「文化公共領域」，取得與國家權力機構體制性對話的可能。

三 1990 年代開啟之文資教育倡議

(一)「鄉土教育」＝「文資教育」？

「教育本土化的政策是近年各方社會與政治力量折衝的結果之一，是臺灣社會本土意識高漲的一個反映。伴隨本土化議題而來的，是一股政治民主化的浪潮，其中潛藏著各種不同政治意識型態的對立，混雜著國家認同與文化定位的論爭。」（周淑卿，2000: 92）戰後國民政府教育內容中的中原沙文主義，加上白色恐怖、戒嚴令頒布等等，對於言論與思想自由的箝制，以及刻意壓抑臺灣本土文化的現象，已經有相當多的討論。前述諸多在思想與言論上的控制，影響所及，整體社會不僅缺乏「公民意識」與歷史感，對自身本土文化的認識有限，許多傳統文化傳承出現斷層的困境下，文化認同薄弱。

為了要從根本改變前述狀況，臺灣自解嚴後，不同作用者積極重新尋回本土文化意識的各項行動未曾稍歇，諸如媒體的公共化、解除報禁、廢除各項侵犯言論與表達自由的檢查／審查制度、廢止《出版法》等等。在國民教育的場域，以《教育基本法》的立法規範與框架，確立人民為受教育的主

體，以及教育的中立原則，積極推動師資培育多元化，避免僵化體制扼殺教育領域的活力，而大幅改變教科書內容亦為重要的任務。曾經在國民教育階段出現的國小「鄉土教學活動」、國中的「鄉土藝術活動」，以及國民教育體系著重鄉土教育的方針，肇始於 1989 年後，在政治上對於「認同臺灣」此課題的折衝，包含各縣市非國民黨主政地區，聯合發起母語教育、整理鄉土素材等積極的本土化教育活動（周淑卿，2000: 92），而從地方政府層級，經過多年努力與能量累積，逐步朝向改變中央的課程標準與教材內容。

　　為了回應教育內容缺乏本土教育內涵的各方意見，自 1993 年起，教育部修訂課程標準，將「鄉土教育」納入小學課程。1994 年修訂「國民中學課程標準」，中學生開始需修習「鄉土藝術活動」等課程。依據這項新的課程標準，自 85 學年度起，國中一年級學生每週有三節「認識臺灣」的課程，區分為「歷史篇」、「地理篇」和「社會篇」三類。此外，另外增設「鄉土藝術活動」，每週一節課，內容包含本土美術、音樂與其他藝術。國小三至六年級，增設「鄉土教學活動」，每週一節課，分別從鄉土語言、鄉土歷史、鄉土地理、鄉土自然、鄉土藝術等五類切入課程內容。此外，各縣市也可以針對地方特色，規劃符合地方需要的教材，由學校自行設計課程（姚誠，2000: 1）。

　　這份從 1993 年起修訂的課程標準，可以說是臺灣最初提出「鄉土教育」概念與主張的政策文件。在這份文件中，針對國小鄉土教學活動課程標準所設定的目標包含下列四項：

1. 增進對鄉土歷史、地理、自然、語言和藝術的認識，並培養保存、傳遞及創新的觀念。

2. 培養對活動的興趣及欣賞能力，激發愛鄉情操。

3. 養成對鄉土問題的主動觀察、探究、思考及解決的能力。

4. 培養對各族群文化的尊重，以開闊的胸襟與視野，並增進社會和諧。

　　2003 年頒訂「教育部補助直轄市縣（市）推動國民中小學鄉土教育要點」，以做為推動九年一貫課程綱要的依據，其要點開宗明義即提到，推動鄉土教育之目的有六大項：

1. 增進鄉土文化、環境與人文特徵認識，並培養保存、傳遞及創新之觀念。

2. 培養鄉土活動興趣，激發學生愛家、愛鄉及愛國情操。

3. 培養鄉土問題意識、強化生態教學及國土保護知能，養成主動觀察及問題解決之能力。

4. 落實鄉土教育推展，尊重多元文化，並促進社會和諧。

5. 培養鄉土語言聽說讀寫之基本能力，能有效應用鄉土語言。

6. 提升欣賞鄉土文學作品能力，體認鄉土文化之精髓。

　　檢視這兩份文件，幾項重要關切相當一致：對於本土文化、環境與藝術的認識，乃是基於保存、傳遞和創新的意圖，激發孩子們愛鄉愛國的情感，尊重族群文化差異，促進社會和諧。2003 年的九年一貫課程則更強調對自身母語的掌握，期待孩子要能欣賞自身語言與文字的作品。但值得注意的是，前述所謂「鄉土」一詞，乃是隱含了相對於主流的「邊陲」意涵；亦即，「鄉土教育」為基於當時時勢所不得不納入課程綱要的科目。而這些宣稱致力於文化傳承，強化文化認同價值，僅是以學校課程的方式進行，難以落實在孩子的日常生活與文化經驗中。特別是臺灣長久以來的教育窠臼，學校課程內容均被簡化為「考試科目」；另一方面，這些課程設計與目標導向，多仍是停留在特定技能學習（如語言應用）、解決問題能力等等功利性思考，未能關注文化資產經驗與情感認同之間的連結。簡言之，臺灣鄉土教育概念浮現的年代大致是循著解嚴後的社會變動軌跡，在一片解放黨國思想教育的呼聲中，要求人民可以更親近自身鄉土與文化母體，拒斥以大中國認同來否定臺灣文化價值等等訴求。相較而言，歐盟約略於這個時期推動的「文化資產教育」（heritage education）方案，或可做為相互比較的參照。

（二）啟動歐盟及美國文資教育之觀念

　　1990 年代後，冷戰局勢逐漸因共產國家崩解而產生改變，加以 1992 年簽署的《馬斯垂克條約》（*Maastricht Treaty*）隔年生效，「歐洲聯盟共同體」（European Community）正式成立。歐洲理事會（European Commission）積極致力於將文化遺產做為化解族群紛爭，以歐洲的多元文化樣態，積極建立起歐洲認同的政策方向，啟動培養歐洲公民的文化資產教育計畫，文化多樣性的內在價值引導著各種教育方案，強化歐洲文化公民意識。

　　1993 年，即歐盟成立後的第一次高峰會於維也納舉辦。在該次的高峰會中強調，為促進歐洲的穩定與和平，關注於人權議題之際，也應該關注由遺產所展現出歐洲文化的多樣性。[1] 在該次的高峰會議指出，歐洲當前關於種族歧視或移民問題所造成的各種危機，乃是促成歐洲社會共同支持的民主、包容與團結等價值的重要源頭，而從珍貴的文化資產入手，為凸顯各個國家與種族文化多樣性的重要參照，這無疑說明了學校與社會遺產教育，乃是促成前述目標刻不容緩的重要活動。循此，1995 年，歐盟理事會（Council of Europe）於比利時布魯塞爾所舉行為期三天，名為「文化遺產及其教育意涵：包容、良善公民與社會融合因素」[2] 的會議。

1　該次高峰會後發布的正式文件：Declaration of the Council of Europe's First Summit（Vienna, 9 October 1993），其標題即載明，在這個歐盟成立首次的會員國家聚會中，宣示這個泛歐組織的職志即在於設定新的政治議程，其中包含了保護少數民族和反對一切形式的種族主義、仇外心理和不包容。（Caption: On 9 October 1993, the Heads of State or Government of the member states of the Council of Europe, meeting in Vienna, adopt a Declaration which confirms the organisation's pan-European vocation and sets out new political priorities, including the protection of national minorities and the fight against all forms of racism, xenophobia and intolerance.）資料來源：https://www.cvce.eu/en/obj/declaration_of_the_council_of_europe_s_first_summit_vienna_9_october_1993-en-d7c530b5-a7c9-43f9-95af-c28b3c8b50d3.html

2　Cultural heritage and its educational implications: a factor for tolerance, good citizenship and social integration, Brussels (Belgium), 28-30 August 1995.

　　以前述 1995 年布魯塞爾會議的結論為論述基礎，1998 年，歐盟理事會提出政策建議（Recommendation）第 R(98)5 號議案「關於遺產教育之會員國部長會議」（of the Committee of Ministers to Member States Concerning Heritage Education）獲得會員國的同意。這份文件中提到：教育的其中一項目的在於，訓練年輕人尊重多元文化、公民價值與民主。文化資產乃是由多元來源與長期文化互動與產出所構成，有鑑於已經以歐洲遺產課程之名所展開的，以遺產為基礎的活動，我們相信，這些歐洲的遺產活動需要對教師與文化官員，進行更多的投資、動員與更好的訓練。參考前述布魯塞爾會議結論，在遺產場域的教育活動，乃是經由對過去有更豐富的認識，來為未來賦予意義的一種理想方式。[3] 這份政策建議文件乃是要建議會員國針對「歐洲遺產課程」（European heritage classes），可以建構更多的立法、規範，行政與財務等更多積極的措施，以發展一系列遺產教育活動，提升年輕世代的遺產意識。

　　這份文件指出，遺產教育意涵著以文化資產為基礎的教育取徑，整合了主動的教育方法、跨課程取徑、教育和文化場域間夥伴關係，以及採取最寬廣的溝通與表達形式。雖然這個課程同時包含學校與大眾遺產教育，但在學校課程方面，仍是應該跟既有的課程方案相互連結，並且提供學校教師合宜的訓練。

　　由前述歐盟的文資教育架構來看，跟臺灣的經驗相比，有著幾項較關鍵性的差異。首先，歐盟以「遺產教育」（heritage education）做為支撐民主、社會包容與多元文化的基礎，強調學生經由學習，能夠尊重多元文化，

3　文件中相關段落的英文文字：Asserting that educational activities in the heritage field are an ideal way of giving meaning to the future by providing a better understanding of the past, Recommends that the governments of member states adopt appropriate legislative, regulatory, administrative, financial and other measures to initiate and develop heritage education activities and to promote heritage awareness among the young in accordance with the principles set out in the appendix to this recommendation. 資料來源：https://rm.coe.int/16804f1ca1

以建立一個非歧視的、重視人權與平等的民主社會，乃是一個含括了從實質物件到抽象精神價值層次的意涵。但臺灣的課程綱要僅做為一種技能性的學習。其次，歐盟主張應該是全面性地接合於學校教育體系，以及大眾社會教育，具有全民教育色彩；但臺灣則是在國民教育體系，經由教育部門課程綱要內容規劃，成為一門特定學科或某學科的一部分，以考試導向衡量其學習成效，而非基於價值與內涵的建構。第三、歐盟的方案強調會員國應評估整體的計畫方案規劃、人員訓練、行政執行與財務投資等層面的完整架構；但在臺灣，整件事情僅被歸屬於教育部門，連主管文化資產的文化行政部門都沒有任何角色可言。而可以想見地，在文化資產主管機關和教育部門之間應有的緊密關聯，在文化資產保存部門並未受到相對應的關注。

進一步來檢視臺灣的文化資產保護法體系。《文化資產保存法》立法年代為 1982 年，但一直到二十三年後，《文資法》2005 年大幅修法時，這份新法才首次出現關於「推動文化資產教育」的條文：2005 年版《文資法》第 11 條：「主管機關為從事文化資產之保存、教育、推廣及研究工作，得設專責機構；其組織另以法律或自治法規定之。」

然而，雖然字面上出現「文化資產教育」，但這個階段對文化資產推動的概念，比較關注於傳統文化與技藝等藝師與工匠技術傳承；亦即，屬於專業層面的傳承與教育，而非針對一般社會大眾的教育推廣或體驗欣賞，遑論是從文化行政部門的政策，思考如何接軌中小學校園課程內容中。

2016 年，《文資法》再次大幅修法，才終於出現了攸關國民教育體系和文化資產教育的思考。這個版本的《文資法》第 12 條：「為實施文化資產保存教育，主管機關應協調各級教育主管機關督導各級學校於相關課程中為之。」在各級學校推動文化資產教育，雖然已經有了法源依據，相關辦理情形與討論，仍待後續的研究與觀察。[4]

4　依據《文資法》而來，在各級學校階段相關課程推動文化資產教育的成效如何，限於篇幅，本文在此無法詳盡闡述，但期待相關研究產出與討論。

　　另一方面，不僅是歐洲地區，美國教育團體在 1980 年代教育課程內容改革的過程中也具體指出，「文化資產教育」（heritage education）是探索社會不可或缺的課程。「資產教育是一種認識歷史和文化教與學的方法，此方法可以從物質文化與人文居住環境獲得的資訊，做為教學的主要資源。資產教育的取徑乃是為強化學生對歷史和文化概念與原則的認識，豐富他們對不同群體所開展出來的藝術成就、科技創新、以及社會與經濟貢獻的鑑賞能力。」（Hunter, 1988: 2）這段話點出來文化資產教育高度跨學科領域的本質，貫串了社會、歷史、文化、經濟、藝術與技術等不同面向的多元群體文化豐富意涵的輻輳之地。「資產教育是一種跨學科的、互動的取向，以檢視依然在我的街區社群與地區之文化資產的歷史與文化證據。」（Hunter, 1992）

　　1990 年後，文化資產教育的意涵在美國社會的情境中持續擴充，逐漸轉而主張文化資產教育乃是一種方法思維：「此方法藉由自然與居住環境、物質文化、口述歷史、社區工作、音樂、舞蹈、文獻等所獲得的資訊，幫助我們認識我們的在地遺產，並且使我們和其他文化、區域、國家以及全世界產生連結。」（Hunter, 1992: 1-2）

　　這個延展後的定義凸顯出一個相當重要的關鍵概念，即「文化資產教育」不應該被認定為一門「科目」（subject），不是學校裡特定課程或考科，而應該被視為一種方法（approach）（江明親，2016: 49），是一種讓我們認識自己與他人、與環境、與自身所處歷史時空有何連結與關係的取徑，是一種情感連結、認同與記憶所在，我們在其中得以辨識我們是誰，並以此理解與認同，和其他人、社群、地區，以及不同文化經驗主體之間據以互動連結的所在。

　　從前述歐盟所推動，以遺產教育做為建構支持社會包容、多元文化與平等自由的基礎；在美國脈絡下，以遺產教育做為認識自我社群，以及和他人產生連結的方法論做為參照。對比於臺灣在「遺產教育」仍有待持續努力的現況。那麼，如果以文化資產教育這個場域的動態發展，嫁接上哈伯瑪斯公

共領域的概念，兩者之間是否具有相互接合之處，有助於社會多元主體相互理解，以確保公共對話民主社會的建構與可能性？

四　南郭國小經驗個案

　　本文探討的個案來自於彰化縣彰化市南郭國小。透過學校資優班教師的課程規劃與引導，以及孩子們的共創，加上社區的參與，這群孩子不僅挖掘出學校旁邊一群老屋的故事，也讓這群宿舍登錄成為文化資產，邀請在地居民與社會大眾，重新認識被忽略的在地歷史。

　　2016 年，彰化縣彰化市南郭國小資優班陳宥好、吳嘉明兩位老師為了讓孩子們能強化對人文課程的學習，規劃一系列的走讀課程與活動，經由文史工作者石錦明老師的導覽走讀課程，與孩子們一起發現了就在學校旁邊的一群日式老屋。這些就在學校旁邊的老房子，是孩子們每天上學都會見到，但又相當陌生的建築群。這些房舍興建於 1920 年代，為日治時期南郭郡守官舍群。戰後曾經是彰化縣政府的宿舍，因許多原住戶已陸續搬離，部分房屋閒置，顯得是相當安靜的城市角落。孩子們經過課程引導與介紹，以及老師們的解說後，對深具歷史價值的老屋卻任其荒廢，感到相當不捨。因此，在老師的從旁協助引導下，陸續展開各項課程活動，環繞著以老屋為主題發展。結合語文課程，訪問以前的老住戶，以期從這些點滴資訊中，重建起對於官舍群的認識。在這個過程中，孩子們經由教育體驗過程誘發的主動參與及動手操作的精神與價值。

　　2016 年 10 月，彰化頂番婆派出所被拆除，民間團體趕往現場搶救，仍救不回派出所，整個區域拆成空地，計畫改建大樓，當時大家才發現彰化有許多日本時代的建築，陸續面臨拆除命運（彭素華，2017）。這次事件對已經初步認識南郭郡守宿舍老建築的孩子們造成衝擊，「歷史記憶被拆除」成為鮮活的教材主題。

2016 年 11 月，孩子們參加彰化縣文化局舉辦的公民論壇，主動與文化局局長對話，爭取使用這群老屋的權利。在爭取利用的過程中，全班師生利用課程時間，積極討論與創意發想，包含如何活化與設計老屋？也希望藉由規劃走讀活動，邀請社區居民共同認識這個安靜的鄰居，重新認識自己的街區歷史。

2017 年 1 月，彰化縣政府同意讓學校代為管理宿舍群其中兩間老屋，簡單進行房屋修繕後，和學校簽訂兩年的營運契約。從此展開師生和老屋活化共生的學習生涯。孩子們經由對居民進行問卷調查後，決定在官舍中舉辦展覽。在老師的陪伴下，孩子們一次次的開會與分工討論，逐漸發展出展覽的雛形。這個過程中，為了更瞭解如何活化官舍建築群，孩子們也陸續去拜訪彰化縣北斗郡守官舍、雲林虎尾郡守官舍等，已經有活化經驗的老屋，想從類似的建築經驗案例中，掌握相關知識與資訊。2017 年寒假，孩子們舉辦「聽郡守說南郭」展覽活動，由學童負責向社區居民與學弟妹導覽解說這群老建築。

孩子們的積極行動因縣政府與學校簽訂代為營運契約後，經由課程設計中介，獲得更多精彩展現的機會。除前述的走讀導覽的介紹性質外，也積極融入其他課程，鼓勵孩子們各種學科領域的多面向整合。

2018 年 5 月，彰化縣文化局辦理關於南郭郡守官舍的文化資產審議，南郭國小三位同學以校外教學方式名義，向審議委員陳述意見，感動在場委員與旁聽民眾且深獲認同，最後經審查委員投票，以十一票全數通過，將彰化郡守官舍列為彰化縣定古蹟。這個爭取官方認可在地建築成為具有法定地位文化資產的過程，是由一群國小學童經由教師的陪伴引導倡議而成，對哈伯瑪斯資產階級公共領域觀點下，將理性溝通討論的優位性，寄寓在知識與經濟階級優勢的社會群體，應該是很好的反思及提醒。

這群資優班的孩子，經由老師細心規劃引導，課程內容高度鼓勵孩子們自主表達意見，訓練他們提出想法，並親手操作。例如當初決定要到老房子

裡去辦展覽後，孩子們對於展覽內容應該要做什麼，依據各自專長與想法分組。有人負責擔任公民記者，報導相關的故事；有同學喜歡繪畫，就製作繪本；有孩子喜歡音樂，自己創作歌曲，選擇將老房子改為錄音間，在此錄音做為當年的畢業歌曲。

老師固然是引導孩子們的首要動能，但還有其他的幫手。家長的加入與支持讓各種教學行動如虎添翼；老師因應教學主題需要，邀請不同領域專業者幫忙，像是找大木作師傅教孩子們老屋的木架構、窗戶等知識，引導孩子們動手操作。而整個教育體系內部的調整改變，成為新的課程組構模式。例如強調各科間的跨領域／協同教學，老師們邀請語文科老師與數學老師，同時規劃課程；老師們也邀請周邊大學各類科系的師生一起來幫忙，像是彰師大美術系、雲科大視傳系等。而國小校園門牆外，社會資源的組織動員能量同樣相當驚人，甚且引動許多其他的變化。

舉例來說，教育部青年署鼓勵青年參與社會行動，所謂「青年社區參與行動 2.0 Changemaker 計畫」。當時曾在彰化縣文化局擔任文化替代役，陸續接觸南郭國小團隊的老師，因此組成青年團隊，結合自身在建築設計專長，協助學校舉辦城市色彩走讀、藝術繪畫，以及各類藝術體驗活動。讓學校因這些外在資源引入，經由官舍群文化資產所中介的多元面向，成為融合歷史文化、美感藝術、創新與體驗學習等的基地。時至今日，更逐步朝向建立青年創業與文創發展的基地。亦即，一個文化資產的「聚／據點」，經由多元公眾參與過程，所開創出來的文化公共領域，無疑是重新折衝與協商原本的在地公共事務的決策與溝通模式。而從孩子們的教育經驗角度觀之，在地文化資產所蘊含與提供的豐富能量，讓孩子們獲得更具有自主性的學習經驗，瞭解自身所在的時空環境與歷史文化脈絡，是情感感知的動員，更建立起孩子與環境和自身所屬社群的有機連結，知識不再只是考試和分數，文化資產教育和公共領域的概念一樣，在意的是我們在何處、與誰、如何相遇，而這樣的相遇是一種社會溝通的行動，更是為促進公民社會與民主政治的必經之途。

　　從前述南郭國小師生共創出的文化資產再生活化的故事，本研究認為可以從三個向度再進一步地推展。

　　首先，是關於文化資產教育與生命政治和情感動員之間的緊密連結。其次，是關於佛蕾瑟所欲凸顯諸多小寫的、抵抗性公共領域的價值，以及關於女性和孩童經驗被排除的政治性意涵。第三，則是關於文化資產公共領域的基進性價值。

（一）生命經驗的觀點

　　哈伯瑪斯 2004 年接受日本「京都獎」時發表的致謝演說中，特別強調他畢生窮盡於關注三個概念：公共領域、論述和理性。這幾個核心概念佔據其學術研究與生活相當重要的地位。他強調，這些都是與其個人生命經驗緊密連結。[5] 他以四種人生經驗的過程，闡述這些糾葛於其生命經驗，所引發理論概念的推展，如何終其一生地，在其學術生命與個人歷程中產生作用。

　　這四個重要的生命經驗影響作用包含了：先天唇顎裂的影響，他在經歷各種痛苦的手術過程，意識到自身與他人之間緊密的相互連結，對生命延續的真切作用；上學後，因外貌與殘疾，言語上難以表達的處境，使他意識到與他人社會交往／溝通互動所可能遭遇的種種限制與困境；1945 年二戰後，哈伯瑪斯與同時代的年輕人一樣，感受到德國戰後獨特的經驗；這使得他在成年以後，始終對德國戰後社會的政治經驗有深切的不安，真切地經歷了如何蹣跚地走向自由化的社會的結構性困境。[6]

5　本文是 J. Habermas 於 2004 年 11 月 11 日獲頒日本「京都獎」時的答謝詞，原載《在自然主義與宗教之間》（Zwischen Naturalismus und Religion, Frankfurt am Main, 2005, pp. 15-26）。符佳佳譯。

6　https://web.archive.org/web/20110402083033/http://www.taiwanpost.com/online/2011/03/333.html

　　個人面對其所處的社會環境，並不像單純的有機體面對自然環境那樣
── 做為一種內在的東西，他們滲透性地與陌生的外部世界區分開來。主
體與客體、內在與外在的抽象對立只是一種騙人的假象，因為新出生的有機
體只有在接受了社會互動之後才能成為人。當他進入了張開雙臂擁抱他的社
會世界公共空間中，他才成為一個人。我們的生活世界在內部共同擁有的
「公共性」，它既是內在的，也是外在的。[7]

　　哈伯瑪斯這番發言，大幅拉近了其龐大理論體系與生硬概念，與一般人
生命經驗的距離。如何從活生生的每日生活中，感受資本主義生產狀態的社
會中，國家體系且深且廣、無所不在的制度性力量，深深地嵌入於每個人的
生命經驗，藉由「現代化」的理性價值之名，持續貫徹於日常社會運作的支
配關係中。而具公民意識的「公共領域」概念，無疑是得以構成抵抗國家系
統性宰制力量的可能途徑。經由一個民主化社會的共同想像，我們的確需要
從各個面向建構起更為多元、具滲透性的多樣化公共領域網絡，才得以對抗
持續從不同來源的體制性暴力，足以對個別主體日常生活構成系統性的威
脅。而從女性主義理論批判出發，在南郭國小孩子們身上，這些尚未達到法
定年齡，不具所謂的「公民身分」，但經由這些孩子於受教育過程中所展現
的主體意識，及其藉由文化資產對話場域，所貫串的社會溝通行動，我們看
到的即使非以「公民身分」（citizenship）的認同政治出發，仍是具有文化
政治上的美學反抗性。

7　https://web.archive.org/web/20110402083033/http://www.taiwanpost.com/
online/2011/03/333.html

（二）多元抵抗的公共領域：以社會溝通行動中介為基礎

　　南郭國小孩子們所開展出來的文化抵抗意涵，讓我們得以比較正向、樂觀地相信，哈伯瑪斯基於理性為基礎，彼此之間能對等地對話，一個理想型的民主、多元和自由社會交往的公民社會想像是可以努力達致的。此外，前述經由女性主義性別批判意識型態而來的辯論，以及對於哈伯瑪斯論述中難以逃逸之父權社會思維框架的無情批判，我們可以清楚地辨識出資產階級公共領域概念上的階級與性別盲目狀態。

　　這群國小的孩子，不僅是一群不被視為擁有完整公民權利的受保護個體，甚至不具備能夠自我主張其意識的完整行動主體，但他們透過一個相對較為安全與穩定教育體系的課程規劃與引導，得以刺激「大人們」好好重新回頭反思許多已經習以為常、未加思索或質疑的僵固價值，這其中當然包含所謂的文化資產價值、在地空間場域的歷史意涵，以及彰化地區的空間意義變遷的詮釋權等等。檢視其所經歷的每個學習階段，有個相當重要的啟發在於，哈伯瑪斯所倡議的，以「言語間的交換」，社會系統藉由「話語」的媒介，彼此之間得以「溝通」，並展現其價值的交換與相互學習。同時，社會發展程度乃是由體制所允許的學習能力所決定（Habermas, 1975:8），這個論點論證了南郭國小藉由教育過程，聚焦於文化資產領域不同面向與議題的積極參與、論述建構，以及見解的倡議，是具體的溝通行動，更是具體建構起社會不同群體之間得以對話的真實場域。

　　另一方面，以佛蕾瑟的詮釋論點來說，南郭國小的文資教育過程，雖然是放在國民教育體系中，但其乃是透過課程跟社會溝通，支持一個非統合性的、主流觀點的公共論述場域，以此抗拒哈伯瑪斯為致力於發展具理想範型的論述架構，而是回歸於佛蕾瑟高度倡議之「多元抵抗文化公共領域」概念之重要性。這其中的另一個關鍵概念為「民主」。「公共領域」的概念也形同開展出「公眾參與」、「公民參與」的價值（Kellner, 2000: 259）。順著這樣的思考脈絡，任何擁有不同認同基礎的社群成員，不論是階級、族裔、

情慾特質與性認同，都可能經由其群體自我認同政治的凝結與形構，強化、支撐一個真正理性、平等、民主且彼此能夠對等溝通對話的公民社會。而有意思的是，從佛蕾瑟對哈伯瑪斯的批判出發，卻似乎仍是回頭支撐其「公共領域」與「社會溝通」這些價值隱含的理想性期許。

（三）從文學公共領域到文化資產公共領域？

哈伯瑪斯提出「文學公共領域」概念乃是用以凸顯出一個支持社會主體間，彼此理性溝通場域建構的物質性存在。因文學公共領域的重要特徵即在於主體透過彼此對於文字／話語的認識、掌握與詮釋能力，而能夠相互地理解、表達意見，貫徹溝通互動關係成立。在英文的表達中，以「letter」這個英文字，主要乃是強調「識字」、「識讀」的意涵，亦即，在此所謂的文學，並非意涵「經典」，而是在這個透過符號來相互溝通理解的「文學公共領域」出現的任何溝通的機制，舉凡報紙、雜誌、刊物、沙龍、咖啡廳、社團與私人俱樂部等等，都透過各種可能的溝通模式，逐步形成社群成員彼此深入互動的熱鬧場域。換言之，隨著資本主義生產方式與都市化的腳步推進，這些表達形式透過具體的實質空間與抽象的場域概念，持續累積堆疊，例如在數位科技時代，網路上的種種再現，社交媒體、影像傳播，都是讓這個文字公共領域更加豐富，彼此得以相互理解和溝通的強度增加，不僅是文字語言符號的溝通，更包括了影像傳播科技，大幅增益了「可溝通性」，那麼，是否可以將「文化資產」視為一種具溝通特徵的符號？特別是立基於文化資產內容所蘊含之各種歷史意涵與符號特性。

本案探討的南郭國小個案，以文化資產做為一種另類的「文學公共領域」，亦即，所有的社群成員，不管是透過在日式宿舍群建築中的空間體驗，透過孩子們的展覽與報導，相互認識彼此曾經共享的歷史記憶與場域精神；在孩子們所製作的各種文化產品與溝通表達裡，包含歌謠、繪本、彩繪、臉書專頁，大人們再次學習著去理解與詮釋，獲得不同世代間，新的彼

此溝通共享記憶的機會。更有可能在這個重新閱讀文化資產的過程中，翻找自己過去的歷史經驗與記憶，跟自己封存已久的生命經驗重新對話。在哈伯瑪斯致力勾勒出的「文學公共領域」概念下，尋覓著社會成員彼此如何找到相互理解與理性溝通的運作機制，以及其物質性的中介物之際，孩子們透過課程教育所持續累積下來的各種階段性學習產出，成為最直接和在地社群對話樞紐。而在更進一步地期許或者可以說是 —— 臺灣各地的文化資產抵抗場域中，是否有機會、有餘裕、有條件、有力氣建構起這樣一個「文學公共領域」，乃是不同社群對於我們可能共有的、有所折衝的、或至少是可以相互理解／和解的文化緊張之間，找到一個理性對話與溝通的機會所在。更重要的，是存在著顛覆與抵抗價值的行動力場域。

五　結語：幾個值得持續探討的概念

臺灣的文化資產場域向來被貼上許多污名化標籤。本文試圖運用哈伯瑪斯的公共領域概念所具有的高度理想性特徵；佛蕾瑟「再思公共領域」的批判性視角，以彰化縣彰化市南郭國小學童們默默發動的寧靜革命，重新想像「公共領域」概念觀點，對於建構一個尊重多元、理性，平等民主社會的基進性所在。

最後，則想指出兩個值得繼續關注的理論推展可能性。其一，是從「文學公共領域」模型，是否能夠朝向「網路公共領域」模式邁進的思考。

前一節本文試圖以文學公共領域具備的物質性特徵，如何支撐社會成員之間理性溝通，相互理解的運作機制，想像文化資產公共領域的溝通可能性。曾經，當網際網路剛誕生不久之際，一個網路社會的形成，曾經創造某種網路無國界、網路集結群眾的無聲革命，世界不僅是平的，還可能是更平等的種種幻象，逐漸破滅，也有許多相關的研究大量產出。

　　然而，不可諱言地，當社會溝通模式幾乎是斷裂式的改變，在數位溝通、社交媒體工具仍然不斷推陳出新之際，大量虛擬影像、聲音、圖像溝通形式，讓網路世界總是充滿新鮮話題。當網路酸民／鄉民／網紅足以成為引導輿論、傳遞假消息、帶動風向，甚至是專業網軍網際大戰中，「網路公共領域」的思辨與討論顯然仍是一個持續發展中的研究課題。

　　其次，回到實體世界來看。本文前述提及，進入 1990 年代後，從歐洲社會開始，關注於文化資產教育如何建構出一個具有歐洲文化認同的公民之際，文化資產教育方案更有助於凸顯不同文化群體的自我認同，進而強化文化多樣性的歷史真實。近年來，「文資教育」不僅已成為社會科學領域中關鍵組成，牽動著教學目標、內容，更是要發展出參與式的主動公民權（citizenship）概念之際，不可或缺的教育資源（Cuenca-López, et al., 2021: 2; Giménez, Ruiz, & Listán, 2008; Lobovikov‐Katz, 2009; Pérez, López, & Listán, 2010），許多第一線教學工作者也開始積極討論善用數位科技於教學上的可能性（Ott & Pozzi, 2008, 2011）。如此的文化資產教育和社會群體文化多樣性的真實，以及對建構公民權的迫切需求，也正是臺灣社會所面對的當下處境。

　　本文前一節試圖挪用哈伯瑪斯文學公共領域的思考架構，提擬一個「文資公共領域」想像的可能性。這個公共領域的核心精神即在於強調主體積極社會溝通行動，重視彼此間的對等「對話」，尋求相互的理解。這樣的概念價值，與 1980 年代以降，批判教育學積極倡議以學生為主體的教育價值，反對教師過於權威性地、單向度地填鴨，忽視學生做為學習的主體，其自身的文化體驗與學習理解，更是身為教育者所應該關注的，如何在平等對話，相互理解的基礎下，凸顯共同學習、共創的價值，即如同前述「文學公共領域」做為一個架構起廣大、為數眾多，來自不同背景社會成員之間，得以相互彼此認識的物質性基礎所在。批判教育學訴求以學生為主體的學習歷程思維，是否可以轉譯在文化資產的公共領域中，讓我們從不同的文化主體經驗來相互溝通，彼此理解呢？

　　一群彰化的國小孩子們，以其真摯的、想表達情感與意見的積極主動溝通行動中，清楚告訴我們，「文化資產教育」不等於任何一門「鄉土教育」的科目，不只是狹義的某種認同教育建構，在孩子們種種充滿創意的溝通行動中，開創出的文化資產公共領域，拓展了讓我們得以相互認識，彼此對話的起點。文化資產不是一門學科，而是一種思維、一個過程（Smith, L., 2006）。就如同教育不該是強迫與壓制的權力關係，而是引導一個勇於積極對話、樂於溝通與理解他人之主體的誕生。

參｜考｜文｜獻

哈伯瑪斯（著），曹衛東等（譯）（1962/1989/2002）。《公共領域的結構轉型》。臺北：聯經。

江明親（2016）。〈文化資產教育與博物館〉。《新北市立黃金博物館學刊》4: 48-57。

沈樹華（1999）。〈哈伯瑪斯的「公共領域」與「市民社會」理論〉。《公民與訓育學報》8: 553-582。

周淑卿（2000）。〈中小學鄉土教育的問題與展望〉。《課程與教學》3(3): 91-101-166。

姚誠（2000）。〈從「意識」到「認同」── 論台灣鄉土教育的建構〉。《課程與教學》3(3): 1-16。

張彩鳳（2017）。〈解說家鄉歷史　彰縣南郭導覽郡守官舍〉。《國語日報》。

陳詩妤（2021）。〈歷史不只在課本：小學生守護古蹟寫歷史〉。《親子天下》117: 108-110。

陳雅芳（2017）。〈南郭國小舉辦「記憶之屋」活化藝術創作展覽〉。《今日新聞》。

彭素華（2017）。〈老建築南郭宿舍群小學生用藝術創作守護〉。《新頭殼》。

Cuenca-López, J. M., Martín-Cáceres, M. J., & Estepa-Giménez, J. (2021). Teacher Training in Heritage Education: Good Practices for Citizenship Education.*Humanities and Social Sciences Communications* 8(1): 1-8.

Fraser, N. (1990). Rethinking the Public Sphere: A Contribution to the Critique of Actually Existing Democracy. *Social Text* (25/26): 56-80.

Freire, P. (1996). *Pedagogy of theOppressed* (revised).New York: Continuum.

Giménez, J. E., Ruiz, R. M. Á., & Listán, M. F. (2008). Primary and Secondary Teachers' Conceptions about Heritage and Heritage Education: A Comparative Analysis. *Teaching and Teacher Education* 24(8): 2095-2107.

Habermas, J. (1975). *Legitimation Crisis*. Beacon Press.

Habermas, J. (1962/1989). *The Structural Transformation of the Public Sphere: An Inquiry into a Category of Bourgeois Society*. Cambridge, Mass.: Polity Press.

Hunter, K. A. (1988).Heritage Education in the Social Studies. *ERIC Digest*. ED300336 1988-11-00, 1-8.

Hunter, K. A. (1992). Heritage Education: What's Going on Out There? Paper presented at the Annual Meeting of the American Historical Association (Washington, DC, December 28, 1992.)

Kellner, D. (2000). Habermas, the Public Sphere, and Democracy: A Critical Intervention. In Hahn, L. E. (ed.), *Perspectives on Habermas*(pp. 259-288). Chicago: Open Court Publishing.

Lobovikov - Katz, A. (2009). Heritage Education for Heritage Conservation–A Teaching Approach (Contribution of Educational Codes to Study of Deterioration of Natural Building Stone in Historic Monuments). *Strain*45(5): 480-484.

Ott, M.&Pozzi, F. (2008). ICT and Cultural Heritage Education: Which Added Value? In *World Summit on Knowledge Society*(pp.131-138). Springer, Berlin, Heidelberg.

Ott, M.&Pozzi, F. (2011). Towards a New Era for Cultural Heritage Education: Discussing the Role of ICT. *Computers in Human Behavior* 27(4), 1365-1371.

Pérez, R. J., López, J. M. C., & Listán, D. M. F. (2010). Heritage Education: Exploring the Conceptions of Teachers and Administrators from the Perspective of Experimental and Social Science Teaching. *Teaching and Teacher Education* 26(6): 1319-1331.

Smith, L. (2006). *Uses of Heritage*. London: Routledge.

文化資產教育
做為文化公共領域的契機

一個永續發展教育的想像

—— 榮芳杰 ——

國立清華大學環境與文化資源學系、人文社會學院學士班合聘副教授

一　前言

　　臺灣近年來在各縣市發生多起的文化資產保存運動，這些各種不同類型的老舊建築物，在面對所有權人的產權處分需求，以及保存運動者冀望保存的感性訴求下，往往得不到兩全其美的結果。雖然國人的文化保存素養有逐漸提高的趨勢，但其實還是有很多的民眾無法理解老舊建築保存的目的？保存與開發之間的衝突該如何解決？甚至更多民眾認為文化資產保存工作是一種累贅與負擔沉重的刻板印象。文化資產其公共領域的形成與現行制度失之交臂，這樣的社會現象反映了過去我們缺乏正確的觀念宣導作為，另一方面我們也欠缺更完善的法令制度來解決私有產權面對文化保存爭議的方法或工具。這些文化資產保存運動無論在面對各種爭議、反省或是改革階段時，架構出具對話性的環境條件，「教育」兩個字經常是許多問題的當然解藥。

　　然而，「文化資產教育」是一種什麼性質或內涵的教育議題？涵蓋的層面到底有哪些？是專業人才的技術養成？還是尋常百姓的觀念啟發？這麼多年來似乎沒有在學術研究領域中引起太多討論與重視。當前的文化部門與教育部門其實有各自的想像。我們的許多政策不斷的倡議文化資產教育的各種方法，舉凡：體驗、導覽、解說、參訪、研習……不一而足。但是當我們沉浸與滿足在一張張莘莘學子於文化資產場域活動的照片時，大家可能都忽略了這其實是來自於同溫層的感動與支持，那個我們本來期待的透過「教育」手段來達到文化資產教育普及化的目標，往往被各種活動的掌聲給隱藏起來，甚至我們的教學現場有時候還不同意讓師生可以離開學校進到文化資產場域進行戶外教學，只因為文化資產不是一門課表上的課程，因此將學生帶離開學校經常被視為影響教學進度的絆腳石。

　　但對於教育現場的第一線在職教師來說，他們更需要知道可以怎麼做？如何做？何時做？在哪實踐？尤其是文化資產場所是否能夠成為文化公共空間領域的一分子？這些真實問題的解決辦法是本文所欲探討的目標。本文主

要透過一個時間歷程的回顧，從建立「文化資產教育」的永續觀點出發，回顧 1990 年代曾經短暫進入到中小學課程表的「鄉土教學活動」課程，再到《文化資產保存法》納入「文化資產保存教育」的意義，最後透過 108 課綱關於「文化資產」的議題，進而去思考從「文化公共領域」的角度可以如何銜接國際間推動「永續發展教育」的理念，透過場所學習的管道來實踐文化保存素養，以及從不同學習領域的跨科課程統整的方式，讓所有的老師都能夠在文化資產場所中進行不同學科的課程教學活動，並且進一步思考文化資產場所做為文化公共領域的可能性。

這些關於文化資產教育的議題，終於在 2017 年 3 月至 6 月，文化部在闊別 15 年後，舉辦了一系列規模盛大的「全國文化會議」後而引爆開來。當時文化部在全國召開 21 場文化分區論壇，在這 21 場遍布在不同縣市舉辦的分區論壇過程中，尤以「文化生命力」這組討論文化保存與札根、連結土地與人民歷史記憶的「文化資產」議題獲得最多關注。當時全國文化會議結論總結報告時，針對此組議題民間提出了幾點結論，其中有兩點關係到文化資產保存教育。分別是：

（九）文化部與教育部需密切合作，從幼教開始推動多元母語教育（包括新住民的母國語言）、文化保存教育（包括師資培育過程、課綱列入文資案例、教科書、文資教材開發、鄉土教育等）、文化保存專業教育（包括大學需建立古蹟修復、文物修復的完整教育體系），及校園文化資產保存。並讓編寫教科書的權力與文化詮釋權釋放到民間，由民間自行書寫教科書。（十）文化部應強化文化保存教育與推廣，包括建構臺灣文化路徑、推廣基於考古遺址證據的臺灣史前史、運用現代科技優化及系統化無形文化傳統技藝傳承；鼓勵民間團體於多元場域（包括傳統村落做為文化共同體）推動文化保存教育；在社區營造中加強各族群文化資產保存與地方學；將文化保存案例融入各部會業務；比照環境教育推動公務人員每年接受文化教

育；及比照專科醫師制度精神，建立古蹟修復建築師基準、回訓、退場等制度。並宜考慮成立臺語電視臺。（文化部，2018: 207）

最後，文化部在綜整了全國文化會議各分區論壇的民意結果下，在全國大會做出最終的政策回應，其中有兩點涉及到文化資產教育，包括：

五、文化資產人才養成與公民意識：為發展文化資產專業能量，政府應系統性從教育、訓練、檢覈、就業，建立永續的文化資產人才體系，包括傳統匠師分級認證制度、各教育階段推動認識文化資產相關課程、推動文化資產保存體驗，提升文化公民意識。十二、建構在地知識學：建立中央政府與地方政府與在地文史工作者合作機制，系統性蒐集地方知識，建構在地知識學；社區營造與在地知識學相互連結，強化社區能量；鼓勵地方政府運用在地知識學所得，發展具有地方特色之教學內容。（文化部，2018: 219）

由於全國文化會議的舉辦讓文化部看見臺灣各界普遍關注文化資產保存的議題，於是文化部緊接著在 2018 年籌辦「全國文化資產會議」，藉此以回應民眾的殷殷期待，讓未來文資保存能更臻完善，共商未來整個文化資產制度的轉型。最後，全國文化資產會議也整理出文化部文化資產局針對文化資產教育的回應：在「強化中央與地方文資治理組織體系的部分」，提出（一）文化資產局改制為文化資產署，專責文化資產的政策制定與法定執掌業務，並增設「保存技術及人才培育組」，全力推動文化資產教育扎根。以及，五、深化教育扎根及人才培育。並且文化部也將與教育部合作，提升文資保存意識與觀念；研議成立「文化資產師資培育中心」，提升國中小師資對文資領域的專業知識，啟發學子對文資的興趣與認同。此外也會建立傳統匠師分級認證制度、文資人才銀行、以及各項傳習計畫，使文資保存維護工作得以永續傳承。（文化部文化資產局，2019: 236-237）

綜合上述全國性的文化會議討論過程，我們不難發現社會大眾對於文化資產教育議題的期待與重視。同時，我們也意識到文化資產教育這個涵蓋了「文化」與「教育」部門的任務，現階段的確需要更有效率的文化公共領域來進行推動後續工作。

二　文化保存觀念的濫觴：鄉土文化運動

雖然 2017 年的全國文化會議與 2018 年的全國文化資產會議凸顯了文化資產教育的社會共識，但其實早在 1980 年代教育部就已經埋下類似認識地方文化的教育理念，也就是大家熟知的「鄉土教育」。只是「鄉土教育」在我國的國民義務教育階段存在的時間很短，最後也因為各縣市的「地方」概念的文化差異很大，無法用一個標準的課程架構來詮釋全臺各縣市的鄉土文化，最後教育部期待的轉型效果並未能真正達到。

談及鄉土教育的發展歷程，必須回到臺灣在 1970 至 1980 年代因為戰後諸多的地方文化認同問題，產生了一連串的鄉土文化運動，是從文資保存運動發展出文化公共領域的濫觴。林瑞榮（2000: 9）曾定義，鄉土一詞指人們出生的故鄉或少年時代生活的地方；另一指長期居住的地方，對該地已有特別深厚的感情並受其影響。歐用生（1995）則認為鄉土教育在本質上是一種人格教育、生活教育、民族精神教育以及世界觀教育。1982 年所頒布《文化資產保存法》（簡稱《文資法》）當然也扮演那個時代很重要的推手。1987 年（民 76 年）政府解除戒嚴後，開始將鄉土教育反映在正規教育的課程之中。首當其衝的就是 1993 年（民 82 年）9 月 20 日修訂公布「國民小學課程標準」，教育部要求所有國小三至六年級學生自 87 學年度起，每週增設一節 40 分鐘的「鄉土教學活動」，這個政策對於當時國內鄉土教育的發展，有著重要性的關鍵意義。緊接著，1994 年（民 83 年）「國民小學鄉土教學活動課程標準」公布，陸續在 1996 年（民 85 年）正式在國民

中學一年級，每週三開設一門「認識臺灣」的課程，另外國一也在音樂與美術科之外，另外增設一門「鄉土藝術活動」課程。

然而，在 1990 年代的課程規劃下，鄉土教育是一門獨立的課程，也就是有獨立的課程綱要與標準。這樣的課程設計使得鄉土教育的課程變成狹隘的學習領域，反而失去了鄉土論述的多元價值與定義。當年教育部特別在中小學課程中設置鄉土教學的科目，強調鄉土教育的重要，其實反映了當時臺灣開始討論本土化議題的社會需求。然而現在回顧當年相關探討鄉土教學內涵的文件，其實主要訴求的並非專指我們現在所指涉的文化資產，而是放諸在各種地方方言、傳統戲曲與民俗活動等。因此，鄉土教學這些相關科目所帶來的問題是跨學科領域的需求極高，但對於傳統中小學課程均屬單一學科的慣性而言，鄉土教學的相關科目無法從完整的學科內容，甚至是知識體系的層次建構著手，最後再加上各地方的鄉土題材與特質不一，使得連教科書的內容編寫都產生了困難。

於是，教育部在 1998 年，再次修訂課程綱要，公布「國民教育九年一貫課程總綱」，鄉土教學活動不再單獨設科，而是改為融入各學習領域的方式進行操作，並且在 2000 年（民 89 年）九年一貫課程正式開始融入各科學習領域教學。如同陳添球（2002: 53）所述：民國 83 年頒布的「國民小學鄉土教學活動課程標準」是「獨立設科的課程標準」（獨立的標準），而國民中小學九年一貫課程綱要中不再有「獨立的標準或綱要」，而將「獨立的標準」融入到「各學習領域課程綱要」中，成為「內含的鄉土教學綱要」。於是，鄉土教學課程最終走向了融合式課程（fused curriculum）內容或是課程統整（curriculum integration）的概念。

簡言之，在 1998 年之後，鄉土教學活動已轉換為由「課程統整」的方式，以一種議題融入教學課程的模式進入學校，議題的融入可以在正式課程中推展，亦可透過非正式課程來進行。舉例來說，目前國民中小學採用 2008 年（民 97 年）版的「國民中小學九年一貫課程綱要」做為課程教學的依據，此綱要在 2012 年（民 101 年）5 月 15 日依據臺國（二）字第

1010074428C 號令修正發布「國民中小學九年一貫課程綱要」，另外加入包括：性別平等教育、環境教育、資訊教育、家政教育、人權教育、生涯發展教育、海洋教育等七項重大議題。[1] 希望國民中小學教師在進行教育部所頒布的七大學習領域包括：語文學習領域（國語文、英語、客家語、原住民族語、閩南語）、健康與體育學習領域、社會學習領域、藝術與人文學習領域、自然與生活科技學習領域、數學學習領域，以及綜合活動學習領域之外，能夠適時地將七個重大議題融入在各科課程內容之中。因此，藝術與人文學習領域的授課教師，可以在其任教班級中，視學生的年級別與課程單元適度的加入環境教育或人權教育等議題；自然與生活科技學習領域的課程也可以視授課教師的創意，在課程內容中加入海洋教育或環境教育等議題。

三 文化資產「保存」教育的立法過程

雖然鄉土教育在 1982 年《文資法》頒布後隨即展開，但《文資法》本身的法律條文卻遲至 2005 年版的《文化資產保存法》第 62 條才首次提到：「為進行傳統藝術及民俗之傳習、研究及發展，主管機關應協調各級教育主管機關督導各級學校於相關課程中為之。」這是臺灣的文化資產保存相關法令首次將文化資產的特定類別納入正規教育體系之中，但可惜的是當初訂定這法條時只從法定文化資產的七大類別[2]中，選擇了「傳統藝術」與「民俗」這兩個類別做為文化資產主管機關協調各級教育主管機關在相關課程中的主角，而非全部的類別。主要的原因還是當時的法令承襲了鄉土教

1　時至今日，教育部在 108 課綱總綱中已列有 19 項「教育議題」，包括性別平等、人權、環境、海洋、品德、生命、法治、科技、資訊、能源、安全、防災、家庭教育、生涯規劃、多元文化、閱讀素養、戶外教育、國際教育、原住民族教育等。

2　依據 2005 年版的《文化資產保存法》第 3 條之定義，文化資產指具有歷史、文化、藝術、科學等價值，並經指定或登錄之下列資產：一、古蹟、歷史建築、聚落；二、遺址；三、文化景觀；四、傳統藝術；五、民俗及有關文物；六、古物；七、自然地景。

育對於傳統藝術與民俗的重視。這個「挑食」的文化資產教育現象，直到
2016 年版的《文化資產保存法》新增了一條跟文化資產教育有關的法律條
文後才改變。當時《立法院公報》所呈現的立法理由為：「鑑於政府、機關
人員及民眾缺乏文化資產之認識與保存觀念，亟需藉由學校教育體系，使國
民得以自幼培養文化資產保存觀念，故增訂實施文化資產保存教育之規定。」
於是，2016 年頒布的《文化資產保存法》第 12 條成為文化資產教育很重
要的法源依據。該條文提到：「為實施文化資產保存教育，主管機關應協調
各級教育主管機關督導各級學校於相關課程中為之。」另一方面，《文化資
產保存法施行細則》第 14-1 條則明定：為實施文化資產保存教育，各級主
管機關依本法第 12 條協調各級教育主管機關督導各級學校辦理事項如下：

一、培育各級文化資產教育師資。

二、獎勵及發展文化資產教育課程、教案設計及教材編訂。

三、結合戶外體驗教學及多元學習課程與活動。

四、其他與文化資產保存相關之教育。

不僅如此，2015 年首次頒布的《水下文化資產保存法》第 12 條提到：
「主管機關應推廣各級學校水下文化資產保存之教育，其相關實施與鼓勵辦
法由中央主管機關會商教育部定之。」基於此，文化部也緊接著於 2016 年
頒布《水下文化資產保存教育推廣鼓勵辦法》，該辦法第 2 條清楚的定義了
水下文化資產保存教育是指「增進國民水下文化資產知識，提升國民保護水
下文化資產之素養及價值觀，促使國民共同保護水下文化資產之教育」，同
時也在該辦法第 3 條把水下文化資產保存教育之實施主體定為各級學校。甚
至在該辦法第 4 條還更進一步的制定了比陸地上的《文資法》還要更積極的
作為，明訂「主管機關為推動國家水下文化資產保存教育，應擬訂國家水下
文化資產保存教育綱領，並得會商中央教育主管機關，訂定國家水下文化資
產保存教育行動方案」。

上述的文化資產教育的相關法令，涵蓋了陸地上的《文化資產保存法》與水下的《水下文化資產保存法》。但我們也同時發現，這兩部母法對待文化資產保存教育的觀點與實踐方式卻大不相同（如表1），前者僅規範辦理事項，後者要求制定國家水下文化資產保存教育綱領，可是他們卻都是同一個中央主管機關所制定的法律條文。這個現象反映出中央主管機關欠缺整體性的文化資產教育藍圖，同時「文化資產保存教育」這個詞句，在法令中一直沒能清楚地給予明確的名詞解釋，究竟我們是為了要追求民眾具有保存文化資產的觀念當主要目標？還是我們要透過教育民眾來認識或喜歡文化資

📍 **表 1　陸地與水下兩部文化資產保存法對於文化資產保存教育的比較**

法令名稱	2016 年 《文化資產保存法》 第 12 條	2015 年 《水下文化資產保存法》 第 12 條
文化資產保存教育的定位與內涵	為實施文化資產保存教育，主管機關應協調各級教育主管機關督導各級學校於相關課程中為之。	主管機關應推廣各級學校水下文化資產保存之教育，其相關實施與鼓勵辦法由中央主管機關會商教育部定之。
	2019 年 《文化資產保存法施行細則》 第 14-1 條	**2016 年 《水下文化資產保存教育推廣鼓勵辦法》 第 2 條**
	為實施文化資產保存教育，各級主管機關應協調各級教育主管機關督導各級學校辦理事項如下： 1. 培育各級文化資產教育師資。 2. 獎勵及發展文化資產教育課程、教案設計及教材編訂。 3. 結合戶外體驗教學及多元學習課程與活動。 4. 其他與文化資產保存相關之教育。	水下文化資產保存教育是指「增進國民水下文化資產知識，提升國民保護水下文化資產之素養及價值觀，促使國民共同保護水下文化資產之教育。
		2016 年 《水下文化資產保存教育推廣鼓勵辦法》 第 4 條
		主管機關為推動國家水下文化資產保存教育，應擬訂國家水下文化資產保存教育綱領，並得會商中央教育主管機關，訂定國家水下文化資產保存教育行動方案。

化資產？這其實是兩個截然不同的任務，兩者其實都重要，但從鄉土教育實施以來我們都把文化資產「保存」（preservation）的觀念推廣當成主要論述，[3] 而忽視了文化資產論述在建立公共性、共同價值上的推展。《文化資產保存法》實施至今（2022 年）剛好屆滿四十年，我們應該要努力的超越「保存」觀念的推動當成階段性目標，還是要思考文化資產「保存」下來後，我們該給民眾什麼樣的歷史文化認同和「文化資產教育」？

四 「文化資產」在 108 課綱中的角色

盤點 108 課綱中各領域／科目課程綱要中的學習重點如表 2 所示，發現僅有社會與藝術學習領域提及文化資產。藝術學習領域則在高中的教學才開始有文化資產的論述，在國中小的部分則僅在社會領域中出現，例如：國中的社 3d-IV-2 [4]「提出保存文化資產、改善環境或維護社會正義等可能方案」；以及國小的 Cb-III-2「臺灣史前文化、原住民族文化、中華及世界其他文化隨著時代變遷，都在臺灣留下有形與無形的文化資產，並與無形的文化資產，並生活中展現特色」。這兩項學習重點前述與公民相關，後則與歷史相關，其教學的對象物就是那些交織出文化公共領域的素材。文化資產的場域隱含著豐富的教學資源，這些資源的屬性不僅能提供給社會學習領域教學課程之用，更可以結合學校其他領域之教學，應用於相關的學習課題裡進行教學活動。如此規劃，學校教育便能將課程的內容銜接上文化場域的實境，並和文史研究或文化資產保存之公民社會有所連結。

3　「文化資產保存教育」在《文化資產保存法》官方的英譯用語為 cultural heritage preservation education。

4　在本文中所舉例的課綱條目編號，其編號規則代表的是 108 課綱中，關於學習表現的條目內容，依各教育階段順序呈現，包括構面、項目及條目，以及流水號的編碼規則，詳情請參閱教育部所已公開下載的 108 課綱內容。

📍 **表 2　十二年國民基本教育課程綱要中提及文化資產內容**

領域	學習表現提及文化資產	學習內容提及文化資產
社會	社 3d-IV-2（國中）提出保存文化資產、改善環境或維護社會正義等可能方案。	Cb-III-2（國小高年級）臺灣史前文化、原住民族文化、中華及世界其他文化隨著時代變遷，都在臺灣留下有形與無形的文化資產，並與無形的文化資產，並生活中展現特色。 地 Mb-V-3（高中）文化資產、歷史現場與代發展的關係。
藝術	美 P-V-1（高中）藝術組織與機構、文化資產、在地及各族群藝文活動。 藝 3-V-1（高中）能認識文化資產，豐富藝術生活。	音 P-V-2（高中）文化資產保存與全球藝術文化相關議題。

資料來源：本研究整理。

　　又例如，在高中階段的社會學習領域中有一門選修課程為「探究與實作課程」，可選擇開設歷史學與探究主題、地理與人文社會科學研究主題以及公共議題與社會探究主題，並在課綱中鼓勵教師進行跨科目、跨領域的課程設計。其中地理與人文社會科學研究主題中，即包含與文化資產相關的條目。上述提到的「探究與實作」同時出現在課綱中的「課程」與「項目」兩種不同的層級中，容易產生混淆，增加教師依據課綱來設計課程的難度。

　　除了在課綱中的條目提及文化資產之外，社會領域課綱的附錄部分針對學習內容說明時，提出教師可在課程中帶學生進行田野觀察，並增加說明如：「配合學習內容，觀察學校附近與原住民族或漢人有關的文化地景或文化資產，教師可與其他學科教師配合《總綱》揭櫫之議題協同設計。」而在藝術領域課綱中，則是在實施要點中提出應將文化資產納入教材之中，例如：傳統藝術文化資產或寺廟建築等文化資產。上述內容顯示在 108 課綱中，已逐漸希望教師將文化場域或文化資產納入課程中。但對在職教師來說，要如何將不熟悉的文化資產納入課程中，目前幾乎是所有教學現場中各級教師所面臨到的難題。

　　另外，在高中與國中的社會學習領域課程綱要中出現「文化遺產」一詞，國中的條目出現在歷 Na-IV-1 與歷 Na-IV-2，這個分類主題是古代文化的遺產，並在說明中寫到：「以非洲與西亞地區為起點，擇要討論幾個重要的古代文化遺產，不必詳敘細節。」另一個條目也出現在歷史中的歷 D-IV-1 與歷 D-IV-2 以及歷 G-IV-1 與歷 G-IV-1，都屬於歷史考察的主題，只是在不同年級，其說明中第二點提及可參考之探究課題或活動，提出四個建議，在第四點指到：「當地有形或無形文化遺產的調查、參訪與報告。」在高中的社會學習領域中所列條目的歷 La-V-1、歷 La-V-2、歷 La-V-3 的說明中提到：「這一主題探究的重點是歐洲文化的遺產，及其在現代世界的意義……。」在「文化資產」與「文化遺產」這兩個詞語的使用上，一般授課教師並無兩者之間差異的相關概念。因此，對授課教師而言，他們可能更需要類似教師手冊的工具將「文化遺產」與「文化資產」的定義做出解釋。從英文的字義來看，cultural heritage（文化遺產）與 cultural property（文化資產）差別在於法定的文化資產通常至少會由「價值」（value）、「所有權關係」（ownership）所構成，在財產權的脈絡下，文化資產本身並不容易表達超越財產權限制的傳承後世的概念。因此，文化遺產的概念則強調「價值」與「文化重大意義」（cultural significance）的角色，「價值」與「文化重大意義」這兩個元素便能夠跳脫產權的禁錮，回到文化公共領域的角度讓一般大眾來詮釋與宣導文化遺產的重要性與傳承後世的訴求，這個概念也使得許多英語系國家較常使用文化遺產這個字眼來傳達文化資產公眾化的概念（榮芳杰，2008）。「文化遺產」與「文化資產」這兩個詞語同時出現在領綱之中，無論是教學的教師或是受教育的學生，都會遇到這兩個詞語，也因此需要去釐清辭彙的使用與其代表意思。透過釐清辭彙，師生必須辨識文資之「價值」、「所有權」及「文化重大意義」等具體及抽象概念，以至想像文資保存過程會出現的不同立場及觀點。

　　綜上所述，我們發現無論是採用「文化資產」或「文化遺產」一詞，在現行國內實施的十二年國教體系（108 課綱）下，八大學習領域（語文、數學、社會、自然科學、藝術、綜合活動、科技、健康與體育）中，教育部只

將文化資產一詞放進部分教育階段的社會科學習領域，以及藝術學習領域之中。這個現象呈現了兩個盲點，一個是學習領域的狹隘想像，彷彿「文化資產」只有表象的連結社會科與藝術科兩個學習領域，忽略了其他六大領域：語文、數學、自然科學、綜合活動、科技、健康與體育等都有隱藏著不同在地文化資產的知識或素養內涵（如圖1）。第二個盲點是文化資產教育為何不能在每一個教育階段（國小、國中、一般高中或技職高中）都能有接觸它的機會？這也反映了現行的文化資產教育缺少課程架構或是能力培養的整體規劃，以及文化資產永續發展的教育藍圖。

▶ 課程融入文化資產場域後的國民中小學的七大學習領域 ◀

語文學習領域	・國文課、英文課、閩南語課、客語課、原住民族語	例如：古蹟中的書法對聯、客家宗祠的書法對聯詞句等。
健康與體育學系領域	・體育課	例如：古蹟的物理環境與人體感適度等。
社會學習領域	・社會課	例如：認識古蹟與社區之間的關聯、古蹟歷史與人物等。
藝術與人文學習領域	・美勞課、音樂課	例如：與古蹟有關的樂曲、畫作、雕刻、文學、創作等。
自然與生活科技學習領域	・自然課	例如：產業遺產中的製程原理、材料、地質認識等。
數學學習領域	・數學課	例如：任何古蹟均可以操作數學量測面積、形狀、角度等。
綜合活動學習領域	・生活課程	例如：將上述各種課程單元課程統整在此課程中操作等。

圖 1 中小學正規課程融入文化資產場域的學習領域關係對照

五　永續發展教育框架下的文化資產教育

聯合國教科文組織在 1972 年頒布《世界遺產公約》之後，雖然公約中明定了教育的課題對世界遺產的重要性。但世界遺產的相關教育工作卻一直遲至 1990 年代才陸續在歐洲國家展開討論。「遺產教育」（heritage education）一詞也遂成為當前文化資產領域中非常重要的教育研究範疇。1998 年 3 月 17 日歐洲部長委員會通過了一份重要的文件 ——《關於部長委員會所屬會員國遺產教育之第 R(98)5 號建議文》（Recommendation No. R(98)5）來看，該建議文定義「遺產教育」是指：「教學的方法以文化遺產為基礎，強調以積極整合的教育手段、透過跨學科的方式，以及結合教育和文化有關的領域，並運用最廣泛的溝通和表達方式所建立的一種夥伴關係。」

然而，這個屬於跨領域整合的教學工作，教師本身必須意識到遺產教育中的「遺產」這個字眼，有別於大家習慣使用文化資產的「資產」這個概念，遺產教育更強調的是價值的傳承。兩個字眼代表的意義有時是重疊一致的，有時則凸顯出私人領域與公共領域的差異或對立。依據拉丁文的原始字義，heritage 的字根代表的是「to adhere to」或是「hang on to」，意謂著要把什麼東西交給誰的「傳承」概念。因此，to hang to 什麼「東西」要「給誰」這件事，便會涉及到你「選擇」了什麼東西，並「交付」給誰？這個連續性的動作，也就是文化遺產所要強調與表達的核心價值 ——「傳承」（inheritance）。因此，遺產教育所要談論的是表 3 的遺產類型該如何透過價值傳承的概念，將有形與無形的遺產種類能夠順利的告訴我們的下一世代。

📍 **表 3　遺產的分類與範疇**

文化遺產 (cultural heritage)			自然遺產 (natural heritage)
有形遺產 (tangible heritage)		無形遺產 (intangible heritage)	有形且不可移動 (tangible and immovable)
不可移動 (immovale)	可移動 (movable)	音樂 舞蹈 文學 戲劇 口述歷史 傳統藝術 社會習俗 手工藝 文化空間 宗教信仰 儀式…等	生態重要性為主的自然與海洋公園 傑出的自然地景樣貌地理與實質構成
建築作品 古蹟 考古遺址 歷史中心 建築群（聚落） 文化景觀 歷史花園與公園 植物園 產業遺產	博物館典藏品 圖書 檔案		

資料來源：Aslan, Z. & Ardemagni, M. (2006)。

　　換句話說，如果文化資產的價值傳承是一個持續不斷擴展公益性和維繫公共價值的工作。它似乎也剛好回應了 21 世紀以來全世界所關注的「永續發展」的議題。這個早在 1987 年聯合國大會便已認可的「永續發展教育」（Education for Sustainable Development, ESD）概念使用，強調的核心任務是「為了永續發展」的教育。葉欣誠（2017）曾指出 UNESCO 發行「永續發展目標的教育」，使用教育的架構詳細說明十七個 SDGs 的教育策略，並且以認知、社會與情意、技能三個面向，搭配八大核心能力，明確針對每一個目標如何融入正式與非正式教育提出策略，並提供可操作的議題。這份資料的出現，說明了 UNESCO 正式將 ESD 與 SDGs 的推動架構整合，同時提供與各不同的 SDGs 相關者據以推動 ESD 的方法、議題與目標，著實代表了現在開始到 2030 年的全球趨勢。

另一方面，ESD 也強調轉化教育，重視兼具認知與態度兩個面向的內在價值，才有實踐的可能。Jickling（1992）認為：「教育不應該為了特定主題存在，否則就不是真正的教育。教育應該為人們增能，準備思考，以創造新的概念，而非遵循特定的教條。因為我們對於永續並沒有解答，應該引導學生去創造這解答。」永續發展教育的基本範疇與性質，除了永續發展的「環境、經濟、社會」的三面向外，也進一步強調「文化脈絡」。這也使得 2015 年聯合國發表《翻轉我們的世界：2030 年永續發展方針》（*Transforming our world: the 2030 Agenda for Sustainable Development*）受到多方的重視。該份文件也揭示 17 項永續發展目標（Sustainable Development Goals, SDGs）與 169 項細項目標（Targets）。其中第十一個目標（Goals）是「永續城市與社區」，該目標下的第四個細項目標為「保護世界的自然與文化資產」。這個脈絡也讓文化資產開始連結到「永續發展目標」與「永續發展教育」的範疇之中。因此，當前無論是政府部門或是各級學校，理論上都應該要正視文化資產的角色對於一個國家自身歷史與文化傳承的重要使命。

圖 2　永續發展目標第 11 個目標及其第 4 個細項目標

圖片來源：葉欣誠教授提供。

同時，2000 年左右，西方國家開始把文化遺產連結到永續發展與教育領域之中，例如：英國的英格蘭遺產（English Heritage）針對英國諸多

文化遺產場所的教學問題展開了一系列的研究，並且最後由不同領域的專家學者陸續在 2000 年左右編纂一套非常有系統的教師手冊。此一系列的書籍在封面內頁均標註一段文字：「這是一系列關於『教育現場』（Education on Site）的系列叢書，特別撰寫給學校教師，協助他們在文化資產場域中有更好的教學成效。」這個出版的計畫主要是英國的文化部門發現文化資產教育的重點必須回到教育者的角色，重新定義在遺產場所內的教學活動，應該是由教育工作者主導，並且透過課程融入遺產場所的方式，讓中小學的學生能夠先有機會親近遺產場所，再從遺產場所認識遺產本身。這構想遂得到文化遺產領域與教育部門的讚賞，並且開始著手進行各種可能在遺產場所內實施的課程教案設計。

圖 3 《數學與歷史性環境》課程

圖片來源：Tim Copeland（1991）《Maths and the Historic Environment》。

圖 4 《數學與歷史性環境》課程中孩童利用工具量測尺寸，並應用數學公式計算

圖片來源：Tim Copeland（1991）《Maths and the Historic Environment》。

2004 年 6 月，德國布蘭登堡的科特布斯大學（BTU）發表了一份國際宣言《科特布斯宣言 —— 世界遺產、全球化與永續發展：教育與研究的任務》（*The Cottbus Declaration World Heritage, Globalization and Sustainable Development: Tasks for Education and Research*）。同年，Tim Copeland（2004）也提出遺產教育是透過（through）遺產來教育，為了（for）遺產而教育，教育有關（about）遺產知識的看法。進而也在隔年參與了由歐洲數個國家的遺產教育專家所組成的團隊「HEREDUC」，該組織主要是針對中等學校的老師開發遺產教育相關的教學手冊與資源，2005 年出版《教室裡的文化資產教育：教師實務手冊》（*Heritage in the Classroom: A Practical Manual for Teachers*）一書，對於推動文化資產教育的實務工作均有重要的貢獻與意義。

六　文化資產教育現地教學的馬祖經驗

受到上述脈絡的啟發，為了實踐文化資產教育在文化資產保存工作上的實驗性，筆者於 2019 年 8 月 19-23 日在連江縣南竿鄉舉辦了五天四夜的國小高年級夏令營課程，這個營隊招收了來自臺灣的十位國小高年級學生，以及馬祖地區十位國小高年級學生。其中有一整天的津沙聚落現地教學課程，以及大漢據點與北海坑道各占半天的現地教學課程。其中，津沙聚落的課程主題為「聚落擇址」，我們嘗試讓津沙聚落視為一個文化公共領域，大家可以在這個場所進行各種議題的探索與學習（榮芳杰，2020）。於是我們將聚落的擇址議題分為水源、交通、地形、防禦、風向等小主題，並以上課地點為區分，在聚落內選擇五個上課地點來發展教案，並且透過以下三大階段來完成整個文化資產場域現地教學的設計流程（如圖 5）：

（一）　現地勘查階段（議題面向、空間面向）。

（二）　課程規劃階段（課程主題設計、環境觀察引導、學習教材設計）。

（三）　試教與評量階段。

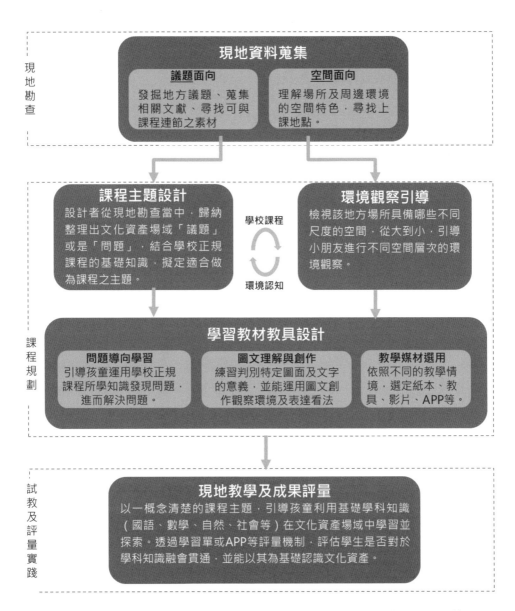

圖 5　筆者目前已研發完成的正規課程融入文化資產場域的教案設計流程簡圖

　　課程內容也分別回應自社會、數學、自然、語文等學習領域的課本單元
（如表4），整合設計為一個一天的綜合性課程統整的教學內容。讓老師能夠
在津沙聚落的現場帶著孩子認識津沙聚落形成的來龍去脈，也間接瞭解任何
一個聚落的生成必須從地理環境條件、水源、方位、氣候，甚至於飲食文化

📍 表4　津沙聚落課程內容

上課地點	單元名稱	課程主題	學習內容	解題任務
津沙聚落	誰嶼爭鋒（海堤、瞭望臺）	地形交通	▪ 數學：比例尺 ▪ 自然：方位 ▪ 社會：經緯度、火山島、大陸島	▪ 關卡一：認識方位 ▪ 關卡二：經緯度、比例尺的應用 ▪ 關卡三：瞭解大陸島與火山島的差異
	高瞻遠矚（西邊山）	地形風向	▪ 社會：臺灣海岸型態 ▪ 數學：生活中的大單位、面積 ▪ 語文：造句練習	▪ 關卡一：大家來找碴（環境觀察） ▪ 關卡二：量測面積 ▪ 關卡三：探查聚落的地形、並以例句造句
	魚酒之鄉（海岸堤防）	地方產業	▪ 綜合：創作、團隊合作 ▪ 社會：認識地方特色、認識地方產業	▪ 關卡一：畫出三個在地特色食物 ▪ 關卡二：瞭解漁業捕撈方法 ▪ 關卡三：閱讀資料、創作自己的馬祖菜單
	飲水思源（廣場水井處）	水源	▪ 社會：水文型態	▪ 關卡一：閱讀資料、瞭解河川型態 ▪ 關卡二：瞭解取水過程 ▪ 關卡三：以身體測量比較聚落內街道大小
	與時俱進（津沙天后宮）	防禦歷史宗教建築	▪ 社會：城鄉發展與區域特色、宗教信仰、臺灣的社會變遷與文化 ▪ 國語：閱讀理解	▪ 關卡一：瞭解時間軸 ▪ 關卡二：認識天后宮 ▪ 關卡三：觀察傳統建築

的影響所形塑而成。我們預計在課程結束後，學生應能理解一個聚落在選擇建立位置時需要考量的因素有哪些，因此在最後進行統整活動，以馬祖其他聚落的地圖為主，讓學生嘗試建立聚落，畫出他們認為重要的內容。最後，這二十位同學在這過程中不僅透過課程活動的設計認識了馬祖的在地知識，同時也從文化資產現地教學的過程中，理解本來在課本上的教學內容如何在一個真實的文化場域之中找到知識應用的關聯性（如圖 6-10）。

圖 6　2019 年舉辦馬祖南竿暑期夏令營課程學生手冊封面

圖片來源：榮芳杰。

圖 7　南竿究竟是大陸島或火山島的教學實驗

圖片來源：榮芳杰。

圖 8　大漢據點的砲口數學量測單元

圖片來源：榮芳杰。

圖 9　津沙聚落現場閩東式建築踏查記錄

圖片來源：榮芳杰。

圖 10 鐵堡入口前的課程引導說明

圖片來源：榮芳杰。

七 結語：文化資產教育未來的永續性思考

在臺灣，「文化資產教育」這個議題一直存在著究竟是屬於教育部的管轄範疇？還是文化部應辦的業務事項？從《文化基本法》第 14 條來看：「國家應於各教育階段提供文化教育及藝文體驗之機會。」似乎已經宣示了文化資產教育進入到各教育階段的合法性。但我們也在前述章節中提到《文化資產保存法》第 12 條所要求的工作：「為實施文化資產保存教育，主管機關應協調各級教育主管機關督導各級學校於相關課程中為之。」在實務上，並不如法令文字描述的那樣簡單易做。主要的原因還是在於我們尚未建立文化資產教育在教育部門與文化部門各自主體性的定位。我們從前述的章節論述中已經可以確立上自國際間對於永續發展教育的重視，也看見了永續發展目標中 11.4 目標對文化與自然遺產的關注。未來只期盼透過文化部門與教育部門的共識，一同為了文化資產教育而提出行動方案。

另一方面，十二年國教概念下的學校教育體系仍受教育主管機關的箝制甚多。在此狀況下，文化主管機關若要推動文化資產教育，現階段只能不斷的透過各種取徑協助十二年國教下的在職教師，在足夠公開透明的資訊下參與文化資產現地教學的工作，這個過程其實需要更多民間組織的參與。本研

究在這些年的執行過程中，也積極與年輕的新創團隊 [5] 共同開發現地教學的課程設計內容。也因為如此，筆者也更看見了更多文化資產教育創新教學的可能。基於此，本文針對這兩個部門未來可思考的政策方向提出以下建議：

（一）教育部門可思考的教育政策面向

文化資產教育對文化部門來說固然重要，但應該要考量教育部門與文化部門之間的定位差異。因此，文化資產教育進入到正規教育體系時，應將十二年國教的課程內容當作主體，文化資產內容為客體。換句話說，正規教育體系的學生進入到文化資產場所時，應優先滿足文化資產場所內能提供的課程單元為前提，其次才是導入文化資產場所的相關知識內涵。如此一來才能在不影響教學進度下，建立教師在文化資產場域仍能正常講授課程進度的疑慮。

由於文化資產教育的本質強調的是場域內的學習，因此可結合目前教育部十九個議題中「環境教育」與「戶外教育」的既有資源導入文化資產的場所來實踐文化資產教育的課程內容。並且鼓勵學校周邊步行可及的文化資產場域與學校建立教學夥伴關係，讓師生能夠在一般正課時間有足夠的彈性透過步行的方式前往文化資產地進行課程教學活動。

另一方面也要積極推動文化保存領域的各級學校種子教師，讓國內各級學校逐步推動具有「文化資產保存素養」專業培訓資格的教師，無論是國定、縣市定或是直轄市定古蹟，由文化部、教育部共同開發相關課程方案於現地教學使用。並且鼓勵教師於文化資產場域內開發新的教學方法，打破傳統教師擅長於教室內的教學方法，對於授課場域在戶外的教學方法則付之闕如。鑑於此，應鼓勵種子教師在不同的文化場所中建立適當的學習模式，讓學生願意在文化資產場所內上課，達到「古蹟就是我們的教室」的理想目標。

5　本研究近幾年均與「在地偏好工作室／Topophilia Studio」的夥伴共同開發各地的文化資產課程教學方案，從現場勘查、課程內容主題設定、美術編排等階段均採共備課程的方式操作。

（二）文化部門可思考的教育政策面向

　　文化資產教育對文化部門而言屬於非正規教育體系的概念，因此文化部門可以自行規劃設計安排以文化資產為主體的課程設計方案。這些課程方案應該要能呈現文化資產價值為主的課程內容，透過非正規的教學活動機會讓更多的社會大眾有終身學習的可能。

　　另一方面，文化部門也可以積極推動文化保存場域建立文化資產教育課程方案的工作。主要的原因是國內目前的文化資產場域大多未能具備符合108課綱，具有文化資產保存素養且針對國中小單節的課程方案，究其因仍在於傳統教師並無法從文化場所內擷取可提供課程統整設計之用的教學題材。這個問題也必須透過基礎教師的培訓工作方能逐步達成。如果未來能建立相關學習評量的機制，便有機會可以重新定位「教學現場」（文化資產場域）、「課程內容」（尋找與整理文資場域與其之關聯性）、「學習者」（依據年齡與能力分級的課程設計），以及「授課教師」（教學者的基本能力）等四個關鍵因子的權責關係。並據此建立專屬的學習成效評量工具，檢討相關課程設計的學生學習表現。

（三）公民社會參與者資歷的養成

　　涉及文化資產保存任務者，除了政府機關的運作，公民社會各種組織的運動和遊說，也扮演重要的角色。文化資產保存在諸多文化公共領域中，常是最多矛盾的議題。從鄉土運動、立法、文化資產進入正規教育體系至今，臺灣的文化資產保存，仍有許多案例是衝撞出來的結果。對於文化資產價值不同的認知、對文化資產政策精神的誤解，常常是文化資產保存事件中，公民、政府部門和所有權人之間引發衝突的原因。正如前文所述，文化資產教育的觀念與行動若不足、教材的偏限或是對於文化資產場域管理經驗的匱乏，都可能是民眾對於文化資產內涵生疏的原因，而限縮了文化資產保存在公共領域上充分論述的機會。

　　從現況探索排除上述問題的方法，筆者認為不但在於銜接得上法規制度的文資教育，也在於教材及教法的場域實踐性。本文提出落實這樣的文資教育之具體建議，藉由上述兩個不同政府部門的角色分工，或許我們可以把文化資產教育的政策落實在兩個部會的合作方案中。從小就讓孩子習慣在文化資產場所內進行教學課程的活動，便有機會教育孩子文化資產保存的意識，並同時針對社會大眾推廣這樣的概念，相信不久後的將來，由民間與政府兩者共同推動的文化資產保存，將能真正將文化資產保存至下一代。

參 ｜ 考 ｜ 文 ｜ 獻

文化部（2018）。《2017 年全國文化會議會議實錄 ——21 世紀臺灣文化總體營造》。臺北：文化部。

文化部文化資產局（2019）。《2018 年全國文化資產會議實錄》。臺中：文化部文化資產局。

林瑞榮（2000）。《國民小學鄉土教育的理論與實踐》。臺北：師大書苑。

陳添球（2002）。〈國小鄉土教學融入九年一貫課程七大學習領域課程鋼要之內容分析〉。《花蓮師院學報》15: 53-81。

歐用生（1995）。〈鄉土教育理念與設計〉。收錄於黃政傑、李隆盛（主編）《鄉土教育》（頁 10-22）。臺北：漢文。

榮芳杰（2008）。《文化遺產管理之常道：一個管理動態變化的維護觀點》（未出版）。國立成功大學建築博士論文。

榮芳杰（2014）。〈「古蹟就是我們的教室！？」：文化資產常民教育與專業養成的想像〉。《建築學會會刊》76: 23-27。

榮芳杰（2020）。《馬祖列島文化資產場域的課程設計與學習成效評量》（科技部專題研究計畫成果報告，MOST 107-2221-E-007 -018 -MY2）。臺北，科技部。

葉欣誠（2017）。〈探討環境教育與永續發展教育的發展脈絡〉。《環境教育研究》13(2): 67-109。

Ashworth, G. J. (1994). From History to Heritage- from Heritage to Identity: In Search of Concepts and Models. In G. J. Ashworth & P. J. Larkham (eds.), *Building a New Heritage: Tourism, Culture and Identity in the New Europe* (pp. 13-30). New York: Routledge.

Aslan, Z., & Ardemagni, M. (2006). *Introducing Young people to the Protection of Heritage Sites and Historic Cities: A Practical Guide for School Teachers in the Arab region*. Roma, Italia: ICCROM.

Borman, T. (2004). Education at English Heritage. *The Hague Forum 2004* (pp. 33-35). Web: http://www.europanostra.org/documents/adresinden 3 Nisan 2010 adresindealınmıştır.

Copeland, T. (2004). Heritage and Education: A European Perspective. *The Hague Forum 2004* (pp.18-22). Web: http://www.europanostra.org/documents/adresinden 3 Nisan 2010 adresindealınmıştır.

Europa Nostra. (2004). Heritage and education: A European Perspective. *The Hague Forum 2004*. Web: http://www.europanostra.org/documents/ adresinden 3 Nisan 2010 adresindealınmıştır.

Hereduc (2005). *Heritage in the Classroom: A Practical Manual for Teachers*. Web: https://dl1.cuni.cz/pluginfile.php/1160515/mod_ resource/content/2/hereduc.pdf

Jickling, B. (1992). Why I don't Want My Children to Be Educated for Sustainable Development. *The Journal of Environmental Education* 23(4): 5-8.

Jickling, B. & Wals, A. E. (2012). Debating Education for Sustainable Development 20 Years after Rio: A Conversation between Bob Jickling and Arjen Wals. *Journal of Education for Sustainable Development* 6(1): 49-57.

▼

戰地的文化化做為
民主轉型過程中之
公共領域生成的再現

金門馬祖兩地之政治社會的比較 *

—— 劉名峰 ——

國立金門大學閩南文化碩士學位學程副教授

* 本文為作者之科技部計畫，〈金門及馬祖在後民主化時期之社群觀與公共性的比較：情感模式的社會基礎及其變遷〉（計畫編號：MOST106-2410- H-507-004-MY2）之部分成果。

民主轉型與公共領域之間，存在著內在的邏輯關係（Habermas, 1999: 32; 黃瑞琪、陳閔翔，2018: 20）[1]。本文的核心課題是公共領域在民主轉型後的生成與內涵。這一課題對民主轉型的研究相當重要，不只是它本身即為關鍵的課題，在當下民主退潮的情境裡，更是如此（Kurlantzick, 2015）。近年臺灣在諸多有關自由民主的評價中表現亮眼，但這並不代表公共領域的討論不再重要。在《公共領域在台灣：困境與契機》一書的〈導論：市民社會與公共領域在台灣的發展〉中，作者提到「在臺灣，長期的戒嚴下，社會從來沒有真正公開而客觀的公共輿論。縱使在解嚴後，社會輿論總還是充滿激情、謾罵與對立，欠缺公共論述所應有的理性論辯。以核四的爭議為例，明明是一個大家可以客觀討論的公共政策，但是，不管是贊成或反對，都不能從公共政策的角度來辯論，而總是從統獨或藍綠等意識型態出發」（李丁讚，2004: 1）。該書出版於 2004 年，其中提到的核四爭議在 2021 年仍然存在，而意識型態之爭也並未消失。那麼，本文的關懷即在於如何理解一個從諸多指標中，已然更加鞏固與成熟的臺灣民主體制，卻在經過了三次的政黨輪替之後，仍處於意識型態之爭的公共領域？文中將藉由「政治社會」（political society）（Goertzel, 2010）的概念來回答此一問題，不僅因其為「國家—社會」間的中介，得以掌握民主轉型的社會變遷，還能具體比較金馬之戰地文化政策的制定與發展。因此，研究即關注兩者之政治社會的「型態」（configuration）（Elias, 1986: 88-91），並從中再現各自公共領域的生成與內涵。

　　當然，以金馬兩地之公共領域為對象的研究，並不能代表總體臺灣。一來，兩地長期以來均由藍營執政，因此就民主轉型後的主要社會分歧，也就是統獨的衝突並不明顯。而且，統獨意識的衝突經常發生在國家層級的全國性議題，但本研究所觸及的只是金馬的地方政策。因此，固然不致於完全認

---

[1] 1999 年的中譯本所依據的是 1990 年再版的《公共領域的結構轉型》。Habermas 在 1990 年的序言中提到了東歐蘇聯才在前一年迎來了共黨政權下臺而民主化的發展，並特別提到了公共領域與民主之間的內在關係。

同「所有的政治都是地方政治（All politics is local.）」的看法，[2] 但它們確也或多或少地表現出臺灣地方社會之公共領域的發展。其次，這兩個地方單位之公共領域的發展，恐怕較本島的臺灣社會更為困難，因為它們經受的是較戒嚴體制更為森嚴的戰地政務。而且，臺灣在 1987 年解嚴，兩地的戰地政務還持續到 1992 年才解除。換句話說，金馬兩地之公共領域的發展，不僅困難而且時間又短。於是，如果連這兩個艱困區的公共領域都能有所發展，那麼就不致於認為這些年來臺灣整體的公共領域只在原地踏步。其實，透過對金馬兩地的研究，不僅能藉此瞭解臺灣社會的公共領域在民主轉型後的狀態，也在理論層面上藉著政治社會的概念，再透過戰地文化政策的發展與比較，更具體而有效地呈現民主轉型過程中之公共領域的生成與型態。然而，對公共領域在民主轉型過程中的生成及其動態的掌握，是目前的研究所欠缺的（錢永祥，2014: 136）。

戰地與公共領域是衝突的，前者必須隱密，後者則需要公開。但金馬兩地在解除戰地政務之後，卻以戰地文化做為文化觀光的核心。本研究藉著金馬兩個同樣在冷戰期間經歷了戰地政務，並在 1992 年一起解除戰地政務的案例，比較它們「從戰地到戰地文化」的過程，也就是「戰地文化化」之間所再現之公共領域的生成與內涵。文章的貢獻首先在理論層面上，透過政治社會的概念及其所制定的文化政策，更有效地研究公共領域於民主轉型社會中的生成與型態。其次，藉著金馬兩地在解除戰地政務之後的戰地文化，指出其各自之公共領域的生成及內涵，與產業及社會關係的型態之間的關係：馬祖原是個向海而離心、分散性的漁業聚落，在戰地政務體制下才向內地建構了馬祖社會，並串聯出五同關係，及高度依賴軍方與政府公教系統的產業結構（林瑋嬪，2016: 22）。這使得戰地政務解除之後，即以政府為中心地發展文化觀光，而戰地文化則為其中持續發展的項目。此間，其公共領域的

2　這是美國前眾議院議長 Tip O'Neill 的看法，並成為談論美國政治之際，經常提到的觀點。可參考該詞條在維基百科中的說明（https://en.wikipedia.org/wiki/All_politics_is_local）最後瀏覽時間，2021/6/28。

發展不多，因為政治社會相對較為封閉，甚至還有進一步鞏固的現象；金門的宗族社會在戰前即已存在，並具組織化與相對的自主性。歷經戰地政務與民主轉型之後，宗族成為選戰動員的主軸，並在固樁的邏輯下使得文化觀光著重於閩南與僑鄉文化，而戰地文化得在 2014 年之後，因為宗族的重要性降低，而有進一步的發展。此間再現的是競爭性的政治社會，及較為開放與動態的公共領域。

為能清楚地呈現本文的架構與分析，文章將分成兩大部分：其一，是對公共領域之概念的討論，並說明為什麼及如何加入「政治社會」的概念，以及聚焦在金馬兩地的戰地文化，再採用比較方法的原因；其二，是具體地落入金馬兩地的案例中，比較其間之公共領域的生成與內涵，並解釋公共領域與社會關係及產業結構之間的關係。

一　問題意識及分析架構：以政治社會的型態研究民主轉型期之公共領域

轉型後的臺灣社會經常讓人有政黨惡鬥的印象，並在藍綠對立的氣氛裡，公共議題的討論流於立場之爭，公共領域也難以開展。如果說公共領域的發展是自由民主的根基，那麼如何理解已然三次政黨輪替而逐漸鞏固的臺灣民主，仍存在激烈的藍綠惡鬥？換個方式提問：政治惡鬥下的臺灣社會，公共領域發展了嗎？對這樣的問題，筆者倒是比較樂觀，並且可先提到的是，別說民主政治必然會有競爭，競爭在轉型期間還會讓先前的衝突與壓抑檯面化而更形激烈，因為欠缺成熟民主社會在長期滋養的互動中所形成的溝通倫理，惡鬥也就見怪不怪。當然，藍綠惡鬥中的統獨元素，恐因涉及了國族認同而更為激烈與難解。不過，即便偶有統獨爭議的藍綠惡鬥，仍不能否認臺灣社會經過了三十幾年的民主轉型，確是建立了諸多民主社會互動的文化與規則。有鑑於此，本文認為衡量公共領域的發展，並不適合以「理性」

是否存在做為判準，因其內建了規範的價值。**3**

於是，如何理解一個新興民主國家中之公共領域的生成與內涵，即成為本文所關注的焦點。據此，可馬上指出本文並不是以規範性的角度來理解公共領域，例如將它當做是「政治領域的規範化，是政治領域的理想呈現」（李丁讚，前揭文：25），而是將它當成是描述性及解釋性的概念，即呈現金馬兩地在民主轉型的情境裡，如何於特定的脈絡中生成了公共領域，又有怎樣的內涵。以金馬兩地做為比較的案例，就研究策略上是適當的：首先，它們都是戰後兩岸衝突及國際冷戰的最前線，不僅實施了較本島臺灣社會更為森嚴的戰地政務，戰地政務的解除還較本島解嚴的時間更晚。換句話說，兩地從政治制度的層面來看，其公共領域都面臨了較本島更為困難的處境；其次，由於同樣做為面對中國的最前線，故而兩地都曾為戰地，並在解除了戰地政務之後，因為文化觀光的需求而發展戰地文化。此間，戰地文化的發展不僅在開放之際必然觸及公眾，還在文化觀光的主題下成為地方的公共議題；再者，解除了戰地政務之後，公共領域與戰地文化都是從無到有地發展，遂使得兩地的戰地文化成為理解及比較公共領域之型態的絕佳案例。換言之，兩個案例適合比較，而戰地的文化化又能有效地呈現其間的公共領域，那麼戰地文化的發展即再現了對應之公共領域的型態。最後，還值得一提的是，金馬兩地並沒有明顯的統獨衝突，故而以其戰地文化的發展做為研究的對象，還因為敵對的認同政治較少，而令公共領域更順暢地反映在政策之上。

李丁讚認為臺灣公共領域不能開展的重要因素，在於其間的社會裡存在著濃厚的認同政治（前揭文：24）。其實，認同政治在臺灣並非總處於二元對立的處境，即便在藍營長期執政的金門，也出現了向著「中華民國臺灣」匯合的趨勢，即臺澎金馬成為主流的想像共同體（劉名峰，2021a；劉名

---

3 理性是 Habermas 論及公共領域時的核心概念，但這也成為公共領域具有高強度規範性的原因，而與本文的研究旨趣不同。

峰，2021b）。而如果民主轉型不僅出現了認同政治的檯面化，也有認同的交融，那麼別說公共領域中的溝通也會或多或少地匯合。因此，認為認同政治會讓公共領域不能開展，恐怕是悲觀了些。不過，認同政治雖不致於讓公共領域不能開展，但它確是影響了公共領域的溝通。而既然公共領域在民主轉型過程中有所開展，本文也刻意藉著認同政治不明顯的金馬兩地，瞭解其公共領域的發展。但是，公共領域的發展需要少一點認同政治，卻不能忽略政治，這是因為公共領域必然涉及公共議題。有鑑於此，本文隨即帶入「政治社會」的概念，它所指涉的是個能夠經由行動，而整合、組織公民社會中的價值及利益，並將其表現在政府政策過程的場域（Goertzel, *ibid*）。藉由政治社會的中介，即可更系統地串聯公共議題，也就是戰地文化及其與公共領域之間的關係。

尤有進者，源自於民主轉型而出現的公民社會，其間的價值與利益也有整合、組織並滲入政治社會的機會，而表現出對應之公共領域的特質。換句話說，政治社會扮演了一個能夠更系統而穩定地掌握公共領域的機制，它與公民社會之間的關係及變化，正體現了轉型期之公共領域的生成與內涵。此一理解公共領域的角度之所以與傳統的策略不同，因其帶有制度性的元素，而後者則是從私人領域的角度來理解市民社會的建構，並與國家對立。於是，公共領域串聯了兩者，再於其間基於公共價值地交換意見、形成共識（Habermas, 1999: 35）。此間，公共領域不能被理解為建制，也不會是制度或組織。於是，公共領域被描述為一個關於內容、觀點，也就是意見的交往網絡，並為特定的議題整合出對應的公共意見或輿論（Habermas, 2003: 446）。因此，它是個強調並表現公共性的空間，像是咖啡館、沙龍等具體的空間，或是報紙、雜誌，及當代網絡世界中的社交媒體（Habermas, 1999; Bohman, 2004）。本研究確實關注了特定的議題，也就是戰地文化。Habermas 稱這種形式的公共領域為「政治公共領域」，是做為政府用來解決其需要處理之問題的共振板，可說是種預警系統，並具有全社會敏感性的傳感器（Habermas, 2003: 445）。不過，這樣一個原本應能再現社會型態的「政治公共領域」，往往仍承載了厚重的規範

性。相對地，本文以「政治社會」為中介地串聯市民社會與國家，再藉由戰地文化的議題來再現，並比較對應的社會型態。如此一來，不僅能凸顯公共領域在描述與解釋上的功能，也仍契合其原始的定義，並因具有制度的性格而能更穩定地理解轉型期的政治。以下，文章即進到金馬兩地的具體脈絡。

二 再現於金馬兩地之戰地文化中的公共領域

那麼，金馬兩地之戰地文化的發展過程為何？其中，又再現了怎樣的政治社會及對應的公共領域？在回答這些問題之前，本文需要先對「戰地文化」一詞，有所說明。首先，金馬兩地自明清以來一直經常性地做為直接或間接的戰地，金門更在清朝成立了總兵署（李仕德，2004；李仕德，2006）。不過，本研究的旨趣在於瞭解戰地文化發展過程中所再現之公共領域的狀態。於是，固然諸多在明清時期的軍事史蹟在解除戰地政務之後，也透過政府的保存與修復而成為文化觀光的據點，但由於金馬兩地之明清史蹟的分量不成比例，而這些史蹟在戰地政務期間也不是由國防單位直接管轄。因此，為了讓兩地之戰地文化化的比較有個適當的基礎，本文所述及之戰地文化的標的，是在國共內戰及東西冷戰期間新建的軍事建物與文化機構，並於解除戰地政務之後被賦予了文化觀光的意涵。換句話說，它不是廣義的「戰地裡的文化」，而是生成於戰後的冷戰及內戰，並在民主轉型期裡「從零開始」的新興產業。

（一）金馬兩地於戰後之政治社會的轉型與發展

二戰結束之後，中國及國際社會都在重構新的秩序。就前者來說，國共內戰逐漸檯面化，而 1949 年 10 月的古寧頭戰役，除了是國民黨在內戰期間難得的勝利之外，更由於當時的國際社會已逐漸出現了冷戰的態勢，使得

兩岸隔海對峙的局面跟著確立。1950 年韓戰爆發，解放軍以人民自願軍的方式進入朝鮮半島，而美國則派遣了第七艦隊巡防臺灣海峽，並宣布臺海中立化。此後，國共雙方雖然仍爆發了零星的戰事，但在冷戰的格局下，內戰的規模受到控制。1952 年，美日《安保條約》正式生效；1953 年，簽訂韓戰《停戰協定》。1956 年 6 月 23 日，國防部頒布了《金門馬祖地區戰地政務實驗辦法》，並於 7 月 16 日分別於兩地成立防衛司令部政務委員會，實施軍政一元化、軍政一體的戰地政務體制。戰地政務委員會直屬國防部，而戰地司令官兼任政務委員會主委及黨務特派員，成為地區最高軍政首長。此外，政治部主任兼政務委員會祕書長及黨務特派員辦公室書記長，進行黨政軍聯合作戰。至於負責民政事務的金門與連江兩地的縣政府，則受該區政務委員會的指揮與監督，縣長由國防部派任，原設於金門的福建省政府則移駐臺北新店，並撤銷原設馬祖的福建第一行政督察專員公署。透過權力的集中，戰地政務得以戰事為中心地經略金馬，並以「建立三民主義模範縣」為目標，統合「管、教、養、衛」各層面地強化愛國與反共意識、建立戰地警衛及民防組織，並健全物質供應與衛生醫療，而金馬兩地的住民則長期經受宵禁、軍法審判、入出境、電信與金融以及電器用品管制等的軍事措施。

據此，金馬兩地所面對的是較本島社會之戒嚴體制更為森嚴的戰地政務。尤有進者，當 1987 年 7 月 15 日臺灣解嚴，金馬卻因戰地而被排除在外，經過地方人士多次請願之後，方於 1992 年 11 月 7 日解除戰地政務，實施地方自治與民主轉型。不過，在廢除戰地政務之前，立法院仍先於同年 8 月 7 日通過了《金門馬祖東沙南沙地區安全及輔導條例》（下稱《安輔條例》），旨在解除戰地政務之後，為保障上述「地區安全、促進地方發展，而本於軍民分治之精神，而在軍民分治精神，特制定本條例」（第 1 條）。簡而言之，此一條例是為了銜接金馬兩地在解除戰地政務之後向民主憲政的過渡。至此就政治社會中最關鍵的縣長一職，金門縣由陳水在於 1992 年 11 月 7 日解除戰地政務之後，成為首位由福建省政府遴派的縣長，而他不僅已於 1991 年 5 月 3 日的戰地政務期間，以政戰上校之軍職擔任戰地政務委員會之委員一職，並在 1993 年 12 月 20 日成為首任民選的金門縣縣長，且於

1997 年連任至 2001 年。相對的，連江縣的曹常順則是在 1992 年 8 月《安輔條例》通過之後，方由國防部任命為縣長，[4] 並於 1993 年成為首任的民選縣長。不過，曹常順縣長並未連任，1997 年當選的劉立群縣長也僅一屆的任期。1998 年 6 月，《安輔條例》廢止，軍方完全退出了兩地的地方政治。

如此看來，兩地在民主化之後的縣長選舉，即存在著相當大的不同：連江縣在《安輔條例》廢止前的曹常順及劉立群兩位縣長均未連任，但在金門縣的陳水在縣長不僅於戰地政務解除前的一年半即為戰地政務委員會委員，還在《安輔條例》廢止了三年半之後才離任，而在隨後上任的李炷烽縣長也一樣地連選連任，擔任縣長一職長達八年。不過，在連續兩任連任的縣長之後，金門的政治社會開始出現了變局：2009 年當選的李沃士縣長，原本於 2014 年競選連任期間聲勢大好，最後卻在眾人的意料之外未能連任，而由陳福海先生當選。2018 年 12 月底的選舉，兩位主要的候選人之間競爭激烈，原具執政優勢的陳福海縣長以些微票數敗給了時任立委的楊鎮浯。換句話說，金門的政治社會在解除了戰地政務之後，歷經了相當長的一段穩定期，並在 2014 年左右開始浮動，出現了愈來愈激烈的競爭。甚至，金門還長期地由陳李兩氏的宗親擔任縣長，而在 2018 年年底才打破了此一「非歸陳，即歸李」的局面（陳建民等，2005；劉名峰，2017）；相對的，連江縣的政治社會並沒有那麼穩定，在曹常順及劉立群兩位縣長之後，2001 年由陳雪生當選縣長並於 2005 年連任。2009 年，楊綏生當選縣長但在 2014 年並未連任，而是由劉增應當選，並於 2018 年連任縣長。此間，連任的狀況並不穩定，而宗親的影響力也不像金門明顯。

宗族在金門的地方政治生態中扮演了關鍵的角色，它在戰地政務時期的嚴格管制裡，還是當時唯一可以公開聚眾的活動（戚常卉，2010）。因此，一旦結束戰地政務、實施地方自治，宗親網絡不僅成為選舉動員的基礎，包

4　曹常順為連江縣人，1943 年生。曾任馬祖高中教師、介壽國中校長、連江縣文教科員及民政科科長。

括縣長及下文將提及的地方民代等公職在當選之後，也很容易依著宗親關係來分配資源，藉此鞏固票源、獲得連任。然而，宗族對地方選舉的影響力自2014年之後，已逐漸降低 —— 其間的原因是多重的，數位化社群媒體的增加、新生代的自主性提高，乃至於環境生態等等非傳統政治議題的出現，不單單降低了宗族的影響力，連帶地也使得政治社會裡的宗族對抗緩和，並拉出了向著公民社會溝通的需要（劉名峰，2017）。換句話說，戰地政務解除初期的金門，先是基於宗族的動員而得以出現了相對穩定的政治社會。但在2014年之後，此一內向性的政治社會逐漸向公民社會開放，並出現了更寬廣的公共領域。這也是前文述及在2014年之後，之所以在代表了行政權之縣長的選舉上，競爭益加激烈的原因。相對的，宗族對於連江縣之縣長的當選及連任與否，其影響力遠不及金門。而且，此一政治社會之型態上的差異，不僅影響了縣長的選舉，也與表現立法權的縣議員有關。

先就連江縣的議會來說，它從1990年12席的民選縣政諮詢代表，以同樣的人選過渡到1992年11月解除戰地政務之後的臨時縣議會。1994年的第一屆縣議會選後，其中的9席縣議員有6席是臨時縣議會議員連任。第二屆議員有4位連任，是實施地方自治之後唯一一次連任議員少於半數的選舉，之後在選舉中連任的議員均超過六成，第三屆的9席縣議員中甚至有8位連任（劉家國等，2014：111）。這表現了相當穩定的地方政治模式，就連任議員的比例來說，還比金門來得更高。其中的原因，恐怕是四鄉五島的政治型態底下，不僅議員的席次少，四鄉五島的席次配置格局方式 —— 南竿鄉5席、北竿鄉2席、莒光及東引各1席 —— 往往還有高度的地域性。具體來說，單一席次的莒光及東引兩地當選的議員相當固定。自2002年第三屆地方選舉之後，第四選區的東引鄉一直是由張永江當選。莒光鄉則由劉榮華連任二、三兩屆，陳建光連任四、五兩屆，而六、七兩屆則由陳貽斌擔任議員。至於北竿鄉的兩個席位，陳貫中議員則是由第一屆開始就一直連任，直至2018年的第七屆才終止；其次，就以對議會的運作具有調和鼎鼐之關鍵角色的議長來說，南竿鄉的陳振清自第一屆開始即擔任議長，當他在第五屆離開議會之後，則換成上屆議會中擔任副議長的陳貫忠擔任議長。

第六、七兩屆的議長，則由東引鄉的張永江議員擔任。此間高度穩定的地方政治格局，除了是由於選區的隔離之外，恐怕選民人數少、當選所需票數不多，是最主要的原因。

縣長及議員不單單是地方政治社會的核心，還因為戰地政務體制底下並不存在如本島社會在戒嚴期間的地方選舉，遂使得前文所述及之金馬兩地的選舉，可說是再現了政治社會「從零開始」的發展。而且，由於是來自於公眾的直接選舉，使得他們成為兩地社會連結的介面，並表現了各自公共領域的型態。就金門的政治社會來說，當原本以宗族間的交換與互動為中心的政治模式在 2014 年之後，逐漸向著更廣泛之公民社會開放之際，馬祖的政治社會仍相對封閉，這是因為它從一開始即在多形式的社會網絡之間動員——此間，除了宗親、家族、姻親與樁腳之外，還有同學、同村、同業、同事等關係（邱祖顥，2017：65；MB1、MB2）[5]——而且，在這個人口較少、當選所需票數不多的地方，往往也就更有利於那些已然據有政治位置的現任議員，因為他們本來即已帶有較多的經社資源，在位的因素不僅方便其與親近的政治密友互動與交換，並進一步動員政治及行政上的資源，而在穩定的熟人社會裡提供恩惠，再生產社會資本、累積政治能量。這除了可以解釋連江縣議員連任比例相對更高的現象之外，也說明了馬祖地方政治有步向一派獨大的趨勢（邱祖顥，前揭書）。

在此一原本已然相對封閉，並進一步鞏固而保守化的社會裡，對應之社會控制的力道也就更強。在筆者的訪談裡，有位受訪人（MA1）即提到了地方宮廟的重要性，並提到地方不同意其政治意見，而要求他在宮廟前向神明認錯的經驗。政治社會的保守性格，及其對公民社會的壓抑，不僅表現在實體的社會生活裡，在虛擬的網路空間也是如此。以臉書為例，就諸多以金門為對象之公共議題的粉絲專頁來說，它們不僅相當活躍，每日均有上百個

5　由於金馬兩地之社會關係相對緊密，為使受訪人的身分保持不容易辨識的狀態，本文中的編號第 1 碼為所在地，即 K 為金門，M 為馬祖；第 2 碼為年齡群，粗分為退休人士 (A) 及 20-50 歲之間的受訪人 (B)。

貼文，其成員也相當地多：「靠北金門」的成員有 6.2 萬，「關心金門者」有 3.1 萬位，而「金門公民論壇」也有約 5,373 位。[6] 此外，就以筆者在金門所訪談之公民團體的經驗看來，固然或多或少會有來自於宗親家人的意見，但別說在諸多社運的場合裡也有許多來自鄉親的公開支持，網際網絡還是串聯其他公民團體、表達意見的重要管道（KB1、KB2）。相反的，「靠北馬祖」的臉書專頁在開設後不久即在壓力下關閉，而其他較知名的專頁，像是「馬祖青年發展協會」、「記憶馬祖」及「馬祖實驗室」等的成員，均不及 2,000 人，發文量也遠不及金門。這裡所表現的，不只是金馬之間在人口數及當選所需票數的不同，更重要的還在於兩者在民主轉型上的差異，或也就是公共領域的型態不同。

馬祖的人口數少，不僅使得社會關係的重疊性高，還使其產業結構相對簡單，並很容易與縣府有關而依賴縣府。因此，一旦出現了對縣府的批評，或是與縣府不同的意見，縣府方面很容易就會動員親近的社會關係，藉由說明、說服而消弭異見。這樣的狀況不僅屢見不鮮，即便年齡上較輕的世代也難以因為相對的自主與獨立，就能免除來自家人、親戚，或其他社會關係的壓力（MB1、MB2）。如此看來，強調公開、平等對話的公共領域，在馬祖的發展即更為緩慢。相對的，金門縣議會裡有個特別的機制：由於宗族社會的原因，致使在議事規則上，議員雖然沒有否決權的制度，但往往會特別尊重各別議員的意見，並且在議案的審查上如有議員的反對，也就會有更多的協商與溝通，致使出現了類似否決權的現象，也就是有議員反對某一議案，在議會中會以擱置的方式處理（KA1）。相對來說，連江縣議會並沒有這樣的慣例（MA2）。藉由此間金馬兩地間的比較，金門不僅在政治社會內部的溝通密度更高、競爭相對激烈，而且連結民間的介面也較馬祖來得開放。於是，與金門的政治社會在 2014 年之後愈來愈高的競爭，而縣長無法如以往地連任不同，馬祖的政治社會反而漸趨封閉與穩定（邱祖顯，前揭書）。

6　上述專頁的人數，最後瀏覽時間為 2021/6/29。

（二）公共領域及金馬兩地的戰地文化發展

　　議會及縣府所代表的政治社會，不僅反映了金馬兩地之公共領域的型態，它們也是制定文化政策的機構。然而，戰地文化的政策之所以更能反映公共領域的發展，首先在於它與政治社會的轉型有更親近的同步性，因為解除戰地政務促成了議會及縣長的民選，並在同時也使得原先的戰地開始開放，且基於文化觀光的目的而發展了戰地文化。換句話說，此一由封閉向開放轉變的過程，不只發生在政治社會，也表現在戰地文化的發展上，它們都可說是「從零開始」的轉變；其次，在民主體制下的政治社會，需要透過公共政策為其自身正當化。換句話說，可從具體之戰地文化政策的制定與內涵，再現金馬兩地公共領域的型態。於是，研究設計即可串聯「戰地文化－政治社會－公共領域」三者，共同地表現「從零開始」的發展；最後，比較兩地之戰地文化不僅要注意到民主轉型期間之政治社會與民間的互動，也要掌握地方之政治社會與中央的關係，因為在戰地文化裡所再現的公共化歷程，除了要與國防部協調，也因為部分館所位於內政部所屬的金門國家公園或交通部的馬祖風景管理處。這一關係也會影響到地方政治社會對於資源的分配及政策的制定。茲即分別說明並比較兩地之戰地文化的發展歷程。

1 金門之戰地文化的發展歷程

　　金門是二戰結束之後，兩岸之間主要的衝突所在。因此，除了早在1952 年即已興建，做為反攻大陸之宣傳的莒光樓之外，還有三個在解除戰地政務之前設置的戰史館，它們分別是興建於 1984 年的古寧頭戰史館、1988 年的八二三戰史館，以及 1989 年的湖井頭戰史館。不過，這些建物及其所表現的文化並不具有公共性，因為公共性必須體現國家與社會間的溝通，及民間對於政策的參與，故而預設了民主的政治體制。不過，戰地政務期間的金門社會並未參與此間文化場所的建置，而它們所表現出來的戰爭歷史也難以呈現在地人的價值（江柏煒，2007）。那麼，其間所呈現的戰史表達了怎樣的內涵？先就古寧頭戰史館來說，在一進到戰史館大廳之後，映入

眼簾的是如圖 1 所示的場景，畫作不僅是整個館所的焦點，畫作間的連續也
表現了館方對戰役的敘事：在大廳正面的畫作，是蔣介石總統站在胡璉將軍
前方，宛如對戰場經營的指揮。而其他的畫作，則是依序以〈戰備整備〉、
〈渡海夜襲〉、〈登陸激戰〉、〈指揮反擊〉、〈壯烈成仁〉、〈古寧巷戰〉、〈火燒
船隻〉、〈崖下俘虜〉、〈光榮校閱〉為題的大型油畫，敘述戰役的發展。然
而，蔣介石總統於戰役期間並不在金門，故而就油畫所敘的戰史發展，可說
是虛構了蔣介石在戰役中的地位。

圖 1　古寧頭戰史館之大廳入口照

資料來源：作者自行拍攝。

其次，再以八二三戰史館及湖井頭戰史館來說，在它們的落成誌中分
別寫到：「中華民國四十七年八月廿三日金門戰役震古鑠今，為我扭轉戰局
再造中興之契機。斯役也，賴先總統蔣公睿智之戰略與蔣故總統經國先生
親蒞前線之精誠感召，與金門守軍之團結誓死奮戰，辛粉碎共匪進犯外島
之陰謀企圖，確保金馬屏障及臺海安全，而奠定三十年來復興基地政經建
設之宏基，為發揚國軍光榮戰史……」（《八二三戰史館落成誌》），及「烈
嶼雄峙金市西側，地勢險要，歷經烽火洗鍊，愈戰愈強、愈苦愈奮，尤以

民國四十七年八二三砲戰時在匪砲四百餘門猛烈轟擊下，端賴師長郝柏村將軍洞燭機先，指揮若定，官兵在其英明領導下，誓死與斯土共存亡⋯⋯」（《湖井頭史館落成誌》）。如此看來，三座戰史館不單單均凸顯了領導人的英明 —— 其中，除了前述的蔣介石總統之外，還有蔣經國總統與郝柏村總長 —— 還強調了戰役對中華民國之存續所代表的意義。這些戰史館是在臺灣民主轉型前後所籌建的，其中除了反映當時臺海局勢和緩，而金門的戰地角色逐步走入歷史之際，對於保存、紀念戰役的想法（黃振良，2003），也延續了國共內戰及威權統治的遺緒 —— 換句話說，建館並未具有社會對話的程序，也沒能體現金門社會的史觀。

1987 年 7 月 1 日，臺灣解嚴。1989 年春節，當李登輝總統蒞金視察之際，經建會邀集相關單位擬定《金門地區綜合建設方案》，揭開了金門經濟建設的序幕，而「發展觀光」即為當時的主題，因為在方案中明文寫到：「以農業支持觀光事業，以觀光事業帶動整體建設」。當時的《金門日報》及臺灣各大報也先後發布了「開放金門觀光」的新聞。1991 年 11 月，金門縣政府明確宣示了「以農業支持觀光事業，以觀光事業帶動整體建設，並強調農業與戰地色彩濃厚的觀光遊憩區」的發展方針。此間，由於臺海兩岸並未完全解除軍事上的緊張，經濟發展仍需結合在地的國防戰備，打造出具有觀光價值的海上公園（黃世明、沈育鈴，2005: 34-35）。於是，「金門國家公園」的雛形即逐漸發展：1991 年 11 月，當《安輔條例》的草案開始討論之際，「金門國家戰役紀念公園」的構想也被提了出來；1992 年，文建會主張擴張國家公園的範圍，以為古蹟之維護。同時，內政部營建署也認為因應兩岸局勢的變化，應設立金門國家戰役紀念公園，並分成戰役紀念地系統、自然景觀系統，及史蹟景觀三大系統。此間，戰地文化的發展即孕育於國家公園的計畫裡，並出現了國內第一個強調文化性質的國家公園（劉名峰，2013）。而且，此一國家公園的計畫不僅強調了文化，也兼具帶動地方及促成兩岸關係的良性發展。於是，為了避免刺激中國，行政院於 1995 年5 月 18 日的院會中通過決議，將其名稱修正為「金門國家公園」（張梨慧，2008: 52）。

　　至此，戰地文化成為串聯金防部、金門國家公園，及金門縣政府等「金三角」之間的共同政策，而前述之莒光樓與三個主要的戰史館，也逐步移撥至金門國家公園，成為其業管的館所。然而，值得注意的是，不僅金防部對戰地的興趣有其戰備的考慮，做為內政部下轄的金門國家公園，也對其業管範圍有限建的規定，故而經常就發展的想法與在地居民有所落差，並引起衝突。當然，表現公共領域的方式即在於不同立場間的對話與溝通，並隨著戰地政務的解除、《安輔條例》的通過與廢止，公共領域即在民主價值的制度化過程裡逐步發展。此間，「金三角」對戰地文化的影響，也發生了變化：金防部的重要性減少，而金門縣縣政府的角色逐漸增加，並需回應地方社會的需要。1997 年，時任金門縣縣長的陳水在先生在第二屆任期的選舉期間，首先提出了「文化立縣」的主張（陳水在，1997: 23）。2000 年的《金門閩南文化與戰地文化維護總體檢》裡，提到了「瞭解金門戰地文化之特色與歷史價值，及如何與閩南文化揉合發展成為金門文化特色」的主張。當時參與調查的黃煌雄委員即認為「1949 年以後，金門多出『戰地文化』，使得它的文化價值更高，是值得大家來關切、珍惜、維護的」（楊樹清，2004）。在 2014 年由縣政府規劃，並經行政院核定的《金門縣第四期（104 年 -107 年）離島綜合建設實施方案》裡，不僅強調了結合閩南文化與戰地文化，還提出了兩岸共同申請世界遺產的計畫（金門縣政府，2014: 5-4-8）。為了申請世遺，除了需要與地方鄉親的溝通，還得就文化遺產的建置取得共識。

　　於是，基於觀光的目的而發展的戰地文化，在本質上即具有強烈的開放性格，不僅透過民主機制向社會開放，也向對岸開放。其中，甚至還有開放擎天廳的主張。不過，兩岸的緊張依然存在，因此別說金門仍有駐軍，部分重要的軍事據點也需以「平封戰啟」的方式予以保留，無法單純為了觀光而將過去的敵人變成了客人，完全敞開大門而不設防。換言之，在打造戰地文化的過程中，固然承載著發展地方的目的，並與觀光產業結合，但「戰地」與「戰地文化」之間在當下的情境裡仍然存在著緊張。這使得金門縣政府在其中扮演了關鍵的角色，即得為了地方發展而成為規劃戰地文化的發動者，

又要面對金防部的管制而與之溝通。因此，當 1992 年頒布《安輔條例》之後，其中的「入出境管制」即因限制地方的觀光事業而引發民眾不滿，並要求立即廢止（金門縣政府，2007: 349）。1998 年《安輔條例》廢止，縣府在軍方退出地方事務之後，承接了諸多軍事用地。2003 年 10 月，國防部甚至宣布將大膽、二膽島，以及東碇、北碇、獅嶼和猛虎嶼等六座離島，交由金門縣政府全權接管、規劃，與發展觀光。此間，縣府除了就戰地文化的發展提出了許多的規劃案，並舉辦公聽會之外，也有諸多政策出台，像是民防戰鬥村（江柏煒，2007；江柏煒、劉華嶽，2009；江柏煒，2013；袁興言，2014）。不過，這些戰地文化的政策主要是縣府的規劃，不僅尚需進一步的落實，要能呈現公共領域所需之更積極的公眾參與，恐怕得等到 2014 年之後了。

議會是個較縣府更能直接表現公眾參與的政治社會。筆者透過金門縣議會的議事系統，以「戰地文化」為關鍵字查詢總質詢會議紀錄時，共出現 8 筆資料。其中有 2003 年第三屆的資料 1 筆、2013 年的第五屆資料 1 筆，及 2016 年與 2017 年的第六屆資料 5 筆，及 2020 年第七屆的資料 1 筆。至於議員的提案，僅有的一次是在第六屆縣議會的第六次臨時會裡，由石永城等 6 位議員臨時提案，提到了金門的戰地文化做為臺灣申請世界遺產的 18 個潛力點之一，並要求縣府編列預算規劃場地、促進觀光。[7] 而如果以「戰地」做為關鍵字查詢時，則有 138 個議員提案，唯其中主要是有關戰地政務期間的補償措施。在第三屆議會裡，王再生議員提案規劃開發光華園做為戰地心戰空飄博物館，另有許玉昭議員要求縣府與國家公園及軍方協調，將閒置營區撥予縣府或鄉鎮。這兩個提案均有結合觀光遊憩、發展地方的目的，可說是最早有關戰地文化的提案。之後，得等到 2014 年的第六屆議會才再出現戰地文化的提案：第四次定期會中，陳滄江等 5 位議員提案，建請縣府制定《戰地軍事遺址保存自治條例》；第六次定期會中，陳滄江等

7　請參考金門縣議會之「議員提案」，https://www.kmcc.gov.tw/8844/8899/8920/8926/43215/，最後瀏覽時間，2021/4/1。

3 位議員提案，建請縣政府籌劃設立「戰地 36 －金馬戒嚴文物紀念館」；第十八次臨時會中，洪麗萍等 9 位議員，建請縣府於烈嶼鄉設立兩蔣文化專區。第七屆議會到目前為止，則有兩次議員提案，其中包括第一次定期會中，董森堡等 7 位議員建請金門縣政府研議訂定《金門戰役史蹟保存相關自治條例》，及經營管理計畫。另外，還有第二次臨時會裡，由洪允典等 7 位議員，建請於文化園區展館設立「金門精忠衛隊」暨「金門民防自衛隊」專區的提案。

在前文中筆者提到，2014 年的第六屆議會之後，金門的宗族社會已不若以往能夠緊密地控制政治社會的運作，致使縣長與議員得各自面對更激烈的政治競爭。這造成了公共領域更加開放，除了更多公共議題受到了重視，戰地文化的政策也獲得了更多的資源。這一來是因為戰地文化的館所，多座落於金門國家公園所管轄的範圍內；再者，也因為在傳統的宗族政治運作裡，會將更多的資源分配在閩南及僑鄉文化等議題的觀光事業之中。於是，隨著宗族影響力的下降、公共領域的開放，戰地文化也就受到更多的關注。

② 馬祖之戰地文化的發展歷程

對於戰地文化的發展，馬祖與金門有著類似的外部環境，因此也一直在「戰地－戰地文化」及「封閉－開放」的兩端之間，由前者向後者移動，並由於金馬仍是戰地，使得兩地不致於極端地走到完全開放的境地，而縣府也仍需與軍事單位協調戰地文化的發展。不過，兩地的內部環境卻有所不同。以金門的經驗來說，宗族因素不僅使得議會內部的溝通密度更高，在府會所構成的政治社會及其與民間的溝通上，也表現出相對穩定的互動。據此，在此一由宗族匯通府會與民間的情況下，別說戰地文化的主要據點已交由金門國家公園經營，與戰地相關的議題也多聚焦於戰地政務期間所造成之不便及損害的補償，不容易觸及與民生議題關係不大的戰地文化。然而，自 2014 年的第六屆任期開始，宗族的影響力逐漸降低而政治社會的開放性提高，除了增加了地方選舉的競爭強度，議會對於戰地文化的關注也增加了。這中間

的政治邏輯，不僅可進一步推論出戰地文化的發展，也再現了公共領域的形態。並且，這樣的邏輯不僅在金門有效，在馬祖也是如此，只是其間的作用方式有所不同：首先，不管是在金門還是馬祖，在走出戰地政務的過程中，政治社會的開放性都不像臺灣的本島社會，因其公共政策的制定都有著更強烈的「由上而下」、政府發動的色彩；其次，金門社會裡的宗族影響力逐漸降低、政治場域愈加開放，而使得戰地文化表現出愈來愈高的公共參與，但馬祖的政治生態卻是益形穩固，不僅政治密友的決策模式更為明顯，縣府在戰地文化上的主導強度也有增加的趨勢。要理解此一差異，得掌握兩地在戰地政務之前，即已不同的產業結構與社會關係。

不同於金門有著歷史悠久與根深蒂固的宗族文化，及對應的聚落與農業生產的模式，馬祖是個相對不安定，而以季節性之漁業生產模式為主的社會（林美容、陳緯華，2008）。戰後，國軍進駐馬祖，固然因兩岸間的衝突及戰地政務而改變了馬祖的產業結構，但不安定的社會心理仍舊存在，只是從原本由於依海而生的浮動，轉而成為國共衝突之最前線上的不安。1958年，蔣介石總統蒞臨馬祖巡防時親筆所提的「枕戈待旦」，即表現了戰地歲月時的心情。1988年，縣府與軍方為興建福澳碼頭而打通福澳往清水的濱海道路之際，也打造了福山照壁的「枕戈待旦紀念碑」，它可說是與金門「勿忘在莒」相輝映的馬祖戰地文化。

圖 2　南竿「枕戈待旦」紀念碑

資料來源：馬祖風管處。

　　戰地政務體制割斷了先前馬祖與外在世界的連繫，但也建構了四鄉五島之間的交通與生活網絡。這使得原本即已人口不多的馬祖，其人群關係更為緊密，而由同學、同宗、同事、同鄉與同好等「五同」關係所建構的社會網絡，即在當時「同島一命」的軍事戰略下發展出來（林瑋嬪，前揭文：22）。1992 年解除戰地政務之後，一系列的政策也深化了馬祖與外在世界的連結：北竿機場在 1994 年開放、1997 年起有臺馬輪行駛臺灣海峽，而南竿機場也在 2003 年完成。另外，兩岸之間於 2001 年開始了小三通，並連結馬祖與福州。這除了讓原本封閉的馬祖，重新與外界往來之外，也讓馬祖在戰地政務期間依賴軍需的產業結構再次轉型。與金門類似的，馬祖在 2000 年左右開始大力提倡觀光（劉立群，2000），並也出現了由戰地向戰地文化發展的現象。2000 年 8 月，於第二屆議會第六次定期會間，連江縣政府行文金門縣政府，以兩地同樣經歷戰地政務、保衛臺灣本島的歷史經驗建立姐妹盟，增進兩縣間的交流，並提供觀光事業發展的借鏡。[8] 2007 年及 2008 年間，在地的馬祖文化局也積極透過學術單位，對戰地文化進行調查研究，例如委託了中國科技大學的《連江縣軍事類文化景觀普查計畫》，及 2009 年與成功大學合作的《連江縣世界文化遺產推動計畫》。同年，文建會以戰地文化的特色，將馬祖與金門同列臺灣的世界遺產潛力點之一。隔年，馬祖更獨立列為潛力點，強調其坑道密度堪稱世界之冠；2012 年，該縣的文資審議委員會決議通過，將縣內四鄉五島全區納入「馬祖戰地文化景觀」；2018 年起，文化處進行戰地文化景觀資源的盤點；2020 年 7 月 25 日連江縣辦理完成馬祖戰地文化景觀登錄公聽會，並行文中央備查，完成其法定身分（連江縣政府，2020）。

　　不過，本研究的重點並不在於戰地文化本身，而是藉由戰地文化的政策發展，再現並比較金馬兩地在民主轉型過程中之公共領域的型態與變遷。金馬兩地都在 1992 年解除戰地政務，並在《安輔條例》的體制下，由各自的

8　金門縣政府全球資訊網，https://www.kmcc.gov.tw/8844/8899/8920/8923/18597/?cprint=true，最後瀏覽時間，2021/4/1。

縣府與軍方，再加上國家公園或風景管理處之間的互動與協調，以發展觀光為目標地推動戰地文化。然而，就兩地之戰地文化的發展來說，其差異在於金門的宗族關係具有相對於地方政府的獨立性，並表現出影響地方社會之政治運作的關鍵地位；然而，馬祖社會裡的「五同」關係，不單單是在「軍民一體、同島一命」的戰地政務裡生成，恐怕還由於馬祖的腹地遠較金門為小、產業更加單薄而直接間接地依賴縣府的情況下，民間社會更為被動。於是，即便戰地文化在兩地都相同地由於國共內戰及東西冷戰，而外加於金馬兩地，但連江縣政府對於戰地文化的發展，不僅主導性格更強，而且相當地積極，其中的原因不僅如一位從事馬祖戰地文化遺產的受訪者所說的，「馬祖比金門的資源較少，我們也就更專心地做事」（MA1），也在於政治社會的封閉及民間社會的被動，而更加凸顯其「強政府、弱社會」的特質。這樣的現象除了影響了公共領域的型態，也造就了戰地文化政策的發展形式。

可先以馬祖資訊網（下稱「馬資網」）來說。它在 2001 年設立之後，對於打開馬祖社會此前由於戰地而造成的封閉性，有著重要的貢獻，因為它不僅提供了前往馬祖觀光旅遊，及在地生活相關的資訊，也成為公共意見交換及辯論的平臺（林瑋嬪，前揭文）。因此，在地方政治與選舉上，馬資網可說是串聯政治社會與民間最重要的平臺，特別是在 2009 年楊綏生縣長在任期間（MA1、MA2、MB1、MB2、MB3）。然而，自 2014 年的選戰結束之後，馬資網的政治批判力大幅下降（MB1、MB2、MB3），不僅幾位主要的網管先後離職，負責人劉家國先生也淡出馬資網的經營（MA2）。連同前文中已提及之「靠北馬祖」專頁的消失，馬資網的變化所代表的，也就是馬祖地方政治生態益形穩固的發展下，「強政府、弱社會」的具體表現。這不僅再現了公共領域的保守化及縣府在政策制定上的強勢，也表現在議會對戰地文化的興趣缺缺。這當然不能說是議員們受到了壓力，而是議員們對於戰地議題的興趣，並不在於文化層面，而在於對戰地政務時期的補償，及對當下發展的阻礙（MA3）。

也基於同樣的原因，在 2014 年劉增應縣長上臺即依著員額管制的原則，而將負責公衛社福的衛生福利處升格為衛生福利局，並令文化局改為文化處。此間代表的不只是單位主管從具有政策主動性的主官，變成縣長文化政策的幕僚長，也反映了縣府對於文化政策的興趣，不若社福政策來得高。其實，此一強化社福政策的想法，在前任的楊綏生縣長任期內即已出現（MA2），因此在政治社會裡對補償性措施的興趣高於戰地文化的現象，不能簡化為特定縣長的政策選擇，更多得歸因於馬祖政治生態的結構性因素。再續以組織來說，金門縣府內主管社福的一直是社會處，而文化主管單位仍然是文化局。金門縣府當然不會不重視社福，但透過連江縣政府的組織變遷，並比較兩地議會對於戰地文化議題的差異，本文認為其公共領域的型態，確是在 2014 年出現了「歧點」（bifurcation）：馬祖的公共領域更形封閉，而金門則有開放的趨勢。

三 結論

本研究的目的並不在於標示兩地之戰地文化的良窳，而是透過戰地文化政策的制定來再現公共領域的發展與型態，及其與在地之社會關係及產業結構間的對應性。因此，即便文中認為 2014 年兩地之公共領域出現了歧點，但造成分歧的結構性因素卻早在先前即已存在。戰前，金門是個具有悠久歷史的宗族社會，並以農業為主要的生產型態，而馬祖則是個季節性的漁業社會，其間的社會關係並未穩固，甚至尚未以馬祖為單位地串起區分內外的社群意識。基於此一戰前的差異，當戰後實施戰地政務之後，即使得金門的地方社會較馬祖有較高的自主性與能動性，而這也就影響了兩者在 1992 年解除戰地政務之後，其各自之戰地文化及公共領域的發展。有鑑於此，本文為了能夠更清楚地解釋戰地文化之所以得以再現公共領域的型態，即藉著政治社會來呈現戰地文化與公共領域，在解除戰地政務之後如何「從零開始」地

發展。而在這逐漸開放，並指出了馬祖不若金門開放，且於 2014 年進一步
出現分歧的結論裡，本文也說明了何以正是相對封閉的情境，讓馬祖更專注
於戰地文化的發展。只是在兩地之間，馬祖的封閉是持續的，而對戰地文化
的關注也是持續的；然而，金門則在逐漸開放的過程中，對戰地文化的關
注才受到了對應的注意。如此看來，本文的重點不在於兩地是否關注戰地文
化，而在於期間的變化：持續關注戰地文化的馬祖，也反映了公共領域並未
隨著民主轉型而擴張；而益加關注戰地文化的金門，所代表的是公共領域的
擴張。

在本文的研究裡，首先呈現了金馬兩地的公共領域均是以政府為中心
地「由上而下」地生成，這除了與「由下而上」之西方公共領域不同之外，
也因為它們共同的戰地政務經驗，使得政府的角色較本島的臺灣社會更為強
勢。不過，正是一來由於戰地政務的經驗，並以「從零開始」的戰地文化做
為比較研究的對象；再者，金馬兩地之統獨意識的衝突不大，使得本文得以
政治社會為中介，在呈現公共領域於民主轉型過程中的動態之外，也得以於
比較之間瞭解公共領域與在地社會關係及產業結構間的相關性。據此，本研
究所呈現的公共領域，首重其描述性與解釋性的功能，而不在於它的規範
性。其次，公共領域的型態與產業結構及社會關係有著直接的相關，而本文
藉由政治社會的型態及其與民間的關係，進一步解釋其間的機制：金門的政
治社會以宗族為中心，它不僅在戰地政務實施之前即有悠久的歷史、在戰地
政務期間仍然存在，並在解除了戰地政務之後，串起了民間與政治社會，促
成了政治社會內部的溝通與競爭。於是，宗族的因素使得金門社會具有較高
的組織化與自主性，而當 2014 年宗族對政治社會的影響力下降之後，公共
領域即進一步地開放，使得戰地文化受到更高的重視；馬祖的社會關係是在
戰地政務期間形成的，而其產業更是高度依賴政府。因此，別說縣府一直主
導著戰地文化政策的發展，依賴政府的現象更是進一步地深化，致使公共領
域在 2014 年之後甚至出現了保守化的現象。

參｜考｜文｜獻

Habermas, Jürgen（著），曹衛東等（譯）(1999)。《公共領域的結構轉型》。上海：學林出版社。

Habermas, Jürgen（著），董世駿（譯）(2003)。《在事實與規範之間：關於法律和民主法治國的商談理論》。北京：三聯書店。

Kurlantzick, Joshua（著），湯錦台（譯）(2015)。《民主在退潮：民主還會讓我們的世界變得更好嗎？》。臺北：如果出版社。

江柏煒（2007）。〈誰的戰爭歷史？：金門戰史館的國族歷史 vs. 民間社會的集體記憶〉。《民俗曲藝》156: 85-155。

江柏煒（2013）。《『以生態博物館概念保存金門戰地文化』先期調查研究案結案報告》。臺中：文化部文化資產局。

江柏煒、劉華嶽（2009）。〈金門「世界冷戰紀念地」：軍事地景的保存與活化芻議〉。收錄於江柏煒等（主編），《2008 金門都市計畫國際研討會論文集》。金門：金門縣政府。

李丁讚（2004）。〈導論 —— 市民社會與公共領域在台灣的發展〉。收錄於李丁讚等著，《公共領域在台灣 —— 困境與契機》。臺北：桂冠。

李仕德（2004）。《十七世紀的海上金門》。金門：金門縣文化局。

李仕德（2006）。《追尋明清時期的海上馬祖》。連江：福建省連江縣政府。

林美容、陳緯華（2008）。〈馬祖列島的浮屍立廟研究：從馬港天后宮談起〉。《臺灣人類學刊》6(1): 103-131。

林瑋嬪（2016）。〈線上馬祖：網路社群與地方想像〉。《考古人類學刊》85: 17-50。

金門縣政府（2007）。《金門縣志（政事志）》。金門：金門縣文化局。

金門縣政府（2014）。《金門縣第四期（104-107 年）離島綜合建設實施方案》。金門：金門縣政府。

邱祖顥（2017）。《民主化後的馬祖地方政治生態與地方政治菁英的員、經營與結盟》（未出版碩士論文）。國立臺灣大學國家發展研究所。

袁興言（2014）。《「金門軍事空間資源普查、價值評估與活化利用計畫」結案報告》。臺中：文化部文化資產局。

張梨慧（2008）。《金門觀光發展的越界凝視》（未出版博士論文）。臺北：臺灣大學建築與城鄉研究所。

連江縣政府（2020）。《馬祖戰地文化景觀保存維護總體發展策略及推動計畫》期中報告書（第二次）。連江縣政府委託臺灣師範大學辦理。

戚常卉（2010）。《金門宗族組織與地方信仰》，金門國家公園管理處委託辦理報告。金門：中華民國國家公園學會。

陳水在（1997）。〈以文化立縣，使金門成為文化綠洲〉。《文訊》145: 23。

陳建民、李能慧、呂怡艷（2005）。〈金門地區選民投票行為 —— 從總統、立法委員和縣長的選舉結果分析〉。《國立金門技術學院學報》1: 103-127。

黃世明、沈育鈴（2005）。〈金門地區居民對永續觀光態度之研究〉。《旅遊管理研究》5(1): 33-53。

黃振良（2003）。《金門戰地史蹟》。金門：金門縣文化局。

黃瑞琪、陳閔翔（2018）。《哈伯瑪斯的民主理論》。臺北：允晨文化。

楊樹清（2004）。《消失的戰地 —— 金門世界文化遺產顯影》。臺北：監察院。

劉立群（2000）。〈前言〉。收錄於邱金寶（主編），《「馬祖列島發展史」國際學術研討會論文集》。南竿：連江縣政府。

劉名峰（2013）。〈金門之戰地空間的文化化：金門國家公園作為全球化時期中之「創造性發展」的個案〉。收錄於江柏煒（主編），《2013 年閩南文化國際研討會論文集》。金門：金門縣文化局。

劉名峰（2017）。〈民主轉型及其間對土地之情感模式的變化：BOT 案的爭議及其在 2014 年之金門縣長選舉中的角色〉。《社會科學論叢》11(2): 117-171。

劉名峰（2021a）。〈回應社會責任的文化園區數位發展策略〉。收錄於《金門歷史民俗博物館年刊》（頁 67-82）。金門：金門縣文化園區管理所。

劉名峰（2021b）。〈在「中華民國－台灣」之符號交融下的金門認同：於「第四空間」下所再現之金門地區博物館的社會責任〉。《台灣社會研究季刊》120: 135-183。

劉家國、李仕德、林金炎等（2014）。《連江縣誌・第三冊》。連江：福建省連江縣政府。

錢永祥（2014）。〈公共領域在臺灣：一頁論述史的解讀與借鏡〉。收錄於《動情的理性：政治哲學作為道德實踐》。臺北：聯經。

Elias, Norbert (1986). Figuration. In *Grundbegriffe der Soziologie* (pp. 88-91). Herausgegeben von Bernhard Schäfers. Opladen: Leske und Budrich.

Goertzel T. G. (2010). Political Society. In Anheier H. K., Toepler S. (eds.), *International Encyclopedia of Civil Society*. Springer, N.Y. https://doi.org/10.1007/978-0-387-93996-4_592

James Bohman (2004). Expanding dialogue: The Internet, the public sphere and prospects for transnational democracy. In Crossley, Nick/ Roberts, John Michael (ed.), *After Habermas: New Perspectives on the Public Sphere* (pp. 131-155). New Jersey: Wiley Blackwell.

PART

II

街市動能

06

▼

策展行動做為
文化公共討論之中介

以臺中市第二市場為例

—— 李俐慧 ——

東海大學工業設計學系副教授

傳統市場是由個別商家聚集，以販賣生鮮食材、生活用品、衣物服飾等為主的商業場所，是常民生活物資供應中心，亦是地方社群生活交流的場域。然而在外食文化及新型態消費影響下，傳統市場逐漸式微，為尋求永續發展，必須思考轉型。而在展開轉型行動中，「市場文化」開始被提起與討論。市場承載著地區的飲食與生活需求，故能反映出該地的氣候環境、地理條件、文化特性，甚至包括宗教信仰、民間習俗、地區人口的飲食習慣流變，這使得傳統市場整體呈現出一種「地方文化」。換言之，傳統市場是具備了「地方、象徵與認同」的文化空間。

這個具有文化承載功能的市場空間，在面對轉型、振興、永續發展的問題時，若僅仰賴公部門的發展決策主宰傳統市場空間的構成與使用方式，往往無法細膩且確切地掌握地方的問題與需求。參考社區總體營造或社區設計的案例可知，地方設計專業者可以為地方空間帶來形式上的啟發，發現地方生活的意義，協助地方建立組織，使民眾透過參與，成為地方創新的實踐者。然而究竟應透過什麼過程、運用什麼方法才能凝聚出地方共識，形成地方發展的力量呢？

筆者在參與執行科技部人文創新與社會實踐計畫的歷程中，試圖借用後博物館學及藝術介入空間的概念，嘗試運用「策展行動」做為與市場攤商、鄰近居民、市場消費群眾進行對話交流的管道，讓「展出內容」成為傳達概念與觀點的載體，「展出空間」成為以市場價值為主題的公眾溝通平臺，使得人們可以透過策展者規劃的人－事－物－境整合，建立起另一層對市場空間的文化認知，重新思索市場空間的使用意義，甚至能進一步確立傳統市場這個場域的地方價值，並在此基礎上形成一種公開、平等、公民彼此往來與自我組織的意識，為傳統市場的未來發展描繪出共同想像，進而將其付諸實踐。

因此，本研究以臺中市第二公有零售市場做為研究場域，研究團隊自2018 年 7 月起開始進入第二市場蹲點，先以觀察、體驗的形式逐步浸入田

野，再透過人物訪談的過程深入瞭解場域內的人事物關係脈絡，進而從中擷取出市場的元素、議題，在 2019 年 3 月至 2020 年 1 月間，於市場內部的公共開放空間分別策劃了六場市場主題展。在此過程中，透過行為觀察、問卷、訪談、工作坊等資料蒐集與分析，探討市場相關社群如何看待市場內的策展，如何受到策展影響，以及是否強化了彼此的往來，是否激盪出市場的公益性公共討論，社群的公共意識如何被建立。

一 現今都會地區傳統市場的問題與挑戰

　　除了因為受到外食文化及新型態消費的影響，使得以販售生鮮魚肉蔬果為主的傳統市場逐漸式微之外，都會地區的傳統市場還會因都市擴張與舊市區空洞化的影響，讓老舊的傳統市場存續經營更顯艱難。以臺中市的都會區為例，自 1908 年新建鐵路開通後因鐵路交通帶來的便捷與物流，促成了商業活動蓬勃發展，在 1970 年代舊城區極盛發展時期，約莫 0.88 平方公里的範圍內，即有七至八處各具特色的傳統市場座落於此，堪稱是全臺灣傳統市場最密集的地區。但隨著高速公路開通，交通運輸方式轉向汽車載具，商業都會區逐漸向西擴張發展，2010 年市政中心西移後，大型百貨商場、餐飲服務業也隨之遷移，原本以臺鐵臺中站為核心發展的舊城區也隨著街區空間逐漸老舊、空洞化而失去競爭力。在此背景下，舊城區內的傳統市場當然也隨著人口外移而使得商業規模逐漸縮小，市場如何存續經營，以及傳統市場價值是否仍受到重視，是現今都會地區傳統市場都必須面對的嚴峻問題。

　　從現今傳統市場的問題研究來看，可見學者們針對政策法令、硬體改善、經營管理等面向提出看法。首先著眼於外部影響力，指出消費者購物與消費習慣的改變及其他型態的零售業者興起是導致傳統市場沒落的重要原因，並批判公部門制定的相關法令與政策無法配合更新或轉型的機制，更助

長了零售市場的蕭條（楊淑媚，2002）。然而，更多學者將關注焦點指向傳統市場自身的問題改善，例如：建議傳統市場應加強公廁的清潔衛生管理、各攤商攤台的整潔布置，強調透過優美雅緻、賞心悅目、整齊衛生、乾爽舒適的空間氛圍創造來吸引消費者（張裕章，2009）。或從市場自治會的角度提出批判，指出傳統市場自治會幹部的高齡化、教育程度較低、家族式經營等因素導致較少的創新改變，且過高的空攤率使市場失去營運功能（洪博雅，2010）。

綜觀上述研究批判及筆者自身的觀察，社會與經濟模式變遷、政策法令無法與時俱進、經營者的思維固化、空間場域的老舊破敗等，固然都是現今傳統市場無可迴避的問題，但若從傳統市場之所以形成的本質加以審視的話，我們應可以意識到，從農業社會、工業社會，發展到當前的網路科技社會，人與人、人與社群、社群與社群的關係已然改變，這是造成傳統市場已無法扮演與過去社會相同功能與角色的重要原因。在農業社會過渡到工業社會的時期，傳統市場這個空間場域可以做為一個讓生鮮農漁牧業者透過自己的商品和在都會區中生活的工商業社群進行價值交換的平臺，因此，當工業系統逐步發展後，量販業者、大型超商自然就有更強大的競爭力取代傳統市場，繼而再跨入科技網路時代，更多的電子商務平臺也輕而易舉地搶奪了市場，成為人們藉以交換物資與價值之媒介。

因此，若單純地改善傳統市場空間衛生、安全、美感等條件，而未能在本質上加以突破，重新定義或詮釋市場價值與存在意義的話，仍然會讓傳統市場在與量販超市或網路電商比較競爭的道路上無法超越。筆者試圖提問，傳統市場這個空間場域是否只能是過去到現在這個樣子？是否只能服務消費者採買物資的行為？有無其他在保有傳統市場最重要的精神與價值下，讓人們在此進行不同的價值交流與交換的可能性？

二 傳統市場價值再思考

從市場的本質來看，市場形成的基本背景是基於物資交換的需求，從以物易物的市集開始，進化到透過貨幣交易物資的經濟模式。而因為這樣的經濟模式形塑出一種在市集或傳統市場中才會存在的販售者與消費者間的互動關係，這種關係特質經常被稱為「人情味」，具有某種特殊性，充滿吸引人的魅力。此外，傳統市場的經濟結構背後也存在著強大的社群關係，這個關係社群經常是由一家一家的市場攤商一整個家庭所共同參與構築而成。何田田、謝宜庭、葉宇瑄、呂惠文（2007）的研究指出傳統市場具有社會價值、經濟價值、資訊價值、情感價值等四種無可取代的價值，故一個地方的市場文化也關聯著該城市或地區的豐富性。

所謂市場的社會價值，論述的是傳統市場與市場攤商間的連結關係，市場攤位的經營除了是整個家庭賴以為生的經濟支柱之外，也多半是他們生活與情感寄託之所在。市場攤商屬於社會結構的基礎階層，仰賴傳統市場這個空間場域提供工作機會，同時，在臺灣許多住商混合的傳統市場空間中，市場攤位的上方空間就是攤商一家大小的居所，攤商的孩子們從小在市場空間中長大，並由市場攤商們以一種生命共同體的概念，相互協助看顧彼此的孩子，無形中形成一種人際互動緊密的社群關係。因此，一個地區的傳統市場消失或搬遷，可能會對許多家庭的經濟帶來重大衝擊，也可能衍生社會性的問題，相反的，一個市場的永續發展也能支持一定程度的社會穩定，這就是傳統市場具備的社會價值。

在經濟價值方面，傳統市場與大型連鎖賣場相比，因為無須負擔大量囤貨的管銷及人事成本，一般來說物品的價格相對低廉，也基於傳統市場採「當日批貨、當日售完」的營銷模式，強調商品的生鮮度，隨著販售時間早晚，交易間就存在些許議價空間，或有根據交情深厚程度「買菜送蔥薑蒜」等這類附贈小物的銷售習慣，都是傳統市場具有優勢的經濟價值。

　　此外，傳統市場最吸引人的關鍵要素是「人情味」，人情味展現在購物交易時店家與消費者間的寒暄交談，而此互動交流中呈現出兩種市場價值，一是資訊價值，另一是情感價值。從資訊傳遞的概念上來看，傳統市場這個空間場域即是一個訊息流通的平臺，直接透過人與人之間的語言傳達，消費者可以從店家口中得知物品的產地、來源、如何挑選貨品、如何烹調食物、如何收藏保存等日常生活小知識。除此之外，市場店家與店家、店家與消費者、消費者間的閒話家常內容，也經常涵蓋了社區活動訊息、社會時事，甚至是家族生活事件等，因此，人與人間容易形成各種社群關係，彼此間存在某種情感的依附，使得逛市場採買對某些消費者而言不僅是一種消費行動，而可能已經提升為一種生活儀式，一種抒發情感寄託之所在。

　　而除了上述四種市場價值之外，本研究認為傳統市場還傳承著一個不應被忽略的地方文化價值。誠如前言所論及的，市場承載著地區的飲食與生活需求，能反映出該地的氣候環境、地理條件、文化特性，甚至包括宗教信仰、民間習俗等。大型連鎖超市賣場因有經營穩定上的考量，供貨的種類較缺乏季節性與地方性，相對而言，傳統市場的消費者可以更容易從市場攤商販售商品的種類變化覺察到季節的更替、文化節慶的到來、不同區域的地方差異。此外，在傳統文化習俗日益簡化的現代社會，許多具有歷史脈絡、文化意涵的傳統貨品逐漸消失在大賣場，或者被簡化為更易生產銷售的形式，唯有在已經營數十年的市場老店家內傳統的式樣得以被完整地傳承下來，持續小規模地販售著，默默地展現一個地方的文化記憶。

　　當我們重新思考爬梳現今的傳統市場還保有哪些價值得以使其繼續向前延伸發展到下一個世代時，我們發現無論是社會價值、經濟價值，或是資訊價值、情感價值、文化價值，這些觀點都與傳統市場空間中的存在者有著緊密關聯，換言之，「人」才是影響或決定傳統市場未來發展之關鍵要素。傳統市場的興盛是因為人的聚集交流，這個場域就是一個公眾溝通的平臺，只要傳統市場內還保有強烈的公眾溝通功能，這個場域就不會凋零消失。因此，當我們帶著「人文創新與社會實踐」的觀點走入傳統市場，期待探索

出「傳統市場在下一個百年還能永續存在的話，那應該會是一個什麼樣的面貌」之際，如何與在地店家、在地居民對話，如何瞭解市場中的群眾期待什麼、渴望什麼，如何形塑人們對下一個百年市場面貌的共同想像，就成了研究團隊亟力要理解的課題。在此背景下，研究團隊開始嘗試以傳統市場這個原本就具有訊息傳達功能的空間場域，做為更積極主動的倡議平臺，也期待透過一些實踐行動來號召公眾展開議題式的交流與公共討論，共同探索傳統市場的未來方向。

三　引用後博物館學、藝術介入空間概念的策展思維

研究團隊採用參與觀察的形式進行田野研究，先以「顧客」的身分進入市場，透過自身的真切感受、體驗、理解市場的現狀，在長期反覆的踏查中逐步與在地店家建立信賴感，得以切換至「朋友」的身分更深入獲知在地經營者的生命故事與生活意義，然後再返身至「研究者」身分，客觀審視如何將市場在地知識與文化價值轉化為可實質為在地創造永續能量的實踐行動。

在研擬實踐行動的內部討論中，「策展」這個概念提起的初端是因觀察到當前許多公共議題的倡議，例如：地方性、教育觀、歷史事件等，開始透過展覽的形式向民眾傳遞訊息。而從策展論述相關研究中可知，Riviere 與 Fuller（1985）提出「生態博物館」（eco-museum）的定義中明確指出，生態博物館「是時間的表現與空間的詮釋；是一個地方文化遺產的保存中心；是一個實驗室用來研究地方族群與環境的關係；展現及教育培養對此地方文化的尊嚴與藝術表現，由於各地方族群文化具有無限的多樣性，因此生態博物館的組成元素隨著標本而異，生態博物館也具有實驗室、保存中心與學校等三位一體之功能，不是自我封閉的機制，它既接受也給予，不是一種靜態的而是動態的演化性定義」（鄭秀嫻譯，1996: 3）。這樣的定義恰恰

呼應了本研究的問題意識與主張，傳統市場這個承載了一個地方的歷史、經濟、文化發展脈絡的空間場域，不正具備了足以成為一座生態博物館的元素嗎？生態博物館的五個理念中包含的「營運基礎由物為主變成以人為主；由過去懷舊導向變成改變現在或創造未來的導向」等主張（張譽騰，1996：9-10），對以人情味為特色但迫切尋求轉型突破的傳統市場而言，正是可以參酌應用的論述。而更進一步延伸到 Hooper-Greenhill（2000）提出的「後博物館」論述強調博物館在地方的實踐過程與經驗之重要性，「現代博物館過去（及現在）是宛如以建築體來被想像，博物館在未來或許是以一個過程或一個經驗來被想像」（Hooper-Greenhill, 2000: 152）。因此，從後博物館學的概念來看，在傳統市場內策展正是「透過展示方式的知識生產過程得以被挪用，成為重新觀看與理解社區自身歷史與集體記憶的重要方法」（殷寶寧，2019）。透過道具物件陳列、裝置藝術、文字書寫、體驗活動等形式整合而成的市場策展行動，正呼應了殷寶寧（2019）所陳述的，是「以博物館做為方法，透過藝術與文化介入社區的形式，接合上歐美當代的藝術發展脈絡 —— 以『社會參與』（social engagement）的藝術實踐，傳達對在地社群面臨的挑戰、課題或危機的關切、批判與反思，甚至以此轉化為特定美學表現形式」。而這般策展形式的社會參與，展覽物本身並非被觀看欣賞的主體，而是訊息傳達的載體，如同藝術介入空間的實踐一般，這些實踐具以計畫為基礎、走向真實社會場景、由此場景中討論／轉化／揭露相關議題，具有公共性、參與性、關係性、合作性、過程性等特質，將藝術做為某種中介，具有改變或介入現實的想法，在過程中不一定會生產物件式作品或展覽等（呂佩怡，2015: 14）。此外，藝術展演活動也透過藝術介入社區模式，呼應後博物館學的理念，以各種藝術表演形式，介入地方活化行動，與社區在地記憶共構而相互生成（殷寶寧，2019）。

佐佐木俊尚（2012）指出，在當前這個「朝向串聯的時代」，資訊流傳本身不再只是獲得資訊這個實際的功能，其中同時也成立「以資訊的往來串聯人與人」的共鳴。「在市場中策展」的確就是帶著這樣的意圖，本研究認同「策展」這種運用設計思維、編輯概念以傳輸知識的手法，故企圖運用

「策展」做為引發市場相關社群發展公共討論的行動，透過一整個策展行動的歷程，爬梳傳統市場更迭的背景脈絡、挖掘場域在地價值、重新詮釋傳統市場的定位、激發民眾對傳統市場的未來創新進行公共討論。因此，展出內容的豐富性、完整性或是美學詮釋，並不是策展中最被重視的事，以什麼主題、哪些展出素材、什麼樣的互動設計，才能擾動地方群眾的慣性思維？如何才能引發跨社群間的互動，啟動在地能量？這些提問才是研究團隊更在意的面向。

策展人所進行「觀點的提供」，正是策展（curation）（佐佐木俊尚，2012），而這也正是市場策展行動中首先要向公眾傳遞的關鍵訊息。在提出展覽主題之前，策展這個行動本身就是一種觀點的提供，透過策展向公眾宣示，傳統市場這個空間不是只能用來進行飲食民生等買賣貨物的消費活動，「展覽」也可能是另一種發揮市場價值的使用模式。倘若「策展」可行的話，那麼未來在這個市場空間中，舉辦音樂會、電影放映會、工作坊、讀書會等各種可以串聯人與人關係、促進社群活絡交流的活動，也都有可能在這個場域發生。而一個人與人可以在此群集，活絡地互動交流，並完成某種價值交換的場域，不正是呼應了市場形成的本質嗎？

四 策展行動的展開與後續效應

為了引導在地店家、消費群眾、在地居民能關注到第二市場未來發展的議題，研究團隊開始著手規劃一系列連續性的策展活動，意圖透過以市場為主題的策展內容，帶著人們一點一滴地重構自身對市場的認知概念，爬梳市場中隱藏的地方知識及文化價值。

（一）策展主題擬定與內容規劃

　　根據田野調查資料的彙整分析，瞭解臺中市第二公有零售市場（簡稱：第二市場）是一座空間規劃完整且具有百年以上歷史的傳統市場（圖1），在日治時期曾是提供舶來品販售服務的「有錢人市場」，也曾有一段時期是中部最大的水果批發市場，因為人聲鼎沸，因此也衍生出多家提供市場作業人員用餐的熟食店。順著這些歷史背景脈絡發展下來的第二市場因此具備了幾項特色，第一，目前仍保有多家水果零售店，常態性地販售品質精美的進口水果禮盒。第二，多家經營超過三代的傳統小吃攤及新興熟食店共同構築出美食市場的形象。第三，市場內仍保留專門販賣日系進口雜貨民生物品的店舖。第四，販售生鮮食材的店舖雖然已減少，仍完整保留販售蔬菜水果、雞鴨魚肉、加工食材的攤販，以支應基本飲食消費需求。

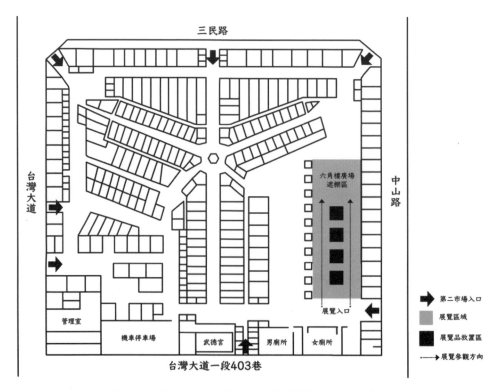

圖 1　臺中市第二市場平面配置暨策展空間示意圖
（本研究根據市場內張貼之地圖改繪）

　　第一年的策展行動，是由研究團隊以倡議者的立場，主導策展主題與內容的構築。為了彰顯傳統市場的本質特色，故從上述資料收集與田野踏查中篩選、擬定了「器物」、「種子」、「飲食」三個主題做為第一年策展的重心，在各主題下分別規劃展出內容（表1）。而第二年的策展（表2）則隨著研究團隊與在地店家開始建立友誼及信賴關係，也基於希望捲動在地社群參與策展，故邀請對策展行動展現高度認同與支持的在地店家成為策展素材提供者，並邀請其從事手藝創作的第三代回鄉青年透過行動企劃座談會對策展團隊提供建言。

▼ 表 1　第一年展出主題與內容概要

展覽名稱	展出時間	展覽主題與內容	與展出場域的關聯性
器物展一傢俬頭仔	2019/03/18-2019/03/24	以市場攤商使用的器物圖片做為主要展出內容，包含：豬肉攤各式刀具、生鮮蔬果的置物籃、塑膠盤、白色磁磚攤台、市場老照片等做為視覺符碼，並透過情境模擬的空間建構概念，重新陳述市場內的大小器物的知識性與價值。	各種生財道具工具是市場攤商營運活動中不可或缺的物件，與攤商間存在著依存關係，工具道具的狀態也反映出攤商的工作型態、專業性與知識性。
種子展一籽	2019/04/22-2019/04/28	以市場內普遍販售水果的種子為主體，透過圖解與實體種子展出方式，傳遞蔬果科普知識。此外亦透過彩繪盆栽活動介紹臺中在地食材 —— 蕗蕎種植。	早期第二市場中有一區域為水果批發市場，批發市場遷移後，多位原批發商轉型為水果零售店舖，持續在市場一隅營業至今。
飲食展一厚呷覓呀	2019/05/20-2019/05/26	以「食物色票」的形式展示市場內美食的組成原料，並提供實體食物讓觀展者進行觸覺體驗，同時倡議「醜蔬果」議題。此外，透過美食廚房玩具及食物相關的故事讓親子觀展者可以共同遊玩與閱讀。	第二市場的小吃攤或飲料店原為提供市場作業人員飲食為主，因批發市場遷移後客層結構改變，開始經營外來客源，在媒體報導及口耳相傳下逐漸以「在地美食」聞名。 第二市場內仍保留已傳承經營三代以上的小吃攤，是許多外地觀光客朝聖之地。

（續下表）

展覽名稱	展出時間	展覽主題與內容	與展出場域的關聯性
回顧展－餓市力	2019/06/10-2019/06/16	前三次策展亮點回顧，並以臺中在地美食「麻薏」串聯「器物」、「種子」、「飲食」三大主題，規劃創作料理體驗活動。	麻薏是臺中特有在地食材，第二市場內也有隨季節販賣麻薏湯的小吃攤，而傳統上製作麻薏湯的過程需要使用特殊的工具，以其做為串聯三主題的食材極具代表性。

📍 表 2　第二年展出主題與內容概要

展覽名稱	展出時間	展覽主題與內容	與展出場域的關聯性
市場的五感	2019/11/27-2019/12/01	以「透過五感引導民眾對市場進行再認識」為題，回收在地水果店提供的水果包材、紙箱等物件做為創作素材，轉化製作為各種互動體驗展品，展出作品名稱分別為：摸得到的二市場、市場放映機、市場色彩、食物進化史。	基於第一年實踐行動與在地店家建立的信賴與合作關係，由策展團隊向在地水果商提出邀約，請其提供回收資材，店家亦期待團隊在共同推動永續市場的概念下，策劃具親子教育功能的市場展，在地店家開始成為地方實踐的協助者。
市場煉金術	2020/01/04-2020/01/09	基於第一次展出的反思，升級改版後重新展出三件同主題作品：摸得到的二市場、市場放映機、市場色彩。此外，配合歲末街友關懷活動，透過策展表達「你的剩餘可以是他人的價值」的概念，展出主題：「有禮真好」，並將展出的物品以交換禮物的形式轉送給需要的街友。	提供素材的在地店家對前一次展出內容表示認同，並期待展出作品能進一步改版後再次展出。在地店家除了持續扮演實踐行動協助者的角色外，更進一步提出行動修正的指引，明確表達其對行動的期待。

（二）市場相關社群如何看待市場內策展

　　研究團隊進入市場執行田野調查蹲點半年，與在地店家建立了些許信賴與情誼後才開始著手策劃展覽活動，因此從一次策展布置起，即可感受到市

場內人際互動散發的人情味。從展區旁經過的民眾或店家，會對布展中的工作人員表達關切，詢問正在從事的工作內容，並關心工作者的休息與受天候影響狀況，也會親切地出借剪刀、膠帶、座椅等工具用品讓準備出現缺失的布展人員應急。而經常出沒在市場空間的在地孩童，對策展內容充滿好奇心與主動參與意願，多次協助布置工作。對在地店家來說，凡發生在市場空間內的大小事務都會花一點心思關切，因為知道策展是由大學教育單位自主執行，與自身沒有利益衝突或商業競爭的問題，因此會採取在外圍觀望的方式對待。而隨著策展次數增加，展出頻率穩定，研究團隊也更深化在地情誼串聯後，店家也會以主動提供飲食、贈送小紀念物，或協助宣傳介紹客人來看展等，以更積極的方式表達對展覽活動的認同與支持。在多次策展過程中，策展團隊試圖藉由規劃時期的資料收集及展出期間的解說互動過程，與傳統市場的利害關係人（包含店家、附近居民、消費者）就策展目的、主題、內容形式、願景展開對話，多數店家或附近居民在這個階段仍處於資訊接收者的角色，在態度上對學術單位的行動表示樂觀其成，會從資源提供、人情支援、行動參與的角度展現支持，對策展論述則較少表達意見，但在展出內容與自己切身相關（例如：自己的照片、熟悉的物件等）時會主動表達自身感受，進而透露對未來展出內容的期待。

因展出場地即是位於市場內的緣故，在展出期間，許多民眾初次經過都以為是某個新團體在擺攤販售物品，但得知是展覽後仍會實際參觀瀏覽展出物件，偶爾向顧展人員表達看法與建議。而市場的親子顧客是對展覽的互動表現最活絡的觀展者，不僅會認真觀看展出物，也會關心下一次展覽規劃的資訊，並實際參與展覽所規劃的親子體驗活動，甚至對展覽中的知識傳遞或具教育意義的內容提出熱烈的回應。此外，因第二市場六角樓屬於歷史建築，經常會有關心地方文史的社群團體在第二市場出沒活動，故展覽期間會因為展出議題與某些社群的概念觀點契合，能產生高度的共鳴與相互認同，進而結識，展開交流。

　　從策展的立場來說，研究團隊企圖透過對主題內容的編輯向民眾傳遞與市場價值有關的訊息，例如：透過模擬再現的豬肉攤裝置，以具體模型一一呈現多種功能式樣不同的豬肉切剁刀具，以展現豬肉攤販的專業特質；運用色彩學的色票工具，呈現市場內部空間與各式物件的多彩繽紛樣貌。整體而言，市場相關社群對這樣的策展意圖，從初始的略帶驚奇或不甚理解，慢慢轉化為感覺有趣、有意思、有期待，甚至有店家積極地表示策展的飲食與種子的主題切中了他所關心的食安食育議題，未來希望有機會與研究團隊發展合作關係。此外，運用回收水果包裝資材製作展出作品的行動，也啟發了民眾對市場永續議題的思考，這些回饋都顯示出善用策展的形式，有機會讓市場中保有的傳統、歷史、記憶、知識、技術、美學、文化等內涵，在貼近觀看者認知的編輯、規劃、展示下，有效傳遞與地方價值建構相關的訊息，並促進具社會公益性的公共討論。如同許多先行者以藝術介入社區的行動一般，結合社區、社群、地方行動是未來在傳統市場內可以持續再深化探索與實踐的方向。

（三）策展的後續效應

1 空間場域屬性開始出現質變

　　在研究團隊介入市場空間推動策展行動之前，策展時借用的空間場地為不具有特定功能的開放閒置空間，市場攤商會在每日收攤休市後，紛紛從自家店面搬出桌椅擺放在六角樓前廣場一隅，從事泡茶、聊天、飲食等攤商間的自主休閒社交活動（圖2）。而在研究團隊連續策劃展覽後，在地店家開始關心研究團隊是否還會繼續策劃展覽，甚至有在地青年直接表達願意自主提供個人創作來接續經營做為展出場地的閒置空間，並立刻積極地展開行動（圖3左下）。在2020年年初，第二市場的市府管理人員異動後，重新調整規劃該空間的使用管理，其委託外部民間機構進行設計規劃，藉由車阻隔柵將該廊道空間完全淨空，嚴格禁止民眾停放機車，並轉變成平面靜態展示區（圖3右下），這對未來如何借用做為策展空間增添了一些管制因素。

圖 2　市場店家收攤後的社交休憩樣態

攝影：廖彥霖。

圖 3　市場空間屬性的質變 ──
　　　❶ 2018 年策展行動未展開前的空曠樣態（左上）、
　　　❷ 2019 年研究團隊介入策展的樣態（右上）、
　　　❸ 2019 年在地青年自主布置的樣態（左下）、
　　　❹ 2020 年市場管理處重新整理後的樣態（右下）

攝影：李俐慧、廖彥霖。

② 策展成果衍生了多元的發展與連結

2020 年 2 月起因 covid-19 全球疫情爆發的緣故，是否應持續規劃市場策展也面臨挑戰。研究團隊經檢討後決定暫停可能造成群眾聚集的實體空間策展活動，但仍延續以策展做為對話平臺的初始概念，將策展的形式轉化為與實體空間策展具有不同影響層面的桌遊設計、[1] 繪本出版，[2] 及在地工作坊。[3] 之所以能夠產生如此的轉化，乃是因為在先前的策展行動中已挖掘出具多元發展性的主題，因此可以在適當的編輯概念下，將希望對公眾傳達的訊息，以各種靈活、有趣、可傳達的形式對外尋求對話交流。

基於對此在地實踐行動的認同與支持，市場在地店家的第三代青年主動協助牽線促成團隊與中區圖書館的合作關係，圖書館除了提供館內特定空間讓團隊可以進行微型展之外，也協助舉辦桌遊親子試玩活動及市場系列繪本的親子共讀暨手作活動。

佐佐木俊尚（2012）指出，比起資訊本身，能賦予該資訊所具有的意義、該資訊所有擁有的可能性、該資訊所包含「只對你個人而言的價值」等這些脈絡、情境的存在，重要性與日俱增。而我們從上述這些因策展成果衍生的多元發展的情況也可以用來回應此觀點，市場中原本即存在豐富的元素、現象、物件、故事，但在未經編輯處理的情況下，市場的價值很容易就

1　已開發一套以漫遊二市場為遊戲主軸的桌遊試玩版，命名為「新富町市場」。除了在第二市場舉辦由民眾自由報名參加的試玩體驗會之外，亦與中區圖書館合作舉辦親子共遊活動，以推廣讓下一代孩童認識在地市場。

2　從策展主題中挑選出觀展民眾反應熱烈的「刀具」、「磅秤」、「色彩」為核心概念，開發了三本以十歲以下學童為對象的兒童繪本，分別由三位東海人社計畫共同主持人負責撰寫故事腳本，於 2022 年 2 月正式出版。未來將優先推廣到臺中市中區的小學與圖書館，透過故事導讀或場域走讀的方式，讓市場理解與市場文化向下扎根。

3　共舉辦兩場工作坊，由在地店家代表、對社區設計有興趣的青年學生、在地文史社團成員等共同參與，目的是從中建立對話機制，探索對市場未來發展的共同想像。

被淹沒在經濟快速變動的社會潮流下，然而若能重新賦予市場內各種資訊的意義，探索這些資訊在現代社會的價值與可能性，就能夠重新定義或定位傳統市場與公眾的關係，為傳統市場的永續發展找到各種試行的方向。

五 策展做為公共討論平臺的可行性

　　傳統市場的各式攤販中蘊藏了許多屬於市場特有的在地知識，例如：挑選與辨認食材的方式、烹調的技巧、食材的搭配、產地與食物的關係等，儼然可稱為是一門豐富的市場學，然而這些知識內容，需要透過店家攤商熱心傳授告知，或是消費者主動開口詢問，才能展現生活教育的作用。此外，市場攤位上販售的物品、貨品多半僅是單純地被「陳列」，少見店家主動採取特定概念或溝通意圖的「展示」，傳遞給消費者的訊息也因此薄弱而缺乏辨識度。當人們早已習以為常而不特別覺察的市場元素與在地知識透過被賦予概念的、有意識的資訊編輯過程，以「策展」這個形式被呈現在市場空間中時，人們會因此在觀展及參與互動的過程中重新認知到那些被自己忽略的關於市場這個場域的細節，而重新觀看與理解所處自身地方場域的歷史與集體記憶，甚至進而反思其價值與發展。

　　本研究曾針對民眾「到訪市場的心態與感受」進行訪談調查，訪談了觀光客與在地居民，受訪者對於在市場空間中導入策展行動表達了正面的意願，認為透過策展可以瞭解、學習到更多市場相關的知識，覺得在「市場策展」這個形式非常新穎，樂見新型態經營模式導入市場內，會期待每次策展都可以規劃不同的主題，也會因此提高他們到訪市場的意願與次數。由這些意見可以發現，民眾對策展的認知聚焦在知識吸收與學習上，然而就策展行動意圖「成為能激盪出市場公益性公共討論的平臺，協助建立社群的公共意識」這樣的目標來看，現階段在有限次數的策展行動中，無論是店家、附近居民、消費者等市場利害關係人們，多數皆尚未能認知到策展可以是一種公

眾溝通的媒介，可以做為公共討論的平臺；策展行動未必只能由學術單位或公部門由上而下地執行，也可以由在地團體自發性地形成議題，提出內容進行策展。在前述策展的後續效應中提及在地青年自主提供作品布置空間，是研究團隊以策展進行社會倡議過程中樂見其成的，但這樣的回饋仍屬少數個案，未來仍需要持續透過不同形式的地方策展，並整合串聯其他互動性更高的形式（例如：觀展交流會、在地社群小聚、在地工作坊等），更積極地設計規劃可以引導民眾參與、甚而激發建立自主意識的形式與內容。

　　透過策展的策劃執行及對過程與後續衍生發展的爬梳整理，本研究可歸納出以文化策展或社會策展 [4] 做為促進地方形成公共討論方法對參與觀展的公眾具有擾動的作用，雖然現階段從利害關係人透過策展行動歷程展現的參與及回應來看，「策展」本身尚未形成文化公共討論平臺，但在策展後衍生的多元發展與連結可以明確覺察到策展已然帶動了市場未來想像相關的公共討論。若議題規劃得宜，能與公眾的生活或關注的議題相關的話，更能夠產生較深刻的影響力，而提供多種互動交流的模式有助於深化觀展者的感知，對衍生後續連結或發展公共對話有實質的引導作用。另外，從策展主題衍生出其他形式的物品、出版刊物、工作坊、交流會、讀書會等做法，也是可以網絡式產生連結作用的行動策略，這些從實踐行動中隨著參與者的反應互動狀態彈性調整，並等待在地社群參與加入然後發展出自我樣貌的經驗，都是可做為未來持續執行社區設計的重要養分。

4　此詞彙由香港非營利文化組織「民間博物館計畫」設計學者蕭競聰與策展人陳培浩提出。意指用策展方法匯聚社會資源，進行呈現「在社群環境中靈活地進行展覽和相關的公共計畫」。亦可詮釋為對既有現狀的檢視、重新布署、配對、呈現議題、資源匯整、網絡聯結、推進創新，甚至促成現實之改變（呂佩怡，2015）。

誌謝

本文初稿曾於 2019 年 9 月 5 日以〈以策展介入傳統市場：其過程與效應的分析〉為題，口頭發表於「2019 新實踐暨臺日聯盟地方連結與社會實踐研究國際研討會」，感謝科技部計畫 MOST 107-2420-H-029-007-HS1 及 MOST 108-2420-H-029-002-HS2 經費支持。衷心感謝東海大學人文創新與社會實踐計畫【都市再生行動學院 - 社群與社區協力下的都市再造與社會創新】團隊諸位夥伴，特別是當時市場策展團隊的博士後研究員張育誠、研究助理陳毓婷、湯子嫻、廖彥霖，以及東海大學工業設計學系「環境共生設計導論・實踐」課程的修課學生，他們在田野資料搜集與策展實踐工作上的協力支援，是促成本研究得以完成的重要基礎，特此致上謝意。最後特別感謝臺中市第二市場內曾經對策展相關行動提供各種形式協助的在地店家夥伴們，尤其是身為第二市場水果行三代，目前在市場內主持「畢卡索笑本部」的陳映佐，他們四年來一點一滴帶有溫度的回應才成就了本研究的意義，衷心感謝。

參｜考｜文｜獻

Riviere, G. H.、Fuller, N. J.（著），鄭秀嫻（譯）(1996[1985])。〈生態博物館：演化型定義〉。《博物館學季刊》10(1): 3-6。

佐佐木俊尚（著），郭菀琪（譯）(2012[2011])。《Curation 策展的時代：「串聯」的資訊革命已經開始！》。臺北：經濟新潮社。

何田田、謝宜庭、葉宇瑄、呂惠文（2007）。〈在冷漠都市中販賣熱情：談傳統市場的價值 —— 以永和六和市場為例〉。《高中生人文及社會科學基礎人才培育計畫報告書》（頁 1-44）。中綱計畫成果資訊網紙質類文獻，取自 https://hssda.moe.edu.tw/wSite/ct?ctNode=316&mp=1&xItem=8655（下載日期：2021 年 2 月 4 日）

呂佩怡（2015）。〈博物館做為方法：以香港「民間博物館計畫」為個案探討〉。《博物館與文化》9: 3-31。

洪博雅（2010）。《台中市現有公有傳統市場經營管理策略》（頁 1-94）。亞洲大學經營管理學系碩士班學位論文。

殷寶寧（2019）。〈從藝術介入、創意市集到社區記憶再現 —— 大稻埕都市再生的後博物館想像〉。《博物館學季刊》33(2): 29-47。

張裕章（2010）。《傳統零售市場服務品質與顧客滿意度之研究 —— 以臺東市第一公有零售市場為例》（頁 1-133）。臺東大學進修部公共事務碩（假日）學位論文。

張譽騰（1996）。〈生態博物館的規劃理念與個案之解析〉。《博物館學季刊》10(1): 7-18。

陳毓婷（2020）。〈我在市場做田野：臺中第二市場的觀察筆記（上）〉。《HISP 人文創新與社會實踐電子報》81，取自 https://www.hisp.ntu.edu.tw/news/epapers/94/articles/347（檢索日期：2021 年 2 月 4 日）

陳毓婷（2020）。〈我在市場做田野：臺中第二市場的觀察筆記（下）〉。《HISP 人文創新與社會實踐電子報》82，取自 https://www.hisp.ntu.edu.tw/news/epapers/95/articles/352（檢索日期：2021 年 2 月 4 日）

湯子嫻（2019）。《傳統市場空間策展的效益與影響 —— 以台中二市場為例》。東海大學工業設計研究所碩士論文。

楊淑媚（2002）。《以消費者行為探討傳統零售市場發展定位與對策 —— 以台南市為例》。國立成功大學博士學位論文。

廖彥霖（2020）。《從策展行動探討地方設計的權力移轉歷程 —— 以台中第二市場為例》。東海大學工業設計研究所碩士論文。

Hooper-Greenhill, E. (2000). *Museums and the Interpretation of Visual Culture*. London: Routledge.

07

▼

文化創業的公共領域

大稻埕歷史街區的都市想像與永續發展

—— 劉塗中 ——

台灣設計研究院前瞻研發組組長

20 20年清明時節，筆者再次走進長期關注的研究田野地：臺北市大稻埕歷史街區，在迪化街北段一棟廢棄多年的「爛尾樓」騎樓，巧遇靜態展覽《我的有色眼鏡：看迪化街》。這個由「大稻埕地方創生公司」策劃的活動，邀請在地各領域的創作者表述各自對於大稻埕觀察的「有色觀點」，其中攝影師達爾文對於大稻埕的想像是這樣描述的：

> 每個人心中都有個黃金年代，那是對於過往美好歲月的緬懷與想像。1960 年代的大稻埕，是我想像中的黃金年代；優雅安寧，洋溢著溫暖的金黃色調；縱然外在的世界充滿挑戰，但還是昂首呼吸著自信的空氣，一切都好。一切應該更加美好，冀望今日的大稻埕，也成為未來世代的人們，嚮往珍惜的黃金年代！

大稻埕，一個 19 世紀中期逐漸形成的商業聚落，也是奠定臺北早期發展基礎最重要的三市街（艋舺、大稻埕、臺北城）之一。在 1860 年淡水港正式開埠後，逐漸成為北臺灣的商業中心，也因為茶、糖與樟腦等物資的國際貿易，大稻埕成為臺灣進入國際貿易體系的重要節點。不只做為重要的商業區，大稻埕也是日治時代中期臺灣新文化運動的發起基地，當時很多臺灣重要的知識分子、藝術家、音樂家與作家等都聚集於此；同時，也因為殖民時期推動「臺北市區改正計畫」，許多大稻埕商人也將街屋立面，改建成具西洋風格的「仿巴洛克式樣」與「現代建築式樣」。換言之，如同文化地景研究學者顏亮一（2006: 97）的描述，大稻埕可視為臺灣在日治時期的「國際貿易中心」、「西方都會文化移植的土壤」與「反日文化的大本營」。此外，自清末以來即是臺灣重要南北貨集散地的大稻埕，戰後商業的轉型包含紡織業的興起與中藥材的批發，因此，大稻埕在 20 世紀中後期，仍是臺灣重要的南北貨、布匹、中藥的批發和零售市場。然而，從 1970 年代開始，由於臺灣整體產業結構的工業化轉向與臺北市都市規劃政策逐漸往東區聚焦，位於西區的大稻埕也失去做為商業中心的地位；也因為 1977 年臺北市政府計畫將大稻埕的核心區域迪化街拓寬為 20 米的都市計畫道路，開啟了

1980 年代大稻埕都市保存的爭議與討論、以及學界與民間團體推動的「我愛迪化街」保存運動。直到 2000 年，臺北市政府頒布「大稻埕歷史風貌特定專用區細部計畫」，大稻埕成為臺灣第一個透過容積轉移機制完成歷史街區保存的都市計畫區，同時也指認了 83 棟歷史性建築物（林崇傑，2008）。

　　1980 年代大稻埕所發生的保存運動與相關政策，為臺灣在私有建築資產、文化價值與公共領域之間的交集，開啟了重要的一頁，尤其在都市歷史環境與建築空間的願景對話。近二十年的都市保存爭議，不只涉及到政府對於舊市區「再發展」策略的轉變，從藉由拓寬道路達成全面更新，到維持既有都市紋理提倡全區保留。更重要的是，這過程關聯到不同利益團體的價值競爭，尤其是產權維護與地方發展願景的差異。從保護聯盟（包含部分居民）的角度來看，迪化街的建築形式和商業活動，可以做為臺北市歷史發展的重要代表，是一個不可替代的歷史街區，迪化街在臺北應該被視為公共財。然而，當地地主組成以「繁榮促進」為訴求的社區組織，認為現有街道規模不適合批發業的發展；同時，專家學者定義下所謂的歷史古蹟，也只是一些古老而危險的房屋，不適合人們居住，如果迪化街做為歷史街區受到保護，地主個人建築開發權將受到損害（顏亮一，2006）。簡言之，政府的政策與影響政策關鍵的迪化街保存運動，已是一個公共領域（public sphere）的歷程開啟，在其中居民與不同利益團體，得以協商與倡議各自對於地方發展的想像。

　　推動都市保存後的大稻埕街區呈現出什麼樣的都市意象呢？一方面自 1996 年以來每年在迪化街推動「年貨大街」的節慶行銷活動，這個地方再發展計畫的部分策略，持續強化了大稻埕與臺灣傳統產業與人文歷史連結的意象塑造（張又文，2011）。另一方面，尤其是在媒體的報導上，大稻埕在近年的意象也以「文藝再生」或「新舊融合」等印象被強調，從 2013 年 12 月《台灣光華雜誌》的專題「大稻埕新文藝復興」，到 2015 年 10 月臺灣生活美學雜誌《La Vie》製作「2015 台灣文創力 100」專題，大稻埕街區被選為臺灣十大文創聚落之首；或者 2016 年 7 月臺北市美國商會發行

之月刊《Taiwan Business TOPICS》的專文〈Dadaocheng: New Life in a Historic District〉與 2018 年 8 月《天下雜誌》雙週刊的專文〈擠下北投溫泉區大稻埕華麗變身記〉。進一步觀察這些媒體報導所傳達的大稻埕意象轉變，亦即如建築與文化研究學者殷寶寧（2019，2016）所形容的文化或文創轉向，我們可發現至少有兩大作用力的交織形塑，包含以臺北市政府近十年來的都市文化政策實踐，例如「都市再生前進基地（URS）」、「大稻埕戲苑」與「創意街區」，以及由各式民間創業家所開展出的創新品牌與體驗場域，後者亦即本文討論的重點類別「文化創業」（cultural entrepreneurship）。換言之，文化創業在歷史街區的各式「私」實踐，可能匯聚成形塑地方發展的重要能量，也影響著公眾對於地方想像的可能。

　　文化創業不只側重文化資源的詮釋、應用，更涉及企業品牌建構所帶出具公共意涵的文化政治與地方想像。目前關於都市保存與再生的公共領域研究，大多聚焦私有歷史建築連結集體記憶的公共價值（郭肇立，2009）或者公權力介入與市民社會或社會公義之間的衝突反思（例如李丁讚，2004；顏亮一，2014），較少關注商業組織與品牌消費連結文化資源應用，所產生的公共議題連結與價值創造。因此，以文化創業的公共領域來說，本文核心議題為：如果可消費的領域做為文化公共領域的一環，在歷史城區中，私人文化創業的商業模式與相關品牌運作，如何創造與連結公眾的公共價值與政治論述？

　　為探索文化創業與公共領域的關聯，本文將以十個於大稻埕地區的文化創業者與相關創業活動為研究對象，透過創業者的創業敘述（entrepreneurial narrative）與相關品牌實踐之媒體報導，分析在 2010年之後公部門推出各式關於文化保存、創意城市、都市再生等政策與論述背景下，文化創業家結合文化資產轉譯與地方特色表述，在歷史城區所開展出的商業模式與品牌效益，如何成為歷史街區發展政治論述與意象的重要場域。在本文中，敘述意指透過說故事的形式來創造意義（Hinchman & Hinchman, 2001）；同時，這個說故事的過程是敘述者與行動經驗和

脈絡之間關係的再建構（Hosking & Hjorth, 2004）。如果我們同意創業最簡單的定義為創造事業或商業，那所謂的創業敘述就是結合創業動機，行動過程與環境情況的情節表達與策略想像（Gartner, 2007, 2010）。換句話說，創業敘述不只是涉及創業者的個別故事，這個具表演性質的（performative）的敘事體，背後蘊含著更複雜的社會建構與脈絡故事（Steyaert, 2007）。

一　文化創業與文化公共領域

　　對於文化創業的定義，本文立基於兩個研究軸向的交集：（一）文化產業與創意經濟思考：文化創業是透過文化商品、服務或體驗形式的生產，來產生具有文化價值與經濟產值的創新實踐（Khaire, 2017; Leadbeater & Oakley, 1999）；（二）組織管理與創新策略思考：文化創業是一個說故事（storytelling）的過程，在現有各式創業資源、文化資本積累與經濟收益獲取之間進行策略實踐（Lounsbury & Glynn, 2001, 2019）。此外，商業管理學者 Joel Gehman 與 Jean-François Soublière（2017）兩人共同從不同學科的研究脈絡，梳理出文化創業定義的三種特色：製造文化（making culture）、運用文化（deploying culture）與文化創造（cultural making）。如表 1 所示，文化創業的概念內涵，已從指涉文化組織或產品的創新組構，擴展至運用各式文化資源，來建構品牌認同的故事策略過程，或者透過文化意義的再編碼，對未來願景新意義的多面向共同敘事。因此，本文聚焦在歷史城區內的文化創業實踐，定義採用介於運用文化與文化創造之間，亦即透過文化遺產或資源的詮釋與使用，結合商業模式與相關故事化實踐，來展現企業與地方發展共存共榮的意義性創造。

📍 **表 1　文化創業定義之比較**

類別	文化創業（1）	文化創業（2）	文化創業（3）
特色	製造文化	運用文化	文化創造
定義	**新文化類型的組構：** 視文化為類型樣態（例如精緻藝術或流行娛樂），文化創業即以新的組合或思維創造各式文化組織形式（例如歌劇院、藝廊等）與文化產品。	**說故事的過程：** 視文化為工具箱，文化創業即使用各式文化媒介與元素，並透過文化象徵意義，來傳達特定的企業品牌精神，形塑品牌的認同與共鳴。	**願景再想像的過程：** 視文化為意義編碼，文化創業即在未來願景與歷史發展之間，透過品牌實踐活動，串聯各式的文化載體與社群，進行未來軌跡新意義的建設性創造與再編構。
運作邏輯	類型化／觀眾導向	說故事／訴求認同	共同說故事／意義創造

資料來源：作者翻譯整理自 Gehman 與 Soublière（2017: 62）。

　　公共領域的概念指涉論述性的場域，而非具體的物理空間。德國哲學家尤爾根・哈伯瑪斯（Jürgen Habermas）以民主理論視角定義公共領域為「公共輿論領域」（Habermas, 2002: 3），這種介於私領域與公權力之間的空間，是市民社會所特有的政治場域，不同類型公共領域具有特殊的機制與條件，讓市民個體集合針對公共事務發表看法、交流溝通或形成共識，平等開放地讓市民表現個性與意見。此外，從市民社會體現與再發現的觀點來說，哈伯瑪斯（1992: 452）進一步反思在大眾媒體形式內涵不斷擴張與進化的過程中，公共領域的政治性，是交織著「藉由交流產生的合理權利」與「媒體力量的操縱運用，它創造大眾忠誠、消費者需求和『順從』秩序（"compliance" with systematic imperatives）」。因此，公共領域不只是訊息交流與需求表達的網絡，更是公眾價值與意義的論述發聲地（Hausr, 1999: 61）。

　　連結公共領域的概念至各式大眾媒體與流行文化，英國文化研究學者 Jim McGuigan 提出「文化公共領域」（the cultural public sphere）的

概念，來闡釋文化媒介具有的特殊交流溝通特質。對於 McGuigan（2005: 427）來說，文化公共領域是透過「情感溝通模式」（affective modes of communication）的「政治表達」（the articulation of politics），而這種蘊含美感與情緒感動的溝通模式，是在理性思想／感性經驗與想像視野／真實分布之間，進行政治性表達的資源動員與觀點競逐。換句話說，如同英國社會學家 Elaine Campbell（2013）的觀察，我們可視（文化）公共領域為人事物關係的聚合（assemblage），一個公共領域的浮現也意謂著一種新關係的組構，透過各式言語、物質與展演的交會，創造出對於特定公眾議題的新觀點與再凝聚。簡言之，文化公共領域即是透過兼具物質媒介與言語表述的聚合實踐，對於公共意義與參與的可能性創造。從這個觀點來說，本文欲探討之文化創業的公共領域，除了闡釋結合文化資源或遺產使用的文化創業，也關注如何以商業模式與相關故事化的聚合實踐，來連結歷史街區的公共議題與意義創造。而這藉由文化詮釋、遺產使用、商業實踐所形成的公共領域，在地方永續發展的政治論述競逐上又扮演何種角色？

二　以聚合觀點思考遺產詮釋、文化創業、創業敘述

　　聚焦於歷史街區的場域，文化、遺產、創業交織所展現的公共領域，是關於「歷史」想像與街區「發展」的商業實踐與價值倡議。更具體的來說，其核心是奠基於遺產詮釋（heritage interpretation）所帶出公共意義和價值凝聚的各式參與；而這種參與機制與觀點發聲，筆者認為是在「體驗經濟」或「文創產業」等論述脈絡下，將各式文化資源遺產化與商品化有很大的關聯，同時，創業家、消費者與社群媒體業者形成多樣的聚合關係，共同演繹特定歷史價值與地方獨特性。而在每一種新聚合關係中，創業者扮演轉譯與倡議的重要角色。

遺產詮釋是指透過各種可能的活動形式（實體／線上；動態／靜態）來表達不同尺度之文化遺產場所（cultural heritage sites）、物件或傳統的價值，藉此提高觀者對於文化遺產場所重要性的公共意識與理解（ICOMOS 2008）。此外，遺產詮釋不只是涉及遺產知識與訊息的編輯展演，更是一種社會文化實踐的過程，因為價值與意義的定義是取決於不同的社會環境與使用需求，並非文化遺產具有固有不變的詮釋價值（Staiff, 2014）。因此，遺產詮釋是具有脈絡性、表演性、目的性、與觀眾導向的溝通活動（communicative activities）。此外，美國考古學家 Neil Silberman（2013, 2018）進一步論及遺產詮釋具有的公共領域，是建立表達文化遺產的公共價值與重要性的過程，在個別表述與集體認同之間，持續形塑集體記憶的可能性。簡言之，對於 Silberman 來說，遺產詮釋的活動可被視為公共參與和公共論述實踐的場域，藉此讓不同觀點、主體與認同可以自由地交流。雖然許多批判式遺產學（critical heritage studies）研究學者（例如 Harrison, 2013、Smith, 2006）已指出文化遺產的定義與論述往往是具爭議的（contested），因為在不平等的權力架構，多元的觀點是無法同時發聲的，因而造成「誰的遺產？」或「誰的認同？」（Hall, 1999）等疑慮。然而本文站在文化遺產做為發展資源的角度，具有促進各式經濟、社會與文化發展的價值潛力，遺產詮釋就是文化遺產再利用過程的加值手段，不管是為了凸顯私有利益或公共價值，在不違反不同層面法律規範下，遺產詮釋具有自由表述的可能。更重要的是城市空間或歷史街區，都擁有乘載城市歷史與集體記憶的功能和社會意義（郭肇立，2009），因此，在歷史街區進行文化遺產再利用與相關詮釋，都有機會涉及公共議題的討論與回應，這也是本文嘗試連結歷史街區文化創業與公共領域的思考起點。

前文已提到歷史街區文化創業透過文化遺產或資源的詮釋與使用，具有運用文化與文化創造的特質；同時，在其商業模式與相關商品、服務的故事化實踐下，獲得經濟上的獲益外，也是創造公共議題連結與社群認同的場域。文化創業研究學者 Michael Lounsbury 與 Mary Ann Glynn（2001）已指出文化創業做為一個說故事的過程，故事化的表述在爭取更多

各式創業資源與經濟加值的面向上扮演關鍵的整合角色；亦即，文化創業透過結合文化資源運用的創業故事，吸引更多投資者與消費者，對於其開創之企業活動與內涵產生認同，進而使創業者獲取更多可持續推動企業成長的各式資本。此外，Lounsbury 與 Glynn（2001, 2019）進一步提出思考文化創業過程的理論架構（如圖 1），故事做為文化創業的核心，一方面必須以公司與產業的相關資源為基礎，另一方面要在特定文化脈絡下運用與轉譯各種文化資源與象徵符碼，因此創業故事是具有關係性、現實性與表演性的特質，不斷調整創業故事的內涵與敘事方式，透過商品或服務營造來交織理性意義與感性體驗，也在不斷改進的過程中，獲得更多的客群認同、市場接受、與新資源。Lounsbury 與 Glynn 也觀察到文化創業相對於一般的商業模式，在追求市場佔有與經濟獲益外，很多時候更關注提出社會創新與解決公共重要問題的可能性。

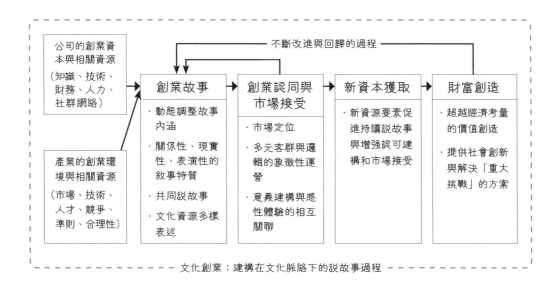

圖 1　文化創業流程的理論架構

資料來源：作者翻譯整理自 Lounsbury 與 Glynn（2001: 547, 2019: 17）。

上述的理論架構，對於本文探討文化創業的公共領域具有三點啟發：

（一）　文化創業做為人事物新關係的聚合，創業敘述不只關於創業者個別的資源串聯方式，更涉及文化脈絡裡相關文化資源的價值創造。

（二）　文化資源的價值創造在文化創業實踐的過程中，串聯了各式的關係人，從企業員工、協力夥伴、消費者到媒體業者，這些不同的群眾可能藉由創業交流與消費認同，共同交集出公共需求與社會價值。換言之，如果創業者是文化價值與社會重要性的倡議者，那支持者透過協力或消費，強化了這些倡議的可見度與影響力。

（三）　在歷史街區進行不同程度遺產詮釋的文化創業，涉及了「公共」歷史與街區的詮釋，在街區的過去與未來之間，文化創業有機會成為一個中介或驅動力，為歷史街區的保存或創生挑戰，提供發展願景與相關的解決策略。更重要的是，不同文化創業在同一街區各自品牌故事化的實踐中，個別倡議的公共價值與創新策略，彼此之間可能會形成地方發展願景論述的競逐或參照。簡言之，這種文化公共領域，是關於「公共的」文化、遺產與地方會成為（becoming）如何的想像與參與。

三　大稻埕歷史街區的文化創業敘述

本研究透過半結構式訪談（semi-structured interview），訪問了十位於 2010 年之後進駐大稻埕地區創業的創業者（其中五位為在地人），藉由創業動機、經營理念與經驗、文化資產再利用方式等議題之資料收集，來理解創業者於大稻埕文化創業的過程，以及他們如何策略地敘述個別的創業故事。從表 2 中，我們可發現個別企業或品牌的創業核心內涵，不同程度地與大稻埕的歷史文化與產業脈絡資源有關；同時，個別選擇詮釋的文化資產主軸，有的以家族記憶為出發，有的是將大稻埕的文化資產連結到更廣大的臺北或臺灣的時空脈絡。換句話說，這些文化創業試圖詮釋臺灣歷史的大稻埕、大稻埕裡的臺灣味、家族記憶的大稻埕、大稻埕裡的地方感等。

📍 **表 2　大稻埕十個文化創業研究案例與相關創業內涵**

訪談者	企業或品牌名稱	文化創業核心內涵	成立時間
P1	世代群文化創業有限公司	以 1920s 時代精神為訴求、歷史街屋為場域，匯聚青年創業家與推動創新品牌，形成文化街區。	2011
P2	inBloom 印花樂	以臺灣元素做為圖案設計來源，透過印花布料創造各式生活用品與相關手作課程。	2008（2011 進駐大稻埕）
P3	台北城市散步	以臺北各街區之巷弄文化與生活為核心，由文化、設計、社會等各領域專業者帶領，提供大稻埕、艋舺、臺北城、淡水、城南等中英日語多元主題之文化步行導覽。	2012（2019 更名為：島內散步）
P4	福來許 Fleisch	以大稻埕歷史風華與飲食文化為靈感，進行各式餐飲料理與體驗設計，同時開發各式詮釋臺灣采風的文創商品。	2012
P5	飲 JOY（有記名茶）	以家族百年茶行與舊烘茶空間為基礎，導入時尚設計手法，開發各式當代精品茶飲與茶文化體驗活動。	2013
P6	老桂坊	以大稻埕在地文化與臺灣特色元素為主題，開發各式文創商品與設立禮品店。	2013
P7	稻舍 Rice & Shine	以大稻埕北段昔日碾米產業的聚集地出發，並結合家族米業記憶，將百年米行轉變為發揚傳統臺菜的餐廳與推廣臺灣米食文化的體驗空間。	2014
P8	瓦豆・光田	以家族的齒科診所空間改造為出發，透過不同燈光設計專案來詮釋大稻埕的文化記憶與城市的歷史。	2014
P9	衣戲院	以長期深耕打版製衣產業經驗為基礎，打造大稻埕的藝文沙龍與裁縫學習空間，替迪化布街注入時尚活力，也為傳統布業與茶文化進行跨界展演。	2015
P10	舒喜巷	以大稻埕為基地，透過「文創市集」、「藝文展演」與「慢城生活」三個軸向，探索與推廣老城區的職人文化與歷史故事。	2015（2016 進駐大稻埕）

資料來源：作者整理。

　　當我們進一步比較個別創業敘述關於創業目標（經濟收益之外）與大稻埕發展願景（如表3），可發現一方面文化創業的目標敘述，涉及不同層面的公共價值與利益關懷，從傳承歷史記憶、深掘文化內涵到形塑創意群聚等；另一方面，在創業目標與地方發展願景的「共榮」意義創造下，創業與地方的連結方式，也關乎個別創業者對於大稻埕過去或現在美好的想像。這也表示在大稻埕的文化創業，某種程度可視為創業者透過商品或服務，來詮釋或推廣大稻埕（文化資產）的價值，更重要的是種種創業實踐，亦投射了對於大稻埕未來發展的願景。

📍 **表3　比較十個文化創業者的大稻埕想像、創業目標、地方發展願景描述**

訪談者	大稻埕想像	創業目標（經濟收益之外）	地方發展願景
P1	臺北地區歷史建築群保存最好的地方／臺灣重要企業的創業地方／臺灣現代化社會運動啟蒙地方	青年創業育成與群聚	文化創業街區
P2	傳統時光的縮影／商業活動蓬勃地方	以臺灣設計推廣臺灣記憶	文化遺產與商業活動持續新舊融合發展
P3	充滿商業文化地方／具有各式的文化資產	深度文化導覽	商業活動熱絡且具生活感的地域特質持續存在
P4	中西文化融合之地／商業繁榮且富文化內涵	推廣臺灣采風的餐飲體驗與文創商品	兼具文化認同與青年文化創業的地方
P5	曾經最繁華的商業中心／保存傳統產業與歷史故事之地	發揚家族產業與茶文化	商業活動持續熱絡
P6	曾經最繁華的商業中心／少數僅存活的老街	以文創設計傳承歷史記憶	產業文化與老店持續保存
P7	曾經最繁華的商業中心／充滿歷史故事的地方	以臺灣米文化聯繫家族記憶與地方認同	歷史故事不斷被創意詮釋

（續下表）

訪談者	大稻埕想像	創業目標 （經濟收益之外）	地方發展願景
P8	家族生活場域／商業活動蓬勃地方／活的歷史街區	保存家族記憶與歷史建築活化的可能性	非常宜居的地方且擁有世代傳承的產業與老店
P9	曾經最繁華的商業中心／保存老臺北的歷史建築與商業文化	為傳統布業進行時尚展演	臺北最吸引人的文化觀光場域
P10	充滿歷史故事的地方	探索與推廣老城區的職人文化與歷史故事	充滿各式職人的慢活之城

資料來源：作者研究整理。

　　此外，關於文化創業如何涉及文化脈絡裡相關文化資源的價值創造，以及透過創新來解決公共需求的「重大挑戰」，是我們可進一步討論文化創業公共領域的切入點。舉例來說，受訪者 P1 的創業敘述，清楚展現了文化創業在文化資源運用與文化論述創造之間，透過文化遺產詮釋與品牌實踐活動，串聯各式的文化載體與社群，進行地方未來軌跡新意義建構的可能性。簡言之，文化創業說故事的過程，即是一個地方願景再想像的公共參與。

> 我雖然是民間的經營者，但我是一個關注公共利益與文化視野的經營者，所以很難去將我定位。……我像是一個民間的知識分子，對歷史街區提出一種想像與願景，然後用我實際經營來證明它的可能性。……講到 1920 年代，大稻埕對我來說包含了實質上與象徵上的意義，所以推廣 1920 象徵性的大稻埕可以視為我的戰略目的。首先，大稻埕擁有臺北地區保存最好的民間歷史建築群，……這裡在過去是臺灣人的市街，……代表戰前臺灣民間社會的一個縮影，所以這一批歷史建築保存在此，具有不可取代的地位。此外，大稻埕是一個創業實地，從 20 世紀初期到戰後，有許多臺灣產業史上重要的民間企業是在這起家的，……所以我應該把新的世代帶到這邊來，大稻埕是一個舞臺，也是一個場景，可以實踐我比較完整的

理念，這個理念是融合政治人、文化人、創業人與企業經營的整合思考。或者說，我想創造一種社群或社區，讓創作人與創業人可以交匯。

我是非常有意識地在建構大稻埕的文化論述或者它的歷史觀。……我不是政策制定者，只是一個民間的力量，所以在論述競逐上我並沒有特權，只能靠自己的實踐來成為主流，我希望能夠建立起一個大稻埕的論述。對我來說大稻埕就是 1920 的代表與時光通道，當然談大稻埕可以有許多年代的切入點，我選擇 1920 是因為我對於臺灣現代化與建立新的臺灣認同議題非常感興趣，尤其是 20 年代以臺灣文化協會為核心的民主運動，而這些歷史進程正好發生在大稻埕。……如果你問我對於整個街區的願景與想像，那就是希望帶進很多以年輕人為主的新創團隊，讓它成為大臺北地區最重要的文化創業街區。……因此，我指認大稻埕最重要的五種產業與文化資源，包含茶、布、農產（含中藥和南北貨）、戲曲與建築，希望鼓勵與輔導的新創團隊都跟這五類有關，以實現大稻埕成「大藝埕」的文化創業基地。

我們本身就建構一個理念相同、兼具創業人與創作人的社群，再加上我們所帶進來各式的關係人與客人，我估計因為我們在這裡經營而形成社群與網絡，已連結數千人的參與。……當我把大稻埕連結到 1920 年代，一個可以連結全人類文化資產與精神資產的年代，大稻埕就不在只是地域性的意義，它本身具有的文化資產內涵，可以激發更多新世代產生更多的創意。（受訪者 P1 口述，本文作者整理）

四 文化創業做為一種公共參與

　　如果我們視文化公共領域為兼具物質媒介與言語表述的聚合實踐，在歷史街區的文化創業，是透過遺產詮釋來連結地方想像與街區發展的商業實踐與價值倡議。換句話說，品牌實踐所推出的產品或體驗可視為文化論述與觀點溝通的媒介，更重要的是持續透過發聲的管道，讓創業實踐、消費與媒體形成多樣的聚合關係與價值認同。以本研究的十位文化創業者來說，文化創業的實踐過程往往伴隨著各式實體與數位的媒體行銷，透過價值倡議來增強意義建構與感性體驗，常用的方式包含社群軟體（例如臉書或部落格）或圖書出版，藉此增加社群的認同與擴大影響力。舉例來說，2019 年「世代街區股份有限公司」出版《大稻埕賣小藝：世代街區十年創生》介紹「世代群」十年來如何在大稻埕以微型創業聚落的模式，透過十棟街屋與三十個文化創業團隊，共同面對街區經濟活化、老屋新生與文化振興的議題。藉著此書「世代群」創辦人周奕成進一步闡述在大稻埕進行文化創業的公共利益：「我先講世代群的最終目標，是創造一個有認同的價值社群。……大稻埕經過這十年的改變之後，全臺灣對歷史文化有興趣的文化創意人都會來。這是我們可以接觸到這群人的地方。（周奕成口述，引自張婉昀，2019: 9-10）」同樣地，2017 年「台北城市散步」團隊出版《台北城市散步：走過不路過》，來傳達他們對於透過文化導覽來想像城市的過去、現在與未來，各種社會議題與導覽主題策劃的背後，倡議著城市歷史記憶與文化資產保存的重要性。同時，文化創業做為一種介入歷史街區發展的公共參與，在「世代群」或者「台北城市散步」的實踐例子中，除了做為創業者或品牌本身對於大稻埕歷史街區的價值倡議的影響外，文化創業的運營過程就是一個串聯各式參與者的聚合策略，透過商品或服務體驗過程，試圖建構大稻埕永續發展的社群觀點與認同途徑。

數十年來，因為有前人的努力，透過導覽或推動文化資產保存，台北城市散步團隊才有機會發展出收費式導覽商業模式，也期待我們持續發揮影響力、讓更多人認同參與文化資產保存。（邱翊，2017: 93）

近三年台北城市散步已策劃二百五十條導覽路線、執行一千五百場、二萬五千人次參與，這些是由一百多位導覽老師協助，及老客戶們的新臺幣支持才能完成。……本書各議題來自過去台北城市散步團隊所策劃的各個主題，代表台北這座城市的，從淡水河流域水資源、各歷史聚落脈絡認識臺北的過去，有形與無形文化資產保存、各種社會議題探討現在臺北的樣貌與多元觀點，期待您與我們一起參與臺北的未來想像。（邱翊，2017: 14）

此外，對於參與者體驗文化創業品牌相關產品或服務的觀察，我們可從各式網路平臺上的評價留言裡，初步看到部分正面的體驗回饋意見，連結到文化創業品牌理念與地方發展願景。舉例來說，在 Google 評論中可看到以下的留言：「（台北城市散步）帶領大家進入過去體驗美好歷史，為與未來發展提出共存展望。用心經營居民與城市之間的關係。導覽豐富多元。」、「（舒喜巷）可以久待或與老闆、鄰居交流、還可以認識文化，就像它的 slogan『遇見久別重逢的美好事物』一樣，感覺遇到了記憶中很美好的自己。」與「（老桂坊）闆娘本身是位設計師，對於推廣在地文化有著很濃厚的深度與感情，想瞭解大稻埕文化與歷史背景，可以多和闆娘聊聊，借由這些故事，連結創造文創的產品，希望大家多多支持，這樣好的商家才有辦法繼續延續下去。」同時，藉由殷寶寧（2019）的大稻埕田野研究，也發現這些以文化或藝術介入大稻埕街區的創業團隊，蘊含著高度社會參與的想像。以「台北城市散步」或「舒喜巷」來說，殷寶寧發現創業團隊對於在地歷史文化的嚴謹態度與活動策劃品質，不只得到部分社群或職人的認同，願意加入成為各式活動的成員夥伴，消費者也因為對品牌的信任願意付費來體驗。

簡言之，如果創業者是文化價值與社會重要性的倡議者，那協力夥伴或消費者可進一步強化倡議的影響力。

　　除了企業或品牌擁有各自的社群媒體發聲，許多臺灣主流媒體與公共媒體的採訪報導，也擴大了大稻埕文化創業的論述性場域與相關效益。透過文化創業家的獻身說法，一方面介紹個別文化創業的商業實踐，另一方面在論述上展現文化創業對於公共利益促進的可能性。而這可能性對於個別文化創業來說，就是架構在關於大稻埕過去的美好想像、創業實踐的現實策略、大稻埕未來的永續發展等三者的連結，重要的是文化創業者表述關懷的「公共」，可能是牽涉更大的議題，包含產業轉型、文化保存、青年創業與未來臺灣等；而這種大稻埕文化創業超越地域性的公共關懷，可從許多廣播或電視節目製作的文化創業故事標題即可看出，舉例來說，2020 年 7 月 8 日在中央廣播電臺之「臺槓新聞」專訪「世代群」創辦人周奕成的「從大稻埕的過去看台灣的未來」[1]、2016 年 2 月 28 日 TVBS《一步一腳印》專訪「衣戲院」創辦人蘇光展的「臺灣的成衣產業大稻埕的時尚基地」[2]、或者 2020 年 5 月 14 日公視之新聞平臺《Peopo 公民新聞》專訪「飲 JOY」創辦人王聖鈞的「百年老茶行有記名茶推文化教育拚轉型」[3] 等。從這些文化創業故事的報導，我們可進一步觀察到具關係性、現實性與表演性的創業敘述，是交織著大稻埕文化資產的個別詮釋、大稻埕文化創業的創新策略、大稻埕永續發展的跨域影響，而這個共同說故事的邏輯與傳播，使得文化創業做為介入歷史街區發展的公共參與，提供一種關於城市過去、現在、未來的想像表述與聚合實踐。

1　資料來源：https://cn.rti.org.tw/radio/programMessagePlayer/programId/1541/id/115714

2　資料來源：https://www.youtube.com/watch?v=vY7Fr7p9Yoc

3　資料來源：https://www.peopo.org/news/457221

　　然而，本文所強調透過歷史街區文化創業而形成的公共參與，也帶出幾個問題值得未來進一步研究，包含消費性活動與文化資產保存之間的價值衝突、創業者與在地社群的價值衝突、以及不同創業團隊之間因地方願景差異，而形成不同的認同群體等。筆者在大稻埕田野調查過程中，也可感受到因關於價值與願景歧異，所帶來的認同張力或反思。從在地社群與外來創業者的實踐風格差異（如下 P10 與 P6 口述資料），到不同產業與專業的詮釋取向差異（如下 P8 口述資料），我們可發現遺產使用的本質之一：遺產的價值總是取決於定義者的論述與知識（Smith, 2006）；同時，遺產使用的歷史連結必定是片段的、選擇的、現實的，甚至是不真確的（Lowenthal, 1998）。這看個別詮釋取向的遺產使用特質，並不意謂著無法帶出積極的共有價值與公共性；相反地，當我們重新思考歷史與遺產學者 David Lowenthal（2015: 1）的想法：「去關心就是去使用，去使用就是去改造過去。不斷重塑，重塑的過去就會不斷重塑我們。」（To care is to use, to use is to transform the past. Continually refashioned, the remade past continuously remoulds us.）在歷史街區文化創業的遺產使用積極性可能就在於：以消費體驗為媒介，不同創業品牌策略地多元詮釋，這過程不只可使一個歷史街區變得更人性化（humanized）、個性化與故事化；更重要的是，任何的詮釋觀點與實踐成果，對於不同形式關心街區發展的人來說，都可能成為一種地方願景再想像的參考或反思。

> 譬如說 URS 或某些特定的團隊，他們來這裡發展，所面對的事都要有話題性或要建立形象，而這群人（在地職人與老商家）又不想配合他們那種作秀虛花的事情，咱廟口囝仔嘸咧做這款代誌。（受訪者 P10 口述，本文作者整理）

> 或許有人會說，因為許多文創商店進駐，那個房租都變高，然後老行業都收掉。我說大稻埕已經沒落那麼多年了，就是因為文創進來，我們文創會做什麼呢？我們會講故事，所以媒體喜歡我們，所

以大稻埕才會一再一再被報導。……這個地方就再度被看見，你的老行業有生意才能繼續，我們在做的就是這樣。（受訪者 P6 口述，本文作者整理）

我也認同周大哥對 1920 的相關論述，那是對於一個美好年代的想像。但問題是大稻埕不只是 1920 跟 1990 啊！中間有 1950，有 1970，我的父母他們都生活在那些年代，都在這留下痕跡，所以你不能抹去這一段，直接往前跳一百年啊。就像是歷史建築修復這件事情，我們現在碰到很多文資委員，都直接跟你講說，你就修成它當初起造時候的樣子。假如光和歷史都是一種經過的概念，每一段，都會留下些什麼，那這些事情都應該被記錄跟保存，都有它的價值。（受訪者 P8 口述，本文作者整理）

　　文化創業做為歷史街區發展與文化公共領域的一環，是關於「公共的」文化、遺產、地方的再想像與意義創造。文化創業的商業實踐與說故事歷程，可視為地方願景再想像的公共參與形式之一，然而這種透過創業家、消費者、與媒體社群形成的聚合關係與價值倡議，主要訴求公共議題的創新觀點與消費認同的情感溝通，較缺乏街區集體共識的彼此交集。換句話說，歷史街區文化創業與公共領域發展，大多傾向表演式的政治表達與文化創造。這個傾向並不意謂著文化創業沒有與多元的街區關係人或在地社群交流溝通；而是強調品牌化與個性化的文化創業，「共同」說故事的策略往往是分眾與觀眾導向的溝通活動，必然導致遺產詮釋與地方想像的觀點競逐與認同差異。因此，在歷史街區裡的文化創業，如何在創造地方想像與促進公共利益之間，達成更多的公共性對話與包容，仍是探索歷史街區永續發展要進一步思考的所在。

五 結論

　　本文透過大稻埕歷史街區文化創業敘述的研究，指出文化、遺產、創業交織所展現的公共領域，是以主題式的商品與服務為媒介，連結過去美好與未來願景；並透過各式消費體驗報導與媒體輿論創造，共同聚合成都市想像與地方永續發展的倡議。換言之，文化創業的公共領域，不只透過商業活動形成訊息交流與需求表達的網絡，更藉由文化資源的運用與詮釋，成為公共價值與意義的論述發聲地。因此，在當代消費社會發展過程中，文化創業可成為公共參與的方式之一，也可能是當代建構地方感與社群想像的重要途徑，因為文化創業的論述與實踐，不同程度地涉及到「公共的」文化、遺產與地方會成為如何的想像。

　　做為一個商業區，大稻埕地區自 19 世紀中後以來就是創業的熱點；2000 年之後，做為一個歷史風貌特定專用區，大稻埕已成為都市保存與文化創業的討論熱區。文化與商業之間的關係在大稻埕是相輔相成，不管是豐富商業活動衍生的產業脈絡與歷史記憶，或者街區遺產化後累積的地方文化資本與體驗消費需求，大稻埕做為一個地方品牌，已累積多元軸向的品牌形象與象徵意義，本研究所揭示的十個文化創業個案，具有「文化品牌地方化」的發展特徵（廖世璋，2016: 252），包含自身品牌印象連結地方形象、形成地方文化產業鏈、與關懷地方的文化發展。文化創業結合文化（論述）、創意（策略）、產業（資源）共同說故事過程，所展開的文化公共領域是文化資源或遺產再利用的多元表述；從這觀點來看，本文從創業論述層面連結文化創業與公共領域的討論基礎，可開啟更多關於文化創業如何實質增進地方公共利益與價值，從地方文化創生到地方整體發展效益，來思考文化創業做為當代文化治理重要一環的可能性。

參｜考｜文｜獻

Habermas, Jürgen（著），曹衛東等（譯）。2002。《公共領域的結構轉型》。臺北：
聯經。

李丁讚（2004）。〈公共領域中的親密關係：對新港和大溪兩個造街案的探討〉。收錄
於李丁讚（主編），《公共領域在台灣：困境與契機》（頁 357-395）。臺北：桂
冠。

林崇傑（2008）。〈台灣運用容積移轉於歷史保存之政策與實踐之檢討〉。《文資學報》
4: 27-92。

邱翔（2017）。〈序言：這城市加了洋蔥〉。收錄於《台北城市散步：走過不路過》
（頁 12-14）。臺北：奇異果文創。

邱翔（2017）。〈大稻埕很重要〉。收錄於《台北城市散步：走過不路過》（頁 84-
93）。臺北：奇異果文創。

郭肇立（2009）。〈戰後台灣的城市建築保存與公共領域〉。《建築學報》67: 81-96。

張又文（2011）。〈新節慶的誕生一年貨大街〉。《文化研究月報》121: 2-21。

張婉昀（2019）。〈有倡議就自己實踐以微型創業聚落打通大稻埕文化經濟新活路：
專訪周奕成世代群創辦人〉。收錄於《大稻埕賣小藝：世代街區十年創生》（頁
4-13）。臺北：世代街區。

殷寶寧（2016）。〈創意街區、飲食文化與都市再生：臺北市大稻埕迪化街美食地景
與文創轉向〉。《文資學報》10: 28-65。

殷寶寧（2019）。〈從藝術介入、創意市集到社區記憶再現 —— 大稻埕都市再生的後
博物館想像〉。《博物館學季刊》33(2): 29-47。

廖世璋（2016）。《地方文化產業研究》。高雄：巨流。

顏亮一（2006）。〈市民認同、地區發展與都市保存：迪化街個案分析〉。《都市與計
劃》33(2): 93-109。

顏亮一（2014）。〈都市規劃、公共利益與社會正義 —— 從樂生療養院保存運動談
起〉。《城市與設計學報》21: 115-138。

Campbell, Elaine (2013). Public Sphere as Assemblage: The Cultural
Politics of Roadside Memorialization. *British Journal of Sociology* 64
(3): 526-547.

Gartner, William B. (2010). A New Path to the Waterfall: A Narrative on a Use of Entrepreneurial Narrative. *International Small Business Journal* 28(1): 6-19.

Gartner, William B. (2007). Entrepreneurial Narrative and a Science of the Imagination. *Journal of Business Venturing 22*: 613-627.

Gehman, Joel & Soublière, Jean-François (2017). Cultural Entrepreneurship: From Making Culture to Cultural Making. *Innovation* 19 (1): 61-73.

Habermas, Jürgen (1992). Further Reflections on the Public Sphere. In Craig Calhoun (ed.), *Habermas and the Public Sphere* (pp. 421-61). Cambridge, MA: MIT Press.

Hall, Stuart (1999). Whose Heritage? Un-settling 'the Heritage', Re-imagining the Post-nation. *Third Text* 13(49): 3-13.

Harrison, Rodney (2013). *Heritage: Critical Approaches*. London and New York: Routledge.

Hauser, Gerard A. (1999). *Vernacular Voices: The Rhetoric of Publics and Public Spheres*. Columbia, S.C.: University of South Carolina Press.

Hinchman, Lewis P. & Hinchman, Sandra K. (2001). Introduction. In Lewis P. Hinchman & Sandra K. Hinchman (eds.), *Memory, Identity, Community: The Idea of Narrative in the Human Science* (pp. xiii-xxxii). Albany: State University of New York Press.

Hosking, Dian-Marie & Hjorth, Daniel (2004). Relational Constructionism and Entrepreneurship: Some Key Notes. In Daniel Hjorth & Chris Steyaert (eds.), *Narrative and Discursive Approaches in Entrepreneurship* (pp. 255-268). Cheltenham, UK: Edward Elgar Publishing.

International Council on Monuments and Sites (ICOMOS) (2008). *The ICOMOS Charter for the Interpretation and Presentation of Cultural Heritage Sites*. http://icip.icomos.org/downloads/ICOMOS_Interpretation_Charter_ENG_04_10_08.pdf (accessed December 22, 2020)

Khaire, Mukti (2017). *Culture and Commerce: The Value of Entrepreneurship in Creative Industries*. Palo Alto, CA: Stanford University Press.

Leadbeater, Charles & Oakley, Kate (1999). *The Independents: Britain's New Cultural Entrepreneurs*. London: Demos.

Lounsbury, Michael & Glynn, Mary Ann (2001). Cultural Entrepreneurship: Stories, Legitimacy, and the Acquisition of Resources. *Strategic Management Journal* 22(6-7): 545-564.

Lounsbury, Michael & Mary Ann Glynn (2019). *Cultural Entrepreneurship: A New Agenda for the Study of Entrepreneurial Processes and Possibilities.* Cambridge: Cambridge University Press.

Lowenthal, David (1998). *The Heritage Crusade and the Spoils of History.* Cambridge: Cambridge University Press.

Lowenthal, David (2015). *The Past is a Foreign Country-Revisited.* Cambridge: Cambridge University Press.

McGuigan, Jim (2005). The cultural public sphere. *European Journal of Cultural Studies* 8(4): 427-443.

Silberman, Neil A. (2013). Heritage Interpretation as Public Discourse: Towards a New Paradigm." In Marie-Theres Albert, Roland Bernecker, & Britta Rudolff (eds.), *Understanding Heritage: Perspectives in Heritage Studies* (pp. 21-34). Berlin, Boston: De Gruyter.

Smith, Laurajane (2006). *Uses of Heritage.* Abingdon and New York: Routledge.

Staiff, Russell (2014). *Re-Imagining Heritage Interpretation.* London: Routledge.

Steyaert, Chris (2007). Of Course That Is Not the Whole (toy) Story: Entrepreneurship and the Cat's Cradle. *Journal of Business Venturing* 22(5): 733-751.

▼

翻轉市街

彰化市文化生活的內縮與流溢

—— 高郁婷 ——

中央研究院民族學研究所博士後研究學者

一 前言：公共領域的在地化

蘊含地方社會特殊歷史軌跡的城市空間配置（spatialconfiguration），如何牽動公共領域（public sphere）的可能樣態？2010 年以後，彰化市有許多年齡介於 30 至 50 歲左右、擁有豐富異地遊歷經驗、以及企劃和策展能力的在地進取（enterprising）行動者，開始利用自家店宅或鄰近空地，策動具有社會連結意涵的講座、商業經營模式、和節慶。這些策劃者經常為小店店主，而非藝術家或文化人，然而，他們基於自身需求創發的小店和串聯舉辦的節慶，傾向彌補既有文化館舍或公共空間無法滿足的活動型態，並成為凝聚地方社群及問題意識的場域；同時，這類場域的萌發、維繫以及樣態，和彰化的城市特性密不可分。

通過近年彰化市行動者演繹的「文化生活」（cultural life），本文試圖呈顯空間的歷史形構（historical formation of space）總是密切關連公共性的在地意涵和萌生方式。筆者定義文化生活為通過藝術、設計、美學、知識交流和策展 —— 即一般認定的文化活動 —— 中介和實踐的生活方式。強調「生活」，意謂本文關注的文化活動是源於社會而非政府機構，希望凸顯的實踐者是在地常民，而非僅是藝文圈或少數知識分子。文化生活著墨的因而是逸離在體制外的自發實踐，尤其能讓我們體察具備市民社會意涵的公共性萌生的條件與可能。

筆者對彰化市文化生活網絡的認識乃奠基於自身約四年半（2016 年年中至 2021 年年初）的長期觀察與研究，訪談對象包括組成網絡的店家、藝文工作者和在地知識分子，另也訪問與網絡有較多接觸的關鍵政府人員。不過，本文因強調體制外的在地實踐，文中引述以常民行動者為重。通過呈現這群人的經驗，筆者主張，現代化過程中的「公共」空間，難以支持新興的文化生活。此時，傳統的私有產權透天厝，則成為關鍵行動者的落腳處，成為由下而上的「文化基礎設施」（王志弘、高郁婷，2019b）。通過串聯，獲得立足之地的文化生活有可能外溢，回頭影響公共性封閉的市街。

　　經由彰化市案例，筆者希望補充在公共領域議題中較少談及的空間和物質議題，也強調本地脈絡和歷史條件，對於掌握公共領域之於常民生活的意涵至關重要，是建構在地化公共領域的基礎 —— 而非都會（non-urban）區鄉鎮，反而蘊含諸多啟發資源。下文首先回顧空間歷史形構之於「公共」概念的關係，指出辨認傳統形式的重要性。接著，筆者通過彰化市空間配置之生產，帶出市內現代公共空間的侷限，進而以案例揭示體現傳統性的店宅和廟埕，在 2010 年以後成了具社會連結效果之公共性的重要基礎。

二　植基傳統的公共： 辨認在地生活的空間歷史形構

　　「公共」（public）這個字眼在不同歷史階段意涵各異。哈伯瑪斯（Jürgen Habermas）在 *The Structural Transformation of the Public Sphere*（1991〔originally published in 1962〕）中開篇即闡述歐洲世界公共（public）意涵的轉變。這個詞一開始對應的是統治集團優越的社會地位，這少部分的人因能夠決定其領民或領地的命運而享有眾人關注（publicity）。16 世紀以來，早期重商資本主義的運作、現代國家的成型與出版業的發展，則逐漸改寫公共的形構，包括報紙的流通令平民（commoner）益發成為公共事務（儘管仍被菁英把持）的閱聽眾。至 17 世紀，隨著資產階級擴張、對公共事務予以評論和介入，公共領域（public sphere）才更進一步跳脫莊園、宮廷或國家的權力場域：城鎮中心的飯店、咖啡館和餐桌聚會這類消費或社會地點成了生產公共事務針砭言論的場所，而裡面的參與者也逐漸由傳統貴族轉為一般人（private person）（Habermas, 1991: 1-30）。

　　儘管公共領域並不侷限在實體空間，但哈伯瑪斯必須描繪「公共」在每個歷史階段的型態 —— 例如封建領地、帝國宮廷、貿易擴張、報章雜誌的

流通和城鎮的咖啡館等 —— 方能界定當代資產階級的公共領域，而他也呈現每個階段的型態總是脫胎自前一個階段的傳統。具有現代意涵的公共領域因而是不斷與母體形制鬥爭而來，相對地，傳統性幾乎總是以鮮明的形式性示人。國與家、集體與個人、公共與私人的實際內涵和演繹場域，便是在重塑空間歷史形構（historical formation of space）的過程中不斷變化。

可以預期，公共領域據以鑲嵌的「文化」必然也會見證意涵和形式的持續轉變。哈伯瑪斯指出具有廣泛政治意涵的公共領域，前身是「文字世界的公共領域」（literarische Öffentlichkeit），因為 18 世紀的讀書間、戲院、博物館和沙龍是知識分子和貴族誇誇其談之所，而藝術和文學則是其談論主題。所以如此，是因為文化此時正逐漸變成哈伯瑪斯所謂「假裝僅為自身存在的商品」（Habermas, 1991: 29），而這也是布狄厄（Bourdieu, 1996〔originally published in 1992〕）指出文學場域發展出自主性（autonomy）的時期。於是我們看見如此圖像：崛起的大眾消費生活催生了立足於咖啡館的公共領域，令文化成為訓練一般人反思和表達能力的主題；同時，個殊化的文化場域也由此萌生 —— 須通過談論廣泛的政治和經濟議題，自藝術和文化起頭的社群才能確立自身在大眾消費場所的正當性（Habermas, 1991: 33）。普遍化的文化 —— 當時此地的生活方式（ways of life）—— 創造了公共性立足的場所（咖啡館），個殊化的文化（藝術和文學創作）從而進入大眾視野，但它卻也須不斷回頭向普遍文化爭取肯認。

學界如今提及公共領域時經常預設了某種價值或目標。已然進入文化場域的知識分子和藝文從業者，也經常期許自己是回頭影響政治和經濟議題的社群之一員。如此期許意味著，多數研究提及公共領域時是在探索已然成形的場域及其影響力，但少有研究探討場域出現的條件，或者說，允許公共性立足的文化形式。多數時候，哈伯瑪斯這個經由歐洲經驗得出的當代公共領域概念，被視為值得追尋的目標，或據以評斷或分析社會現象的理念型（ideal type）（如吳介民、李丁讚，2005；鄭邦彥，2016）。相關研究探討公共領域如何成形時多著墨行動者及其社會關係，未回溯令行動者浮現的普

遍文化，或普遍文化的歷史型態。周馥儀（2007）的碩士論文《開展公共領域・擊向糖業帝國主義 —— 論台灣知識分子的糖業書寫（1920-1930 年代）》，則指出日治時期匯集了不同社會階層的現代公共領域，是奠基於殖民現代國家行政體系及資本主義計畫經濟體制。這是國內少數將公共領域之成形與歷史階段的關係拉到前景的研究。然而，她的分析對象以知識分子關於糖業政策的評論、報導和文學作品為主。換言之，她談論的是已然成為文化場域，試圖爭取社會認可、也試圖影響社會的知識分子，而非促成這群人形成的普遍文化（當時此地的大眾生活方式），以及孕育他們的空間形式。

然而，正如哈伯瑪斯的示範，指認傳統性中有潛力滋養公共性（屬於市民社會的那種）的在地形式是項不容小覷的工作。唯有如此，「公共領域」才會找到它本地社會的根柢，而非僅是知識圈的虛懸理念（當然，屆時我們可能會發覺，我們需要發明其他概念方能捕捉本地社會的實際狀態）。楊弘任（2011）通過 1990 年代後的社區總體營造討論「在地性」時，即認為那或許以血緣、地緣、祭祀圈為具體展現的「在地公共性」，相較於以西方啟蒙理性為價值的「外來公共性」，更直接影響了實作策略的路徑，在全球化時代下尤值得我們重視。

這並不表示西方先驗的審慎思辨（critical reasoning）價值不重要。然而，不能否認，理性討論、針砭時事不會是日常生活的常見場合，而是經常囿於知識分子社群。社會上多數人是在地方既有條件的框構下行動。如果我們希望理解公共性自臺灣常民社會萌生的機會與限制何在，那麼，釐清與現代交纏的傳統形式如何影響公共在地方的可能樣態，就有其重要性。同時，這也意味著，我們若想掌握文化與公共性的關聯，探索進入體制之前、存在於在地生活形式裡的文化，是不可少的過程。

隨著 2000 年後文化經濟崛起，藝術與文化議題在國內政治場域上的能見度驟增，學界也隨之投入相關政策、建設及其實際效果／後果或倡議的研究（如古宜靈，2005；王俐容，2006；林政逸、辛晚教，2007；林文一，2015；殷寶寧，2015、2020；邱淑宜，2016），並指認文化益發成為都市

治理場域的趨勢（王志弘，2003、2014）。其中，民間社會及工作者儘管被納入討論，但經常是做為體制特性的顯影（如體制如何通過行動者建構，或論述與實際狀況的差異等）。至於體制之外的民間文化究竟是如何立足、呈現怎樣的生態，則非探究重點。然而，這塊相對被忽略的層面，卻也是公共性的活力之源。

王志弘與高郁婷（2019b）梳理戰後臺北市藝文場所的演變，指出藝文場所原囿於由上而下的官方建築，至 1980 年代以來則增添了民間自主開設，既做為消費空間（咖啡廳或書店）又承載了進步社會價值和社群意識的私人場所，後者經常具有公共領域或具有異托邦（heterotopia）意涵，但也為支付租金或應付現代都市計畫體系而可能隨時消失（參見王志弘、高郁婷，2019a）。作者由此主張都市文化治理應「容許更多激發可能性的皺褶（folding）」，方能「鋪展出基礎設施化的文化生活網絡」（王志弘、高郁婷，2019b: 2）。

系統化的結構或許能創造諸如都市計畫這類對異質日常生活粗暴分類和管制的領域化力量（territorializing force），並且總是試圖抹除不完全依其所願排佈的城市紋理 —— 可能是與人相對無關的物質或環境，但更多時候則是人類營造環境的產物 —— 此即所謂擾動領域化邏輯的皺褶。但是，皺褶若消失，有機的日常實踐及其內蘊的創造性潛能，很可能也會隨之沉寂。畢竟千百萬種的異質人類慾望和遐想，總是傾向改變抽象化、均質化的領域質地，試圖尋覓甚至創造自己能立足的物質基礎。這也意味著，動態、豐盈、能夠允許人類自我實現的文化，其實奠基於雜亂無章的平凡日常。那種屬於市民的公共性，因而必須從日常生活而非藝術和文化場域尋找其根柢 —— 而那種能夠展現豐沛市民社會活力的文化，會需要能夠如基礎設施般支撐起其日常運作的空間和物質配置。這意味著，比起大型館舍建設，萌生自民間、體制之外的場所，或許更關鍵，也值得我們探討其在地的實際載體。下段即從現代化進程的角度去討論彰化城的空間歷史形構，帶出公共性在現代性意義下的侷限，為後續討論傳統性潛能做鋪展。

三　有限的現代性：
拒斥社會連結的公共空間

　　彰化市源自清代。彰化設縣於 1723 年，建城於 1734 年，彰化縣城即今彰化市所在地。彰化市面積約 65.7 平方公里，東鄰八卦山脈，北接大肚溪與臺中市相鄰，不論靠鐵路或汽車，兩地交通時間皆在三十分鐘以內。彰化市至 2020 年 5 月為止戶籍人口約 23 萬 2 千人（彰化縣政府民政處，2020）。其中，大約 20 萬人居住在占彰化市總面積 18% 的都市計畫範圍內，而其中的商業區多集中在火車站前約 70 公頃的範圍（彰化縣政府，2019），與如今仍清晰可見的鵝蛋狀舊彰化城輪廓疊合（圖 1）。

　　「發展」頗為有限，使這座城市在空間配置上保有顯著的傳統性。若我們檢視彰化舊城紋理，可以發現許多曲折蜿蜒的巷弄以及廟埕，仍隱身計畫道路背側。彰化是臺中衛星城。不論是日治時期做為殖民現代性體現的現代都市計畫，或者是 1960 至 1980 年代的高速工商成長期，都沒能有效影響其舊城樣態 —— 而 1990 年經濟成長趨緩乃至 2010 年人口進入負成長後，這個不具投資吸引力的次級城市，更與刮去重寫式的土地開發無緣，導致割裂人土關係的現代化力量僅能有限地浸染城市紋理。

　　本段討論彰化市當代由國家和資本主導生產的「公共空間」如何昭示有限發展下失落的現代性許諾，顯示在城市景觀難獲民眾認同，以及地方政府對官方館舍是保守管理，而非進取治理。如此邏輯令公共空間僅能承載封閉的私人化活動，而非增生性的社會連結場合。

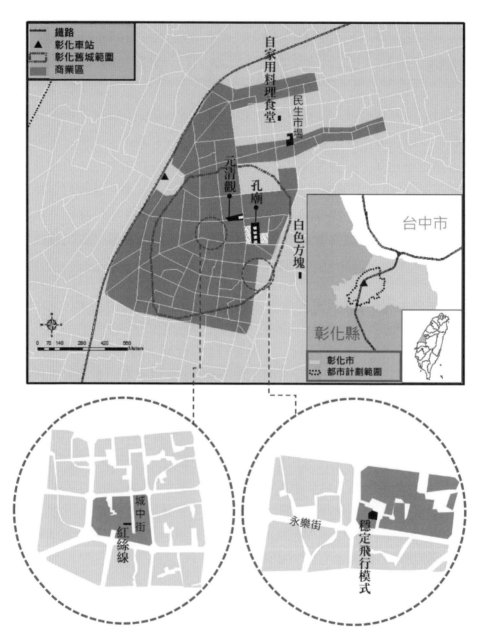

圖 1　本文提及之彰化市文化生活案例與城市空間關係圖：在舊城區，許多小路在
　　　計畫道路背後蜿蜒，而做為文化生活重要節點的店宅則可能隱身其中。

資料來源：筆者自繪。

（一）發展有限的城市景觀

日治時期的市區改正 [1] 和機關建設，生產出彰化市如今的「公共空間」雛形，而它屬於國家權力而非人民。例如，實施市區改正後，日人建立東側八卦山神社、公會堂、武德殿以及郡役所為權力端點，往西進入市區，有現代行政和商業機構，包括郵便局、銀行、市役所、警察署、市場，最後則是西側端點的現代交通設施，即車站及鐵路附屬設施。

戰後，隨著臺灣捲入新的世界貿易分工體系、進入工商成長期，城市公共空間引導資本積累的功能更形強化，吸引那些亟欲「發展」的主體一同投入建設：1970 年代，在國家道路建設的加持下，彰化市的聚落範圍明顯擴展。然而，應工商發展沿著大型幹道往舊城外增建的廠房、工業住宅、娛樂場所等，在 1990 年代製造業向海外遷移後漸失功用，而隨著高速公路增加了城鎮與都會間的交通便利性，連舊城內曾經繁盛的在地商業活動也逐漸蕭條。

戰後由國家引導、資本建構，供財貨快速流通的現代市街，只是膨脹了一陣便呈消頹之勢。最終，彰化市街道上沒能發展出如臺北一般的高樓大廈。即使在核心商業區，計畫道路的沿街立面幾乎全是四、五層透天厝，顯示市區土地開發強度的極限。氣派的高層商場、百貨公司和電影院與彰化無緣 —— 戰後彰化人的共同經驗便是常跑臺中，造訪這些他們求之而不可得的消費場所。[2]

1　日本政府在 1906、1936、1937 和 1938 年發布過四次關於彰化的市區改正計畫。總督府於 1935 年公布推行市區改正五年計畫，彰化市區改正施行的最大進展是在 1935 至 1938 年間（參考自吳俊龍，2010）。

2　「彰化沒有百貨公司」被地方媒體形塑成彰化人的痛，而這種說詞也影響了彰化居民的自我認知。僅以近期一則報導彰化即將要有百貨公司的新聞節錄為例：「**全國六都之外百萬大縣的彰化縣即將建縣 300 年，至今都還沒有像樣的綜合商場，民眾逛街購物消費老往臺中跑，喊要蓋百貨公司的聲音很久了，一直處在紙上談兵的階段，今年終於有兩個許可年限都是五十年的商場興建案同時上網招商。**」（張聰秋，2021）（粗體為筆者所加）

（二）止於皮相的官方文化治理能力

　　彰化的城市景觀不是「現代」都市該有的樣子，這令它頗為辜負在地人的期許。不過，做為彰化縣行政中心，彰化市該有的公共服務其實一概不缺。行政機關、醫療院所、銀行和「文化」館舍林立。尤其歷年文化館舍的名目和功能演變，顯示彰化市即使「次級」，但未在臺灣社會的文化治理走向及其意涵轉變中缺席。

　　例如，1955 年設置的社會教育館原扮演黨國意識宣揚工具，1990 年代，威權體制鬆綁，社教館改隸教育部，在地任務改為推行全民終身學習（國立彰化生活美學館，N.D. b）。2000 年後，官方文化館舍開始倡議生活體驗、創意、美學與藝術。社教館因而在 2008 年改為「國立彰化生活美學館」，改隸行政院文化建設委員會（2012 年成為文化部），願景為「結合地方與中央推動生活美學運動，推展全民美育、提倡文化創意產業、落實文化公民權，進而營造舒適美麗生活空間」（國立彰化生活美學館，N.D. a）。又例如，原日治時期公會堂戰後擔任不同功能，包括彰化縣議會、國民黨市黨部、彰化市清潔隊及彰化市公所聯合里辦公處等。2002 年，這個長期與藝文無涉的場址由縣府主動登錄歷史建築，整修後於 2005 年改作「彰化藝術館」（由彰化市公所管理）。這些館舍允許民眾租借，舉辦個人書畫展、茶會，或課程。

　　然而，即使有追隨首都圈文化治理轉向的硬體機構和登錄作業，由於行政資源和地方社會的特性差異，地方政府並不會理所當然地習得新的文化治理技術；地方政府不會理所當然地能夠去調整、知道如何去調整，或者會想去調整法規和處事方式。對於人力和財力有限，藝文消費能力和市民對文化相關議題的關注又不如臺北市的諸多地方政府而言，硬體文化館舍在曇花一現的政績宣傳效果過後，因而往往是採最不會擾動既有制度慣性的管理邏輯去運作，而非積極增加空間運用強度的策化邏輯。換言之，文化硬體建設和官方興辦的文化活動往往只有表面妝點效果，不會顯著影響地方公務體系和

當地社會深層的行事思維。彰化地方政府的情況也是如此。2010 年後，當那些異地遊歷經驗豐富、30 至 50 歲左右的青壯年試圖舉辦節慶或活動，租用館舍甚至動用其戶外空間時，他們因而感到借用流程僵化、不友善。

以賴和文教基金會舉辦的賴和音樂節為例，2010 年第一屆音樂節辦在彰化演藝廳，基金會在連絡過程中深切認知到公部門僅願意租借場地，不願在此之外多做溝通。此外，基金會也發現，室內活動不符合彰化人脾性：「我們一般印象中覺得音樂會都是坐在殿堂裡面，臺北都是這種習慣。可是，中南部的一般民眾，最親近是在公共空間，在彰化，也的確就是這樣。」（周馥儀）為了擴大民眾參與音樂節的可能，基金會接觸彰化市公所，洽談 2011 年第二屆賴和音樂節在彰化藝術館前廣場舉辦的可能性。最後，音樂會成功舉行（廣場此前未有過這類民間藝文活動先例）。然而，與市公所的協商過程仍困難重重。

對於那些有豐富異地經驗的青壯年而言，彰化的保守落後不僅在於城市景觀，缺乏進取態度與創意策劃能力的公部門更是問題所在。以管理主義而非積極活化邏輯運作的公共空間（包括室內館舍和戶外空間），則是其體現。理應做為（地方）國家象徵的公共空間，反而凸顯了地方政府治理能力的有限性。因為這些空間僅能應付個人化的要求，例如封閉的畫展、茶會、攝影展、開幕式等，或政府自己舉辦的活動，卻無能納入 —— 也因此拒斥 —— 那些訴諸廣泛社會連結、人潮來去的民間場合。那種水平而非垂直，生成性（generative）、普遍化（generalized）而非個殊化（particularized）的公共性，意即那種允許個人自主創發（而非僅受體制規範或召喚）、面向普遍在地社會成員，從而更有機會促發市民主體及其連結的場域，難在僵固的現代公共空間施展拳腳。

四 文化生活的內縮與外溢：從店宅到市街

　　所謂的現代公共空間——包括街道、官方館舍及戶外廣場——僅以消極管理而非積極策劃的方式在運作，讓那些希望營造社會連結場合的行動者必須另覓場所。此時，看似掣肘現代化進程的「傳統性」（及發展的有限），反而是養分所在。因為彰化城的傳統性往往仍舊支持在地日常及其人際關係，且以實體空間遍布城內，社會連結能在此找到實質基礎。以下筆者通過彰化市小店主策劃的活動，及其所立足的私人透天厝店宅，和兼具公共與民間性質的廟埕空間，闡述彰化市 2010 年以後的文化生活，如何由內而外找到實體基礎、連結社群、甚至影響公部門。

（一）策展透天厝：繫於傳統店宅的社會連結

　　透天厝這樣的建築型態代表介中的發展程度：不似公寓為主的都會區那般高強度開發土地、分割產權，也不似鄉村地區的單層合院那般低度利用土地。透天厝對於 1960 至 1980 年人口高度成長、土地使用密度增加、商業強度卻不如都會圈的次級城鎮而言，是普遍也合理的住屋型態。

　　臺灣本地研究甚少深究這個一旦脫離臺北都會核心便無所不在的建築樣式。倒是日本學者青井哲人的《彰化一九〇六》（2013〔原書出版於 2007〕）有一小段關於「透天厝」的討論。他指出，相較一棟樓每層分屬不同所有權人的「平面式」樓房，臺灣店鋪住宅的不動產型態是「垂直式」的（頁 175）。青井認為，儘管學術研究會以「市屋」、「店屋」、「街屋」稱之，但建商發明的「透天厝」一詞更能凸顯房屋「不受機能及立地限制，尤其與機能無關」的特性；此外，「用『透天』來指涉根深柢固的垂直不動產型態」，也讓青井覺得有趣（頁 176-8），因為這能反映某種臺灣社會的特質——「對於構成臺灣社會經濟的家族小企業來說，透天厝也是空間單位〔……〕這個『盒子』，任誰都能掌握其尺寸，可以用來做任何事，與社會

結構也很相合，並具有根深柢固的持續力」（頁 179）。

　　簡言之，土地之於房屋產權的單一性，是透天厝能彈性運用的前提，因土地及其上的多樓層單棟房屋，通常只有一位掌全權的家主／屋主。這一定程度體現了尚未異化的傳統人土關係 —— 不似須與陌生人「均享」土地權利的公寓，體現的是理性化的人土關係分割。事實上，漢人的透天厝內部經常仍依照鮮明的傳統象徵秩序進行配置（參見陳敬杰，2016）。[3] 透天厝因而是傳統性在現代化進程影響下的階段性產物，它一方面是可適應現代城市規劃的機能性方盒子，另一方面卻又在一棟樓房裡保留了傳統的人與家宅和土地的關係。

　　彰化市房地產市場炒作程度低。許多人儘管已經搬走，卻在家宅／祖厝情感以及利潤有限的考量下，未積極將自宅出售。至 2010 年，尤其在那些背離主要道路的巷弄或院埕空間，出現了許多閒置的自有產權透天厝，呼應日本學者所稱，人口減少時代下的「多孔化」現象（饗庭伸，2020）。有心者如果能取得屋主信賴、獲得同意，就能以便宜租金將整棟租下，甚至將整棟買下。這也意味著，不似都會區的經營者，彰化店主不只能打平收支，還較有機會獲得空間與物質「餘裕」，調配整棟樓房，在商業之外營造社會和文化面向的生活。

　　筆者訪問的許多文化生活經營者，便是在此歷史條件下成為整棟透天厝的「家主」。例如，隱於大路後方的城中街，1980 年代時一度是高檔精品街。因建造者有意效仿拱廊街氛圍，兩排連棟透天厝中間鋪設了人行磚及花圃（建造者一度想在兩邊搭上頂棚，但因已經建成而作罷）。當時彰化著名的舶來品百貨店 —— 由兩棟連棟透天厝組成的元豐百貨 —— 就在城中街上

3　做為漢人傳統秩序象徵核心的公媽廳，經常位於透天厝一樓或樓頂，其他內部空間則依此調整：家主的臥房以及客廳會在最接近公媽廳的位置／樓層，小孩的房間則離祭祀空間較遠，呼應以祖先廳堂為中軸向外擴展的合院型態。當然，因應社會變遷和現代需求，傳統形式仍會有所調整，例如父母如果年紀大了，可能會在純粹的機能考量下搬到一樓。

（受訪者 K）。1990 年代城中街逐漸沒落，許多透天厝商家改做私宅，或完全閒置。2015 年，獨立書店紅絲線在城中街開張，經營者即是成功接洽到房東，租下前身為珠寶店但閒置已久的整棟樓房。如今，紅絲線是彰化市具有鮮明批判色彩的知識流通基地，經常舉辦講座。截至 2021 年年初，整棟樓房的一樓是書店；二樓曾分組給其他人做辦公空間，但 2020 年年中工作者退租後二樓暫時閒置；三樓則是講座展演空間。[4]

　　不過，在彰化市，文化生活的活力不全然來自知識分子有意識的營造。常民基於自身需求、在既有空間基礎的加持下開展出的社會連結場域，更值得注意。彰化市永樂街「穩定飛行模式」的出現及其經營模式，是極佳例子。永樂街屬於彰化市站前商圈，戰後逐漸發展成夜市，1990 年代中後期轉型為青少年平價服飾街，仍舊熱鬧，但至 2000 年時人潮流失的頹勢已現，持續至今。穩定飛行模式位於永樂街背側，經營者賴彥亘年約 50，自 2000 年起在永樂街做生意，全盛時期在街上擁有四間店。一開始，他純粹販售自日本、韓國、泰國等地批回的衣飾貨品。2007 年，他自創銀飾品牌，進駐臺北百貨公司櫃點。賴彥亘總是國外、臺北和彰化到處跑，他曾認為彰化缺乏讓他想留駐的元素，但做為家中長子，他仍根留彰化，也因此一路見證永樂街的衰頹。

　　為了多少增進買氣，2016 年時，賴彥亘在服飾店賣起手沖咖啡。賣咖啡利潤極低，賴彥亘認為咖啡給他的最大收穫，是新的人際網絡。2019 年年底筆者訪問時，他表示，賣咖啡三年認識的人，比他開服飾店二十年認識的人都還多，而這群人，是「可以溝通、可以聊，可以談出理想、談出抱負的」。2018 年，賴彥亘得知永樂街背側有棟三層半透天厝，久無人居，屋主也正好有售出意願。他買下房子，利用二手物品重新妝點老宅，咖啡店兼百貨店的「穩定飛行模式」開張，他的人生就此找到新的熱情投注點。

4　本文初稿寫作於 2021 年 3 月。紅絲線店主於 2021 年 6 月決定結束書店營業。由於不影響文章論點，筆者決定維持內文關於紅絲線的描述，做為 2021 年年初彰化市文化生活的歷史註記。

　　穩定飛行模式入口隱蔽。若欲前往，須通過一個以「曇花佛堂」拱形招牌標示的 2.5 米寬小巷。進入後，迎面是設於 1815 年的曇花佛堂及其院埕，左手邊即穩定飛行模式。賴彥亘不斷試驗這棟位於不起眼舊城中心的三層半宅邸，究竟適合怎樣的經營型態，最終，穩定飛行模式每一層的商業模式都有所區別：

　　二樓有隔間，適合長期駐店；三樓沒有隔間、空曠，適合市集擺攤；走上四樓前，樓梯口小隔間是塔羅小屋；四樓是半戶外天臺，適合喝著咖啡、吃著點心，坐在陽臺邊，盡攬曇花佛堂。賴彥亘打造了一個可大大拉長客人駐足時間的百貨空間，客人來不只衝著一樓餐飲，還能一路往上逛，和攤主聊天，挑選小物，到了頂樓，再歇歇腳，吃個東西，欣賞風景。三層半老宅成為一個迷你版百貨公司。看來，適合彰化市的百貨公司不是臺中或臺北的龐然高層建築，從城中街的元豐百貨，到如今的穩定飛行模式，屬於小城彰化的百貨公司型態昭然若揭：精緻策劃的透天厝正是其載體。

　　與那種都會區連鎖集團經營的「百貨公司」不同，入駐穩定飛行模式的租金和上架費用低。[5] 此外，穩定飛行模式的招商是介於長期店家（百貨公司模式）與短期攤位（夜市／市集模式）之間，彼此在賴彥亘積極策劃下有明顯的協作氛圍。例如，2020 年以來三樓採取「選物店」方式經營，每三月一次篩選攤位。二樓採相對攤位更長期的「店家」模式，目前為風格強烈的理髮店和甜點店。至於天臺，週末舉辦市集，[6] 有固定的攤位成員，但比起三樓選物店又更彈性，營業頻率也更像市集。開幕至今，賴彥亘不斷調整經營方式，不過所有攤位、店家與活動總是組構起一個具有賴彥亘本人意志的、完整的「穩定飛行模式」異色風格，每逢假日總是吸引絡繹人潮拜訪。

5　要一直到 2021 年開始，進駐擺攤的創作者才須付上架費 150 元。在此之前，他們不用付上架費用，若有賣出商品才抽成。

6　天臺市集本來是每個禮拜週末舉行。2020 年年中以後，市集改為每月中旬週末舉辦，每次都會搭配一個主題。

換言之，這整棟透天厝成了賴彥亘「策展」的媒介，其風格之強烈不僅吸引了一般在地消費者，也讓藝文工作者以及其他有意做些好玩事情的小店主，主動和賴彥亘接觸，不僅洽談合作，也交朋友。例如，2018 年穩定飛行甫開張時，彰化市另一間咖啡店白色方塊、藝文工作者、在地知識分子及其朋友圈，正好發起「兒童走跳藝術祭」。當時賴彥亘接受他們的提案，讓穩定飛行三樓成為藝術家的駐地創作點。經過街區查訪後，藝術家和民眾合作，在地板上打造一幅「永樂大富翁」。每次和朋友合作策劃活動都令賴彥亘進一步認識彰化（包括城市和人），他們會聊彰化怎麼這麼差，但也會聊他們可以怎麼做，讓彰化的日常變得有趣一點。如今，彰化於賴彥亘而言成了不那麼無聊、甚至自己也想參與改變的家鄉了。

本來只是想要改變無趣日常並持續謀求生活所需的店主，以自家店宅的營造為媒介，無意間不斷擴展自己的人際交往；店宅本身成了主人在城市的具體臉面，吸引那些志同道合者前來接觸、對話。我們看到的，不是為了某項議題而集結眾人討論的知識分子場合，而是常民開始花心思形塑自我乃至自身社會交往品質的事實。對這群人而言，賺錢謀生仍然重要，但共同策劃某項有趣的活動而獲得的人際連結，也成了生活中值得重視的一環。換言之，策劃活動的營利考量當然存在，但從中建立的人際連結，以及由此增色的彰化日常，會是店主們想要辦活動的重要動機。私人產權的透天厝宅因人土未分而成為傳統性的體現，但它也賦予主人更多開展公共性的權力。特別是當私人家主是想排遣無趣感的行動者時，允許自家店宅串聯市民公共性，就成了某種日常實踐，而非需要仰賴刻意動員和布署方能達致的任務。

（二）回到市街：在廟埕與公眾相逢

以家主為核心營造的公共性，社群感強烈。僅那些認同主人做法、或認同商品風格的人會頻繁交往。然而，一旦行動者希望進一步訴諸整個彰化城市、舉辦大型活動，吸引公眾關注（publicity），他們就必須開始努力進入那個拒斥社會連結的公部門／公共空間。此時，位在公共街巷、某些產權所

有人甚至是市公所寺廟室，[7] 但仍維繫傳統在地日常的廟宇及廟埕，則提供了可供挪用的普遍化公共性。

例如，自 2016 年以來，通過在地年輕人的策劃，北管館閣「梨春園」每年元宵節皆舉辦「曲館鬧元宵」，鼓勵附近學生和青壯年利用課餘和業餘時間到梨春園練北管，元宵節時在館前表演，接著「出陣」至南瑤宮。梨春園成立時間最早溯及 18 世紀，成員多是彰化南瑤宮大媽會的興前「子弟團」。所謂北管「子弟團」不同於伶人的職業團，本就是「良家子弟」業餘時練曲、維繫傳統地緣社會關係的團體，是「以確知日期範圍的宗教活動為標的，在平時進行另一層次的互動」（屬以壯，1986: 39）。然而，戰後的梨春園北管子弟團漸不復傳統地緣社會中維繫人際紐帶的功能，成員凋零。

「曲館鬧元宵」即試圖在當代復甦這種地緣性人際連結，操作方式則是奠基於依靠廟宇祭儀框構的傳統生活形式。不過，既然人際關係的維繫才是北管子弟團的社會性角色，鬧元宵的表演內容就無須拘泥古早戲曲。例如，2017 年鬧元宵的一首演出曲目，為 2016 年年底爆紅的日劇《月薪嬌妻》主題曲〈戀〉。儘管年輕業餘者的演奏音律參差，但這畢竟不是活動的重點。重點是，一群彰化市的青壯年，過年期間，不斷在梨春園前聚首，一如傳統子弟團那樣。

---

7 彰化城內重要大廟多為「公」廟，彰化市的「寺廟室」為實質所有人（擁有所有香油錢收入）。彰化市獨一無二的寺產制度源於 1936 年，當時彰化市財政拮据，而寺廟地產豐厚，地方仕紳因此成立「彰化市寺廟整理委員會」（1941 年改稱「彰化市信仰淨化委員會」），統一管理寺廟財產，補充地方財務不足，主要支援慈善和教育事業。寺廟委員會這樣的單位，因而既是地方仕紳和彰化市統治階層之間緊密關係的體現，也是其媒介，而當時的決定，也不乏有疏通日人，以求皇民化時期，廟產仍可安保的考量。戰後，原本介於政府和地方社會中間的寺廟組織，被迫往體制靠攏：1952 年，彰化市公所成立寺廟室，代管「荒廢寺廟」（受訪者 H）。此後，市公所把持民間收益（香油錢與參拜物品的相關收入）的質疑時有所聞。然而，彰化寺廟早早進入現代行政體系，也促使 2010 年之後那些想在廟埕辦活動的年輕人，必須和公部門交手、更大程度地介入社會。

　　然而，若活動型態是更加偏離廟宇祭典的形式，例如現代舞、默劇、環境劇場等，策劃者可能就必須更進一步挑戰僵化的公共場域。以 2018 年兒童走跳藝術祭為例，策劃者希望借用孔廟廟埕舉辦主場表演，卻深切感受到政府單位不樂意協助。孔廟為一級古蹟，管理單位是彰化縣文化局。這座在 1980 年代初期首座獲得指定的彰化市襲產，看似得天獨厚、面大路，不像諸多舊城寺廟藏身現代道路之後，卻也因為自古以來官方氣息濃厚、不如其他廟宇總是有香火供奉，孔廟和在地日常缺乏連結，若無特殊活動總是冷冷清清。這冷清空曠、占地約 400 坪的孔廟，看在藝術祭主辦方眼裡，成了舊城區難能可貴的廣場空間。

　　不過，孔廟做為一級古蹟，有各種規範加身。儘管策劃者獲得當時與民間文化團體關係友善的文化局局長的首肯，得以利用孔廟廟埕舉辦藝術祭表演，負責辦理業務的公務人員，則擔心人潮來去不易控管、可能造成古蹟損壞。最後，為了管理之便，文化局五點就開始關閉場地（配合管理員時間），而活動卻是六點結束。主辦方利用管理單位將所有門都關上的時間差，仍走完活動流程。結束前致詞時，策劃者之一、也是咖啡店白色方塊的經營者感觸頗深地呼籲道，希望這次的孔廟活化嘗試只是個起頭 —— 這樣的廣場究竟可以怎麼用？希望所有人來一起來思考（黃書萍）（圖 2）。

　　充滿創意、想要改變彰化的進取策劃者，與公部門每次交手難免挫折。然而，每次交手也都讓雙方有所學習，調整接下來的做法。例如，開設自家用料理食堂的詹玲涓 —— 詹姐，自 2015 年以來靠著對在地人情世故的熟稔、熱情、以及好人緣，舉辦「叫春小搖滾」。小搖滾一開始在民生市場（詹姐食堂所在的傳統市場）外街道舉辦，後來詹姐開始找合適的廣場空間。2020 年，她成功和市公所寺廟室協調，借得元清觀廟埕。詹姐非常興奮，她認為「臺灣人核心的生活圈子，第一個就是菜市場，第二個就是廟埕〔……〕所有的文化　應該就是從菜市場跟這個廟宇文化所延伸出來的一些活動嘛。比如說看戲、聽歌啊，就是可以議公事，也可以休閒玩樂」。詹姐的夢想就是用小搖滾完成彰化「繞境」，進入各主要廟埕舉辦表演。2021 年

3月底，詹姐成功將小搖滾帶至孔廟。但按之前其他人辦活動的經驗，她知道一旦進入廟埕便有各種限制，不如辦在孔廟外廣場：「〔廣場〕接馬路，這樣人來人往都可以看到，路過的都可以走進來一起玩。」（圖3）

　　自2010年賴和基金會借用彰化演藝廳與公會堂前廣場以來，彰化縣府與彰化市公所，逐漸瞭解到有群人正在質疑既存的公共空間管理邏輯。隨著這群人越來越常提出在廟埕或戶外廣場辦活動的需求，而活動也確實辦的有聲有色，政府機關開始將這類空間的出借需求納入規範。例如，市公所於2020年7月公布《彰化藝術館戶外廣場場地使用管理要點》，制定較前一版本更彈性、允許市集和音樂節活動的使用規範。此外，元清觀此前未辦過所謂的搖滾音樂會，然而由於叫春小搖滾歷次舉辦下來獲得高度聲望，2020年的場地租借未有太大阻礙。最後，有了其他文化生活經營者借用場地的前車之鑑，詹姐認為，與其挑戰一級古蹟的限制，在古蹟門外的廣場舉辦也是不錯的選擇 —— 這也算是與為了古蹟戰戰兢兢的文化局人員，有了互惠的妥協。

圖2　2018兒童走跳藝數祭在孔廟廟埕舉行主場活動

資料來源：筆者自攝。

圖 3　2021 叫春小搖滾在孔廟廟門前廣場

資料來源：筆者自攝。

五 結論：源自傳統基質的市民場域

　　彰化市的經驗顯示，從自身生活需求出發的策展、表演、節慶等「文化活動」，在地方傳統空間型態的支持下，能夠開展增生性的社會連結網絡。那些僵固的現代空間無法給予的網絡化公共性，通過彰化市顯著的傳統空間配置得到了實質支持。於是，水平的民間社會連結先是內縮至私人店宅裡，建構社群後又往外回流至能夠獲取公眾關注的廟埕和市街。行動者在改造自宅、挑戰公部門管理邏輯的過程中，也改變了自身之於城市關係的感知：他們對城市有限發展的不滿，因為能夠轉化做實質的空間介入、乃至與公部門對話，不再止於個人囈語，而是成為社群共同討論的話題。值得注意的是，地方政府也同樣在和民間積極的進取主體交手的過程裡，試著改變空間管理方式。這種公私部門直面彼此、互相影響的市民場域成形的過程，經常仰賴

仍舊活躍的傳統空間歷史形構（包括體現人土關係的透天厝、框構地緣社會紐帶的廟宇祭典、以及做為傳統議事場所的廟埕等）做為其交會媒介，意味著我們不能不更加關注本地社會的公共性物質基礎。

通過彰化市的例子，本文凸顯「公共」的實際意涵深刻鑲嵌於本地歷史條件及做為其體現的實質空間型態。在彰化市，一如其他諸多現代城鎮，所謂的「公共空間」，如廣場、計畫道路以及道路上的機構和商場，經常是國家權力和資本運作的展現。這些空間供人潮來去穿梭，為的不是促成市民的連結，而是商品和監控權力的流通。即使 2000 年後有追尋首都圈文化治理趨勢生產的公共空間，即文化館舍，在彰化市，其運作方式多是被動管理而非積極活化，空間用途因而長期止於政府自身的政績宣傳場合，或私人展覽活動的租借。不過，上述屬於國家和資本，且因欠缺治理技術而拒斥普遍社會連結的「公共空間」，並未主導彰化這個次級城市的空間配置 —— 人口和商業活動最緊密的彰化舊城區仍保有傳統的人土連結，而做為傳統家宅變型的透天厝，以及傳統集會場所的廟埕，則是其體現，也是本文案例。

2010 年後，那些想要使用「公共空間」卻不得其門而入的城市住民，就是在承載了傳統社會聯繫之空間的支持上，營造出既能滿足自身需求，又能面向普遍「他者」 —— 即其他諸多彰化市民 —— 的社會場域。這個場域的關鍵發起者頗大程度地跳脫了知識分子或藝文從業者的圈子，動機經常是為了營生之餘還能創造好玩、有趣的經驗，而非為了討論某項社會議題，因而與那種預設了理性思辨主體的政治性的公共領域，或者是通過討論藝術和文化來影響社會的文字世界的公共領域，皆相距甚遠。但是，這樣一個場域切切實實是在地居民開始走出私人化生活，在國家權力之外自主建立市民連結的場合，因而指涉了屬於市民，而非國家和資本的公共性。

此處的弔詭在於，引發居民普遍認同失落的彰化市「落後」城市景觀（沒有氣派的百貨公司），以及令那些積極進取的在地行動者不滿的僵化治理技術，反而是植基傳統但面向現代市民社會的在地公共性，得以萌生的歷史條件。換言之，彰化市的有限發展，因保留了相對未異化的人土關係及相

應空間配置，給了在地公共性得以立足的私宅，與允許其外溢的市街。在此基礎上，具豐富遊歷經驗、對城市之落後保守感到不滿的常民（無須是知識分子或文化人），有更多機會在營造自身社群生活的同時，介入周遭「公共空間」，並扮演引領政府改變的角色。

　　這並不表示我們該對地方政府的無力／無能寬容以待。筆者在此希望強調的是，掌握地方現實相當重要，唯此我們方能分析行動的可能方案。例如，彰化地方政府不成熟的治理技術與不被認可的城市景觀，意外地容留了「更多激發可能性的皺褶」，且截至目前有利於地方市民場域的成形 —— 這可以如何啟發我們關於政策的思索呢？諸如此類因探索體制外文化而可能得到的思想線頭，須待我們深化對臺灣諸多城鎮在地日常的理解，方能一一浮現。

📍 附錄一　受訪者引用名單（按文中出現順序）

名稱／代稱	生理性別	年齡	描述
周馥儀	女	30s	賴和文教基金會執行長（2009-2018）、彰化縣文化局局長（2018）。
K	男	90s	城中街店屋房東，家族久居彰化舊城。
賴彥亘	男	50s	穩定飛行模式擁有者與經營者，發起小百貨市集。
H	男	50s	彰化市公所寺廟室人員。
黃書萍	女	30s	白色方塊店主之一、兒童走跳藝術祭主要策劃人之一。
詹玲涓（詹姐）	女	50s	自家用料理食堂經營者，叫春小搖滾發起人。

參｜考｜文｜獻

王志弘（2003）。〈台北市文化治理的性質與轉變〉。《台灣社會研究季刊》52: 121-186。

王志弘（2014）。〈文化治理的內蘊衝突與政治折衝〉。《思與言》52(4): 65-109。

王志弘、高郁婷（2019a）。〈容不下文化準公地的都市治理？臺北市補缺型藝文空間的困局〉。《台灣社會研究季刊》113: 35-74。

王志弘、高郁婷（2019b）。〈臺北市藝文場所轉變的空間政治：基礎設施化的視角〉。《地理研究》70: 1-31。

王俐容（2006）。〈文化公民權的建構：文化政策的發展與公民權的落實〉。《公共行政學報》20: 129-159。

吳介民、李丁讚（2005）。〈傳遞共通感受：林合社區公共領域修辭模式的分析〉。《臺灣社會學》9: 119-63。

吳俊龍（2010）。《日治時期彰化平原殖民空間生產》。國立臺北大學都市計畫研究所學位論文。

周馥儀（2007）。《開展公共領域‧擊向糖業帝國主義 —— 論台灣知識分子的糖業書寫（1920-1930 年代）》。國立成功大學臺灣文學系碩士論文。

林文一（2015）。〈文化創意導向都市再生、「新」都市治理的實踐及缺憾：以迪化街區為例〉。《都市與計劃》42(4): 423-454。

林政逸、辛晚教（2007）。〈創新、能力與文化產業群聚的演化：臺北市音樂產業個案研究〉。《地理學報》50: 23-45。

邱淑宜（2016）。〈城市的創意修補及文創工作者的困境 —— 以臺北市為例〉。《都市與計劃》43(1): 1-29。

青井哲人（著），張亭菲（譯）（2013）。《彰化一九〇六：一座城市被烙傷，而後自體再生的故事》。新北：大家出版。

殷寶寧（2015）。〈臺灣當代博物館建築形式與博物館文化治理變遷歷程探討〉。《博物館學季刊》29(2): 23-45。

殷寶寧（2020）。〈審計新村變身記 —— 城市文化治理與創意場域形構〉。《博物館學季刊》34(4): 7-32。

國立彰化生活美學館（N.D. a）。〈發展願景〉。國立彰化生活美學館網站，取自 https://www.chcsec.gov.tw/archive?uid=125（檢索日期：2017 年 6 月 18 日）。

國立彰化生活美學館（N.D. b）。〈歷史沿革〉。國立彰化生活美學館網站，取自 https://www.chcsec.gov.tw/archive?uid=124（檢索日期：2017 年 6 月 18 日）。

張聰秋（2021）。〈終於要蓋百貨公司了，彰化 2 大商場 BOT 上網招商〉。《自由時報》，取自 https://news.ltn.com.tw/news/life/breakingnews/3462645（檢索日期：2021 年 3 月 26 日）。

陳敬杰（2016）。《祖先哪裡去？臺灣住宅的異質現代化之路》。國立臺灣大學建築與城鄉研究所碩士論文。

楊弘任（2011）。〈何謂在地性？：從地方知識與在地範疇出發〉。《人文與社會科學雜誌》49(4): 5-29。

彰化縣政府民政處（2020）。〈彰化縣各鄉鎮市人口數統計圖表（89-108）〉。《彰化縣政府》，取自 https://civil.chcg.gov.tw/07other/other01_con.asp?topsn=2318&data_id=18814（檢索日期：2020 年 7 月 28 日）。

彰化縣政府（2019）。《變更彰化市主要計畫（第二次通盤檢討）書》。彰化：彰化縣政府。

厲以壯（1986）。〈論民俗戲曲之功能及保存 —— 以北管子弟團梨春園為例〉。《人類與文化》22: 30-45。

鄭邦彥（2016）。〈「以策展作為媒介的公共領域」芻議〉。《文化研究季刊》156: 1-23。

饗庭伸（著），林書嫻（譯）（2020）。《折疊都市：從日本的都市規劃實踐經驗，探尋人口減少時代的城市設計和人本生活》。臺北：臉譜出版。

Bourdieu, P. (1996). *The Rules of Art: Genesis and Structure of the Literary Field.* Stanford University Press. (Originally published in 1992)

Habermas, J. (1991) *The Structural Transformation of the Public Sphere: An Inquiry into a Category of Bourgeois Society.* Massachusetts, USA: MIT Press. (Originally published in 1962)

CHAPTER

09

▼

公共治理下的塗鴉

文化表現與規範

—— 黃意文 * ——

博士候選人

* 作者為倫敦大學伯貝克學院（Birkbeck, University of London）電影、媒體與文化研究系（Department of Film, Media and Cultural Studies）的博士候選人。

一 前言

　　貼紙、簽名、隨手塗抹，在城市中的塗鴉（Graffiti）時常被視為破壞市容的行為。然而，塗鴉亦是一種手段，具傳播訊息特性的內容不僅用做回應社會議題；或者背負著政治意義、沉載一段不能輕易忘記的歷史，如柏林圍牆（Berlin Wall）的西側上，色彩是對自由與和平的想望。做為通俗的偏見，街上隨處可見的破壞行為（vandalism）畢竟無法與精緻藝術（fine arts）相提並論，難以登入藝術場域的大雅之堂。多位英國藝術家則是在千禧年後開始改變塗鴉的角色及社會定位。以慣用的模板塗鴉（stencil）並帶有政治嘲諷的內容，班克斯（Banksy）在 2006 年帶起班克斯效應（Banksy Effect）[1] 的討論並以此為重要的分水嶺，塗鴉人就此和藝術世界有所連結。而隨著塗鴉的藝術性及商業價值開始引起重視，一幅由 Ben Eine 所創作的塗鴉作品在 2010 年隨著前任英國首相卡麥隆（David Cameron）出訪美國並成為贈予時任總統歐巴馬（Barack Obama）的禮品。跳脫介面與場所，街道上的塗鴉創作也已搖身一變成為文化外交的載體（Henley, 2010）。

　　對臺灣來說，塗鴉亦常見於城市或鄉鎮。然而，這樣的文化表現形式在不同社會可引發的議題也有差異。2020 年上半年度，一起發生在鹿港的塗鴉事件引起地方熱議。發跡於臺灣中部的塗鴉創作團體「六號病毒」成員──TRACY'S 持噴漆罐於小鎮內多處牆面上繪製動物造型的塗鴉。以塗鴉文化的術語來說，這樣的行動稱為「bombing」，而「轟炸」的本意是在短時間內留下具創作者代表性的符號。由於臺灣未有明確的法令依據得以處罰

---

1 班克斯效應所引起的社會變化在定義上有多種立場，起初為形容塗鴉受到藝術市場關注的現象（Foster, 2006），許雯捷（2016: 16）提出三個討論方向：媒體市場、政府態度及次文化變遷，後來也有論述提出公眾認知及文化、政府機制（Maddox Gallery, 2020）。本研究再提出一個議題，即是城市文化資本的增加。

塗鴉行為，相較於常見的《廢棄物清理法》，此案最終依《刑法》毀損罪送辦並由鹿港鎮公所提出告訴。

　　而後，該事件於網路上引起熱議，持不同意見的論述在幾天內不斷於社群平臺上出現，包含由當地人為主成員的公開社團（如：我愛鹿港小鎮、彰化縣礦溪文化永續協會），以及由該事件專責機關（彰化縣警察局鹿港分局）所管理的頁面。以政府作為而論，由此案可見臺灣的公共空間治理者將公權力置於民意之上，當公部門的治理機制介入，在社群平臺上參與該事件討論的民眾與執法人員即出現角色分歧。以輿論趨勢來看，在過濾上述社群平臺的相關討論後，上百則的民眾留言大多可分為三種論述內容。首先是議論該塗鴉的角色造型；其次討論作品是否具有美感並抒發個人喜惡，而對於美感的言論又可延伸至美化環境或者製造髒亂；最後是站在道德面討論懲罰制度。以後兩項論述來說，本文認為，認同塗鴉並提出保留創作的相關輿論雖未以追求公共利益為目標，卻顯現出該塗鴉寫手的創作符號具備親近民眾的特性。相反地，民眾對於作品的喜惡並未一面倒的站在執法者的對立面，持負面輿論的民眾認為公共空間的創作須取得財產所有權人之同意，藝術不等同於犯罪行為的通行證。

　　本文將塗鴉創作理解為藝術家在公共空間中營造的異質文化（Foucault, 1986；夏鑄九，2016），其創作成果呈現兩個層面的溝通場域，首先是在人脈網絡（networking）中做為塗鴉寫手／藝術家（graffiti writer/artist）之間的文化符碼傳遞；其次，塗鴉與公部門及制度化社會的互動，透過將文化私人領域的實踐帶往公共領域的過程，抵抗系統及制度化挑戰公共治理及空間秩序（王志弘，2015；劉俊裕，2018）。本研究討論臺灣的塗鴉，並輔以街頭藝術為次要探討方向，並以具有辨識性的風格創作為文本，以文化空間的治理切入分析。以下的討論將分為四個部分：首先整理相關文獻資料，並鎖定研究方向。接著說明研究方法，並提出適用於本文討論範圍的塗鴉等名詞定義，本節以綜合受訪者提出的論述做小結。而資料分析將在後續討論分為兩個小節：在街頭性及文化脈絡中，筆者討論為什麼塗鴉？塗鴉人的行

動意義及身分轉變，以及塗鴉在城市中的實踐，如何與地方互動及啟發社會討論。最後，治理網絡如何介入？引用班克斯效應所帶來的機制改變，筆者討論地方政府以政令處置的應對態度。

二 文獻探討

臺灣的塗鴉起源可以追溯到 1980 至 90 年代接受外來的嘻哈文化[2] 影響，但無論是以塗鴉或街頭藝術為主題的研究數量則是相對少於英文文獻，且近十多年來仍屬於小眾的學術領域。本小節首先介紹英文文獻，並以期刊論文及出版書籍為主。

對大多數的城市治理者而言，社會秩序（social order）也包含了視覺秩序，意指經授權的美感呈現。而塗鴉也可能形成他者（an-other）的視覺秩序、城市地景以及文化符號（Austin, 2010: 43-44）。為了延伸說明「他者的秩序」，筆者提出學者 McAuleffe 及 Iveson（2011: 133-134）針對塗鴉的公共性與隱密性的論述做為回應。一般而言，塗鴉出現在公共場所，具有不可忽略的可看性（visibility）；塗鴉也可以是隱密的，寫手及創作者即便是噴塗在公開的牆面，留下特定的訊息內容可視為「專屬文字」，唯有相同文化圈的成員可以理解與交流。以文化研究來說，塗鴉曾是社區中少數族裔的發聲途徑之一，曾幾何時從費城及紐約等城市的在地青年文化演變成為全球性的文化實踐方式（Iveson, 2010）。

Nielsen（2017）在分析塗鴉及街頭藝術操作的差異時提出了有關身分認同的見解，他首先解釋塗鴉在城市中的非法創作行為可廣泛地被歸納為政治行為，原因在於當寫手噴塗時，即傳遞了反抗體制的訊息（Nielsen 原引

---

2 嘻哈（Hip Hop）文化為多種文化實踐的總稱，一般認定是由所謂的四大元素所組成，包括：饒舌音樂、DJ、街舞及塗鴉（林浩立，2005）。

用其受訪著的原音，「"Fuck you" to the system」）。而談到寫手的意圖時，Nielsen 認為參與此類型的文化實踐至少同時具備雙重的身分認定：公民及寫手。在該名學者的研究中，其受訪者認為自己身為公民（納稅人），有權提出對社會的見解及聲明。由於寫手是透過體制不允許的途徑展現個人見解，於是身分的認定轉換是藉由其行為所定義。

以中文文獻來說，筆者首先討論學位論文，並將國內主要研究區分為幾個大類：第一類為最多切入的分析角度，即是圖像創作（蔡宗霖，2012；曾士豪，2012；何秀珠，2019）；第二類為文化研究，又以次文化為主要研究關鍵字（劉晉彰，2007；陳冠宇，2009；許明霖，2011）；最後則是都市規劃及城市研究，又以街區及產業發展為研究趨勢（朱厚先，2014；周恩麟，2017），而西門町的塗鴉區則是主要研究對象。以下針對文化及城市研究回顧五篇論文。

以商業角度來說，劉晉彰（2007）觀察到塗鴉商品化做為次文化的消費及流行趨勢發展，並以外來文化所影響的產業領域提出關於塗鴉帶來的商品價值。而朱厚先（2014）的研究也從塗鴉及文化產業的關聯性為起點，並以西門町合法塗鴉區的設置如何將其文化特性滲透至周圍商家，包含商家的鐵門繪製，同類型的商家集結等等。作者的研究又以監控系統測得不同類型的塗鴉或街頭藝術創作因為巷道的特性不同（例：商業街道、次要幹道、住商混合街道）而有不同的空間分布特性。陳冠宇（2009）提出在面對城市治理者的管理手段下，做為權力下被支配者的塗鴉人會發展出三種形式的創作，包括收編塗鴉、中介塗鴉以及反抗塗鴉。收編塗鴉為接受規訓的創作，其接受的方式可以包括事先提出申請或告知牆面所有權人，以轉向合法塗鴉進而取得公民社會對塗鴉的認同。這與先前討論的合法塗鴉，反抗塗鴉則是為了反抗治理者的文化霸權且持續抵抗規訓，但透過圖像創作中的意義導向表達而取得公民社會的認同。中介塗鴉則是遊走前兩個分類的塗鴉人，意即不完全受規訓，即使起身抵抗權力，卻也保留做合法及商業塗鴉的創作行為。

　　而以塗鴉或彩繪牆面做為創意城市及文化觀光的行銷內容也逐漸成為顯學。鄭瑋（2015）及張啟傳（2020）實地走訪旅遊勝地 —— 倫敦的紅磚巷（Brick Lane）及布魯塞爾，前者引用社會學者 John Urry 的「觀光客的凝視」理論，並提出紅磚巷如何被英國及臺灣雙方的中介單位建構出觀光特質。而搶眼的塗鴉藝術則是旅遊中留下紀念照的絕佳場景。鄭瑋並輔以提出修正 Urry 理論不足的「二次凝視」來說明如何脫離觀光客的制式旅遊框架，而看見當地自 19 世紀末以來逐漸形成的移民社群及文化地景。後者以 Charles Landry 對於創意城市的論述，提出比利時官方如何透過街頭藝術將該國的暢銷名著《丁丁歷險記》中的漫畫人物及場景表現於城市各處，並為旅客建構出遊走該地的新途徑。

　　以期刊及雜誌來說，臺灣少見從精神分析的領域探討，有醫學史研究背景的吳易叡於 2006 年撰寫的〈潛意識裡的街頭游擊 —— 淺談塗鴉與精神分析〉。作者將塗鴉定義為「藝術犯罪」（art crime），認為創作者的塗鴉行動是將潛意識的罪惡感外化。畢恆達、郭一勤與夏瑞媛（2008）所撰寫的〈臺灣的街頭塗鴉文化〉為社會科學研究領域的重要貢獻。該文章花費一年多的時間訪問二十七位塗鴉人，並在文章中分類塗鴉風格、塗鴉的行動意義、塗鴉社群的文化及潛規則等等，並以次文化定義塗鴉的社會位階。本研究結合畢恆達等人的結論並提出論述，認為臺灣的塗鴉並非像起源地美國紐約所反映出社會邊緣族群具有認同及反抗意識的文化脈絡。因此，塗鴉的主要動機少見起身對抗體制及主流社會，而是強調美學的展現及透過行動獲得名望（林浩立，2005；畢恆達、郭一勤、夏瑞媛，2008）。畢恆達等人的研究也呼應本研究之受訪者的論述，有關臺灣的塗鴉發展建立於具有藝術性的創作，且「帶有道德感，並不會隨意塗繪古蹟」（ANO, 2020; BLACK, 2020）。

　　而由出版社發行的書籍則有數本代表性作品，包括由塗鴉人 Bbrother 及 REACH 自行撰寫的《一起活在牆上！一切從塗鴉開始，Bbrother》（2008）和《塗鴉人：轟炸臺灣 TOOYA! Taiwan Graffiti》（2008）。前者以自傳的形式描述個人塗鴉的過程及大事紀；而後者結合圖集並以訪談的形

式記錄包含作者在內的九位塗鴉人關於塗鴉創作的歷程，少見的以中英雙語內容介紹臺灣多位塗鴉人。畢恆達繼 2008 年在期刊上發表的文章後，於 2011 年出版《塗鴉鬼飛踢》並延續討論臺灣的塗鴉文化，輔以圖片說明塗鴉的意涵。許雯捷的《街頭藝術浪潮：街上的美術館，一線藝術家、經濟畫廊、英倫現場直擊訪談》（2016）雖然不是以臺灣塗鴉為研究主軸，其以少見的策展學角度觀察英國社會發展的塗鴉文化，論述當塗鴉被加上商品價值並成為藝術品並進入策劃過的空間（如：藝廊）對體制及市場帶來的衝擊。

三　研究方法

筆者曾在過往的工作中參與規劃塗鴉展演活動內容，2011 年於屏東美術館辦理塗鴉展，隔年和所屬公司同仁向臺鐵高雄工務段申請社區美化維護計畫，開創「九如鐵道藝廠」（位於九如路上，鐵路地下化後已拆除），並邀請塗鴉藝術家繪製長達 100 多米的鐵道外圍牆。此外，在英國修讀博士課程的數年間，於歐洲多個城市記錄塗鴉作品。除了過去近十年個人的非正式田野觀察記錄，本研究於 2020 年年底至 2021 年年初間採用質性研究當中的半結構式訪談法向塗鴉人提出訪談邀請，總計訪談八位塗鴉人，且訪談過程之錄音及側拍照片皆取得受訪者同意才進行。

為求更深入瞭解臺灣塗鴉領域的發展歷程，本研究擬訂受訪名單時已考量到詢求塗鴉領域之知名人士，並選擇從不同世代開始塗鴉的創作者為目標，如 1990 年代、千禧年間以及近十年內接觸塗鴉的人。角色認定包含個人、塗鴉團體及塗鴉領域的藝術經理人等。有數位受訪者為筆者的友人，並透過轉介得以接觸其他塗鴉人。受訪者的主要活動範圍橫跨雙北地區、桃園、臺中、彰化、臺南及高雄。如表 1 之受訪者列表所示，由於部分受訪者從未在鏡頭前展示過真實面貌及姓名，故訪談對象以塗鴉時的簽名名稱表示。以下為背景描述及訪綱架構並以三種受訪者身分進行區分：

（一）塗鴉人／書寫者

受訪者背景多數以視覺藝術為本業，並直接與塗鴉有關，而非藝術產業者的工作屬性也與創意相關（如：品牌服飾製造）。有關訪談問題設計則依照個人經驗及背景適度調整並提出問題框架的三大方向，包括塗鴉對於創作者個人，及創作者與城市的關係及官方制度的互動。由於受訪者多數在成年前即接觸塗鴉，希望就此瞭解如何及何時確立個人風格、塗鴉如何和其他類型的設計創作結合，進而發展為專業工作項目。然而，當受訪者中多數以塗鴉創作相關的接案工作維生時，也對應出一個議題：從非法走向合法，這是否對塗鴉所代表的反叛及對抗體制等行為及內涵產生質變。為瞭解塗鴉與城市、公共空間的關係，也和受訪者討論當塗鴉離開公共空間，向平面及白盒子發展，與街頭的連結是否仍存在、臺灣的塗鴉發展過程中，是否曾受哪個事件影響。而必然受官方制度挑戰的塗鴉如何相互抗衡、政策如何介入取締但又轉向所謂「場域限定」的支持方式。

（二）塗鴉團體

本研究的契機是 2020 年年初於臺中清水發跡的塗鴉團體 —— 六號病毒之成員 TRACY'S 在鹿港鎮大量噴塗（即為轟炸，bombing）其創作角色而起，故邀請三位六號病毒的成員參與受訪。透過 BLACK、AMOSONE 及 TRACY'S 試圖理解塗鴉團體成員之間的互動關係以及組織管理等相關議題。

（三）藝術產業人士

在塗鴉及街頭藝術領域的研究中，藝術經理人做為受訪者是少見的，多數文獻將目標設定為塗鴉創作者。鄭子靖在 1990 年代末期投入塗鴉創作，但在 2009 年創立藝青會（臺北多元藝術空間青少年發展促進會）並進駐臺

北市電影主題公園，設立合法塗鴉區後轉為宣傳及管理塗鴉創作的角色。因此針對該受訪者，本研究提出訪談問題如下：角色改變的過程及契機、在地方人脈（networking）的串聯上，如何與多重角色（如：地主、商家、參與創作的對象）溝通及獲得認同、在媒體上逐漸獲得聲量的西門町合法塗鴉區，帶來的文化及商業價值是在預期的效益內嗎？這些價值是否因獲得官方注意而受到更多計畫案的支持、對於現行的法律和制度有什麼樣的建議。

📍 表 1　受訪者列表

	訪談對象／塗鴉名稱	所屬團體	出道年分	主要活動範圍	訪談日期
1	DEBE	TwoMuch	2005	雙北地區、桃園	2020/12/10
2	ANO	無	2000	雙北地區	2020/12/11
3	BLACK	六號病毒	2005	臺中	2020/12/17
4	鄭子靖（Jimmy）	無	1997	臺北	2020/12/17
5	黑雞先生（Mr. OGAY）	無	2000	臺北、臺南	2020/12/19
6	REACH	SOUL SKOOL	1995	高雄	2020/12/24
7	AMOSONE	六號病毒	2003	臺中、彰化	2021/1/17
8	TRACY'S	六號病毒	2010	臺中、彰化	2021/1/17

　　塗鴉（Graffiti）一詞在《牛津字典》中的定義為「在公共空間的書寫」（Wehmeier et al., 2005），是城市空間中無法避免的文化現象。此現象的實踐者被稱為書寫者（writer），而這樣的書寫在多數國家被視為非法行為。而被認定是由塗鴉發展而來的街頭藝術（street art）也是用做形容在公共書寫或創作的常見名詞。塗鴉及街頭藝術，兩者看來有相似性，但定義方式則有創作者提出不同見解以歸納各自的差異性。本研究首先綜合上列研究者及實踐者的定義提出見解，無論是從塗鴉轉變為塗鴉藝術或者是街頭藝術，後兩者及塗鴉的差異性在於意圖（intention）加入的美感。

　　以 typographic（字體塗鴉）風格聞名的英國藝術家 Ben Eine 提出論點，塗鴉可視為他「不被允許創作的範圍」（not allowed to paint）（Manchester's Finest, 2018; Finch, 2019）。而受訪者們對於塗鴉則提出不同的釋義方法：黑雞（2020）針對此不被允許的非法行為提出看法，他認為塗鴉所代表的涵意不只是反抗，且是個人意念為優先的。而對於多數人都認為塗鴉必定是使用噴漆（spray can）創作（REACH, 2020），即是以使用工具做出認定。ANO（2020）及 DEBE（2020）為塗鴉的行為做了解釋，前者將塗鴉詮釋為創作當下的動態行為，而後者認為不管使用的媒材，塗鴉的認定立基於個人行為是否被塗鴉社群認可。由上述討論可以發現，受訪者們對於塗鴉的認定有所分歧，但是有關街頭藝術則有共識，即是以書寫（writing）、簽名（tagging）、模板塗鴉（stencil）等等呈現方式的總稱，且由書寫者的角度轉向從觀者所出發的觀點，找到能獲得觀者反饋的創作方式（BLACK, 2020; 黑雞，2020）。筆者因此推論街頭藝術可以視為塗鴉的動態演變，（可能）是合法創作並具有美感表現或帶有特定意義導向的內容（Caffio, 2013; REACH, 2020）。

　　以上為塗鴉及街頭藝術的相關討論。本研究提出三項議題：第一，多數文獻將塗鴉及街頭藝術囊括在同一個論述底下，名詞定義及概念略為模糊。其次，臺灣的塗鴉及街頭藝術文獻仍為小眾研究主題，且少有延續性的研究發表。最後，由多項文獻得以判斷，官方機制仍然對塗鴉及街頭藝術的文化展現不熟悉。

四　街頭性及塗鴉社群空間

　　塗鴉與街頭藝術如此挑戰公共秩序的行為，是非法行為與體制規訓的對立，然而也是城市空間不可避免的存在（Bell, 2016）。其出現的位置及方式看似毫無章法，對城市而言卻是見證公共及私人領域的結合，並做為

多重制度的中介場域。本節針對塗鴉及街頭藝術在實踐過程中呼應的空間及文化理論，並以研究塗鴉的犯罪學者 Young（2016）提出的「街頭性」（streetness）以及傅科（Foucault,1986）的異質空間（heterotopia）等理論討論塗鴉的介入（interpretation）與空間並置。

　　塗鴉及街頭藝術被視為特定實踐族群的文化產物，然而，其文化產物卻是曇花一現。無論是以何種方式被抹除，蓋圖、官方或私人清除，造成的圖像損失無法預計何時會發生。對許多不曾留意或嘗試瞭解塗鴉的人而言，在公共空間的噴塗行為是有礙市容的，而塗鴉人則有不同的看法。這類型的創作者持續在街道上尋找畫布，而這樣探索的過程也將行動及思考與場域連結，為其創作建構了文化脈絡。Young（ibid: 39-44）認為此行動的基本條件固然是非法的，但是，透過其創作地點的選擇以及具有藝術性的呈現，並以觀者立場為出發點的感受將其行動附加上價值（value-added）及意義，即是為此創作賦予了「街頭性」（streetness）。也就是說，塗鴉及街頭藝術的文化實踐不僅仰賴書寫者，觀者也必須參與其中以至對其創作有所覺察。受訪者 BLACK（2020）及 AMOSONE（2021）在近幾年來對於觀者的覺察感受到變化，「臺灣民眾對於塗鴉的觀感有改善，（且）比較能看得見塗鴉」。因此，關於塗鴉的覺察，筆者認為是一種轉譯的過程，透過「看得見」的元素使觀眾得以跨越界線並「懂得看」因而構成街頭性（王志弘，2015）。

　　Young 的概念及 BLACK 的觀察可透過相距二十年的鹿港塗鴉行動加以驗證。追溯過往，1998 年在鹿港鎮發生保存史蹟日茂行的抗爭事件。反對道路拓寬並拆除林家後代所屬日茂行的團體，除了有在地青年組成的「鹿港苦力群」，隔年也有學者曾梓峰所主持的「鹿港日茂行歷史城區保存都市更新整體規劃」以及策展人黃海鳴所策劃的「歷史之心 —— 裝置藝術大展」企圖以裝置藝術反映地方文化的精神（彰化縣文化局，2009）。而藝術家莊明旗的作品《醒來吧鹿港！》以塗鴉的手法在鎮上多處居民房屋外牆及平面道路上創作眼睛的圖像則引發熱議。透過導演陳怡君拍攝的紀錄片《搶救日

茂行》（2000）得以瞭解當年居民對該塗鴉內容的排斥，在影像片段中表達
「畫這眼睛代表什麼」、「⋯⋯⋯你畫那個，沒人會接受」等等回應。居民對
於眼睛塗鴉的藝術性不明就裡之外，也認定藝術家的創作內容意圖批判鹿港
居民對於藝術的認知，是為「井底之蛙」（陳怡君，ibid；陳碧琳，2001）。

　　而本文在前言即提到鹿港的塗鴉事件，為受訪者 TRACY'S 於 2020 年
4 月在市區特定範圍內以自創角色實踐的塗鴉轟炸（見下圖 1 及 2）。事發
後，筆者追蹤事件後續討論發現，相較於官方單位為維護執法者立場所發
表的嚴正聲明（彰化縣警察局鹿港分局，2020），並具體提出破壞公有財產
（如：橋墩）的事證；也有多名持正面支持態度的民眾在公開社團中提出畫
自家牆面的邀約。而媒體報導後來以「神秘狗」為該角色命名（林敬家，
2020）。

圖 1（左）、圖 2（右）　TRACY'S 於鹿港的塗鴉

資料來源：許鉅輝攝影（2020）。

　　以街頭性的概念來帶入，筆者認為觀者對作品在生活空間的接納與否，顯然並非從合法（莊明旗）或非法（TRACY'S）的創作途徑來認定。在鹿港的兩個塗鴉案例中，創作的共通點為其展示地點的公開性。然而，當前者以藝術家的角色介入社群，透過政府資助的專案得以代表居民決定其傳遞的作品內容。後者則以平民角色進行反抗體制的噴塗，雖然創作內容並無納入在地元素，「神秘狗」卻具備「看得見」及「懂得看」的條件，成為銜接創作者及觀者的關鍵。下面的討論筆者將說明塗鴉社群的文化實踐如何在民眾的生活中凸顯空間建構上的差異性。

　　塗鴉是未經許可挪用公共空間的創作行為，但也是市民透過藝術所做的自我呈現（self-reflection）以反抗主流社會的文化霸權（畢恆達 2011）。本研究提出「塗鴉社群空間」（Graffiti networking space）做為討論多重空間同時存在城市場域中的樣貌。在傅科的《Of Other Spaces》中（Foucault、Miskowiec, 1986）提出空間的三元架構：第一空間為幻想的完美空間（例：烏托邦 Utopia）且不存在；第二空間為真實存在的空間，傅科以原有的生活空間及秩序帶入；第三空間為異質空間，指涉的是真實的空間之外，雖然與真實空間有所差異，卻在每一個文化都必然建構且存在的。本研究套用此概念在理解原本理所當然存在的空間，如大排水溝旁、公寓頂樓、廢棄民宅的牆面，因為塗鴉的介入而轉變其實際用途，成為「空間游擊戰」的場域（陳冠宇，2009）。然而，王志弘（2016）認為，多數異質空間的研究著重在指認異質場所，並無推論其特徵、功能及作用。以至於忽略傅科的概念不僅是能使用在分析無法共存（真實與異質之間）的異質元素，亦可以是釐清跨界文化的界線並形成反思。

　　下面的討論筆者提出塗鴉社群空間的擴充詮釋，以及將地方（place）的概念從城市場域轉移至網絡場域的發展。電視及錄影帶做為影像媒介是影響臺灣發展塗鴉文化的關鍵因素，然而，將美國的文化移植到臺灣，並非單向的導入及模仿，過程則是歷經文化再生產的階段（林浩立 2005）。首先筆者討論塗鴉社群空間擴充的認同生產形式，並分為兩種階段，首先是行動者

社群確認。在臺灣，首次有人實踐塗鴉文化約在 1989 年，由居住在臺南的呂學淵以及郭沙帶起風潮。而在 1990 年代家戶開始有了網際網路後，在所有的受訪者中，除了近十年才接觸塗鴉的 TRACY'S，其他人都曾透過奇摩家族的網路平臺及資訊與各縣市的塗鴉社群交流（畢恆達、郭一勤、夏瑞媛，2008；陳冠宇，2009；許明霖，2012）。而重要事件則曾發生在 2003年，多位受訪者提到由南投竹山鎮清潔隊一位愛好塗鴉的官方人員透過奇摩家族號招全臺塗鴉及街頭藝術愛好者參與的第一屆竹山塗鴉博覽會（自由時報電子新聞網，2003）。此活動做為第一次官辦的大型塗鴉活動，不僅在創作者年少時期提供重要的交流經驗，且是行為認同的轉捩點。立基於網路平臺交流的認同建構，是透過諸如塗鴉創作的照片紀錄圖庫分享、跨縣市的交流邀約等做為文化材料，以在塗鴉文化的早期發展階段建立屬於塗鴉社群的行為者認同（鄭惠文，2016；黑雞，2020）。

最近的例子還包含受訪者 REACH 約 2005 年起至今於全臺各縣市不定時執行的「Street Pack Project」，筆者定義此為日常的藝術介入行動。其實踐方法是 REACH 將帶有個人風格及角色的貼紙放進便利商店的包裹寄件透明袋，袋口封好後將整包物品黏貼在公共場所的物件上（如：電線桿、變電箱）讓民眾自行拿取。筆者指出，REACH 的行動引發兩個層面的影響，首先是介入行動做為交流平臺。根據訪談內容得知，塗鴉團體六號病毒成員的友人在某城市看到 Street Pack，於是將 REACH 的貼紙取出後再放入自己的貼紙，這樣的互動模式將 Street Pack 發展成塗鴉人交換貼紙的平臺，是原本未預料的行動質變。REACH 行動的第二個影響層面則結合前面所述的塗鴉社群認同生產，成為塗鴉社群的擴充。隨著社群平臺及行動裝置的廣泛應用，在手機裝置開始有了照片分享功能後，訊息接收的路徑造成改變。由於 REACH 放置 Street Pack 的過程會透過社交媒體 Instagram 拍攝動態分享，畫面同時帶到包裹周圍足以識別位置的標的物（如：知名商場或路口招牌）。這為觀者以往的第一手體驗（primary experience）帶來衝擊：再也不需要透過在街道上的探索找到作品以及貼紙，現在可以透過追蹤社群帳號接收資訊得知（MacDowall, 2017）。

從奇摩家族到 Instagram 做為地方，塗鴉社群空間的二階段轉變解釋了這個異質空間的實踐者不只有創作者，透過實踐及科技轉向，街道上的塗鴉可以透過個人行動裝置的鏡頭被製造及公布並且再生產而成為數位物件。這定義了新的參與者：包括「看得見」及「懂得看」的觀者（MacDowall, 2019）。筆者提出一個議題思考，透過手機裝置介入藝術場域的行為（如：影像、文字）是否對塗鴉及街頭藝術的街頭性產生質變，而街道是否仍是塗鴉及街頭藝術必要的展示空間（鄭惠文，2016）？

五　爭奪城市：塗鴉的發展與制度規範

塗鴉的出現即是在國家文化治理下的主體之外，也違背社會運行的結構。即使臺灣的官方單位在規訓塗鴉的手段並未做到零容忍（zero-tolerance），但是，自塗鴉在臺灣發跡至今，由於沒有一致的懲治規範，也因此，噴塗場所的差異，所面臨的制度及罰則也有所不同。根據受訪者接受取締的經驗，舉凡《廢棄物清理法》、《社會秩序維護法》或《毀損罪》等等，顯而易見地與藝術性毫無關聯，且各地方政府面對塗鴉的方式也有所不同。本節先以他國治理上的矛盾開啟討論，接著論述當權者的規訓方式引導的抵抗行動以及城市空間如何包容文化差異的呈現，並以文化治理的分析切入。

本節首先針對「零容忍」的操作指引提出質疑，並以筆者居住多年的城市──倫敦做為觀察不同社會規訓方式的目標，認為即便是塗鴉文化發展較久的國家，也出現治理塗鴉文化的矛盾。如英國的倫敦議會（London Councils）在 2005 年發表的一份報告（*Association of London Government*）即開宗名義地指出，「塗鴉非藝術」（Graffiti is not art）。這項反社會的犯罪行為每年造成倫敦各區政府約 700 萬英鎊的花費在復原噴塗處（p. 6）。然而，看似與前述論點違背的事實，筆者以位於倫敦東北邊

的哈克尼為例，從 Old Street Station 至 Shoreditch High Street 車站之間存在無數個街頭創作，該區以塗鴉創作熱點聞名，路過的民眾也有機會在路邊欣賞知名藝術家的現場創作。哈克尼的地方政府（Hackney Council）則表示，塗鴉的組成意象越趨複雜，有些公眾意見開始認為有一些塗鴉可以是街頭藝術。由於其所傳遞的意義對於各社會群體也有所差異，這導致治理塗鴉的公共政策須納入多元化的考量。根據該政府發布的 Graffiti Policy（2021）認為街頭藝術的存在可以「為都市空間帶來貢獻」（makes a positive contribution to the urban environment），而從犯罪（塗鴉）至藝術（街頭藝術）的認定歧異關鍵點在於取得創作許可。這表示，無論是公共設施或是私人財產，只要明確提出許可，該區政府將不會移除噴塗處的作品。故筆者認為，零容忍與否並非僅存在於官方治理的操作，也應考量是否順應民意。

傅科（Foucault）在治理術（governmentality）中討論治理的工具，其指涉的是政治權力的介入（Dean, 1994; Sokhi-Bulley, 2016）。在操作面，權力的正當性展現可以透過法律以及規範，並以對稱及不對稱的兩種形式實行。前者立基於協作及共同目標，相對地，後者則是透過階級式的主導權力（Lemke, 2012: 9-10）。雖然治理術的原意並沒有連結到文化治理的概念，Bennett 在《Putting policy into Cultural Studies》（1992）中嘗試將治理與文化結合，治理文化即是理解文化與權力的關係。而究竟是經由文化來治理（王志弘，2012），亦或是官僚體制以特定的意識型態滲透及規訓常民的文化生活（劉俊裕，2011）。下面的討論筆者將引用陳冠宇（2009）所提出的，有關治理手段下的塗鴉形式，並以反抗塗鴉及收編塗鴉為例。

發跡於美國洛杉磯的塗鴉團體 The Seventh Letter 在 2006 年受服飾品牌邀請來到臺灣的華山 1914 文化創意產業園區舉辦塗鴉聯展。以模板塗鴉為著名手法的臺灣創作者 Bbrother 嘗試挑戰官方及大眾如何看待塗鴉，於是一行人在展覽開幕前即在展場外的建物塗鴉，後來遭文建會以違反《文

資法》為由提告破壞古蹟（苦勞網，2006）。事後，Bbrother 提出說法，表示質疑華山認同被保存下來的舊塗鴉卻取締新的塗鴉是「扭曲塗鴉精神，將塗鴉商業化」（苦勞網，ibid）。筆者將這個事件分成兩個議題來分析，首先是規訓後的空間，其次是資本的轉換。歷經閒置空間再利用政策的臺北華山，進行活化並結合舊酒廠廠區及公園區後在 2005 年重新開放（陳華志 2005）。在不同時期改變的身分（如：臺北酒工廠、華山藝文特區、華山創意文化園區等）也改變了其場所的空間符號，成為有歷史（日治時期的酒廠）、文化（古蹟身分）的知識（展覽辦理）空間。而乘載了再次發展的論述，華山必須建構新的規訓以成為有秩序的空間。在 Bbrother 的事件中，園區及展覽空間將文化治理內化於其所建構的機制（institution），以致於場內的商業塗鴉被接納，而場外的街頭塗鴉被取締（Bennett, 1988; 游崴，2018）。第二，展覽和事件使用的工具相同（噴漆），卻帶起了另一個議題，即是價值與價格的辯證（黃海鳴，2006）。在這個商業活動中，塗鴉的街頭性首先經歷資本轉換，即是從在街頭的發展脈絡塑造的文化資本，透過知名塗鴉團體的參與轉換成經濟資本並具備商品價值（Andron, 2018）。

Bbrother 的事件後，不代表官方單位將塗鴉拒於門外。近年來，在官方文化活動中加入塗鴉元素已經是常見的景象，塗鴉成為可以被利用的宣傳工具，例如：西門町合法塗鴉區成為城市的觀光景點（臺北市政府觀光傳播局，2018）、高雄的苓雅國際街頭藝術節讓地方鄰里的房屋牆面增添色彩（高雄市政府，2020）等等。顯示出塗鴉並非總是和機制相抗衡，而近年來出現的「合法塗鴉區」也成為政府試圖容許差異性存在的手法，是開放的表現。一則報導則是打破了官方以收編塗鴉的方式規訓創作者的期待。臺中市議員李天生認為「塗鴉客追求刺激快感，不願前往合法塗鴉區揮灑………，如何維護市容景觀，已面臨嚴苛挑戰」（自由時報，2020）。這段新聞文字顯示出規訓的手段並未被塗鴉社群的一部分人接受，其治理方式雖未達成共識，卻也不造成上對下的霸權治理，因為「規定（只）是規定」（蘋果新聞網，2020）。未在受訪名單中的創作者頌君接受媒體訪談時提到對於合法塗鴉區的看法，即是傾向反抗規訓。從目前已設置的宜蘭、臺

北、臺中以及臺南等地的合法塗鴉區設置辦法及官方資訊來看,「促進藝術發展」是共通的立法基礎。然而,宜蘭縣政府提出創作時應「避免造成地面污損」(2020),臺中市政府表示「不能有政治立場,也不能違反社會善良風俗」(2009),臺北及臺南市政府也提出「每四個月刷白一次」清除所有塗鴉(2021、2017)。這樣看似有「潔癖」的規訓內容並非以治理文化的角度看待塗鴉,而是試圖預防及管控犯罪行為。受訪者 BLACK(2020)也針對臺中市中科路陸橋的合法塗鴉區提出地點位置偏僻,難以讓大眾看到的看法。而臺北市議員徐佳青在議會質詢時提出質疑,經由民眾檢舉得知,合法塗鴉區的設置並未降低在別處的非法塗鴉數量,而辦理有塗鴉元素的文化活動也只是稍縱即逝,「……未對塗鴉文化提出相關的規劃及措施,只是表面敷衍青少年,對於塗鴉文化並無實質的幫助及推廣」。總結上述的官方行動,筆者提出兩個觀點:其一,位置的選擇顯示塗鴉是給塗鴉社群的人看的,大眾不需要接觸。其二,官方治理模式並未與塗鴉社群溝通,進行單方面的規訓。

六　結語

　　本文研究臺灣塗鴉,由於前人累積的研究貢獻,筆者並不多加描述塗鴉風格及此文化從發源地美國紐約乃至臺灣的發展歷史,而是針對文化實踐的形式以及文化治理的角度來理解。治理塗鴉乃是大部分城市管理者都需要面對的議題之一,原因則是塗鴉無所不在的特性,以及塗鴉社群間的作品曝光數量較勁。無論是具有美感的塗鴉藝術(graffiti art),抑或是街頭藝術(street art)作品,這些在街道上的視覺呈現,使城市的樣貌無法形成治理者預期中的秩序(Austin, 2010)。以法律條文回應不被規訓的創作為治理者的手段,然而,規訓手法並不會嚇阻寫手或創作者的行為;反之,在風險下的行動後可能提升該名人員在其文化圈中的聲譽及討論熱度(McAuliffe & Iveson, 2011; ANO, 2020)。

　　受訪者 AMOSONE（2021）更指出，塗鴉並不是時常受到關注的藝術行為，而會引起大眾討論的事件時常是具爭議性的。本研究的寫作靈感即來自於偶發的鹿港塗鴉轟炸事件。根據筆者的塗鴉田野觀察、訪談及理論分析，提出以下幾個研究發現。首先，就定義而言，塗鴉和街頭藝術因人而異，且與實踐的手法有關。然而，塗鴉可以是街頭藝術的一部分，街頭藝術卻一定不會是塗鴉。而對以塗鴉人為自我認同的創作者而言，受訪者 BLACK（2020）認為這個名號代表的是他必須持續上街作畫。意即不會因商業接案而影響原本的創作形式。接著，在公民的生活空間，塗鴉社群空間做為城市中的異質空間與之並行存在。本研究驗證街頭性的產生過程及觀者的覺察如何影響塗鴉在公共空間被在地社群定義的方式，並提出兩個鹿港的案例予以佐證。

　　而塗鴉社群空間是可以被擴充詮釋的，透過觀者的參與，REACH 的藝術介入計畫有兩個層面的影響，首先是交流平臺的轉換，其次是重新定義場域的屬性，從城市轉而至網路上的社群平臺，也重新定義了地方的內涵。最後，臺灣官方治理塗鴉的手段一直曖昧不清，本研究以兩個例子解釋反抗塗鴉及收編塗鴉。以反抗塗鴉來說，空間的規訓機制使得牆內牆外的塗鴉行為遭受不同對待。在收編塗鴉的手法中，官方在文化活動中以塗鴉做為宣傳手段，公開鼓勵其為城市帶來的文化及經濟效益，卻也有地方首長嚴格取締塗鴉。而合法塗鴉區的存在也備受資深塗鴉人的質疑。源自於美國的次文化產物，嘻哈文化在 1980 年代末期以多種形式傳入臺灣，如音樂、舞蹈、衣物、視覺呈現等等。然而，在一般認定的嘻哈四大元素中，塗鴉做為唯一挑戰空間秩序的文化表現形式，與當權者所制定的法律維持著因不同案件而重新思量的關係，接納與否的標準不一。相較於主流文化，臺灣的塗鴉文化發展至今，也並非持有公共領域中的次文化主導權，但是透過各種事件形塑著介入方式為其定義論述：以商業目的為主的展演活動、政府宣揚年輕活力的文化活動、寫手的創作及社群內部的交流等等。本文認定塗鴉的文化符碼已經透過在地化的過程被認識，重新給予價值並賦予該實踐行動文化、地方、社群或藝術脈絡的意涵。

參｜考｜文｜獻

Bbrother（2008）。《一起活在牆上！一切從塗鴉開始，Bbrother》。臺北：原點。

REACH（2008）。《塗鴉人：轟炸臺灣 TOOYA! Taiwan Graffiti》。臺北：大辣。

王志弘（2012）。《文化治理與空間政治》。新北：群學。

王志弘（2015）。〈城市作為翻譯政治的場域：理論性的探索〉。《城市學學刊》6(1)：1-28。

王志弘（2016）。〈傅柯 Heterotopia 翻譯考〉。《地理研究》65: 75-106。

朱厚先（2014）。《塗鴉現象於台北西門町之空間滲透與商業活動影響》。東海大學建築學系碩士班碩士論文。

朱俊彥（2003）。〈竹山長堤塗鴉綿延七百公尺〉。《自由時報電子新聞網》，取自 http://old.ltn.com.tw/2003/new/oct/13/today-life1.htm（檢索日期：2020 年 4 月 25 日）

何秀珠（2019）。《「鬼飛踢」象徵與寄生性：何氏旅人塗鴉》。臺北市立大學視覺藝術學系碩士論文。

吳易叡（2006）。〈潛意識裡的街頭游擊 —— 淺談塗鴉與精神分析〉。《大聲誌》6: 35-39。

林浩立（2005）。〈流行化、地方化與想像：臺灣嘻哈文化的形成〉。《人類與文化》37: 7-28。

林敬家（2020）。〈男子自創塗鴉鹿港橋墩、古蹟區全被畫上「神秘狗」〉。《聯合新聞網》，取自 https://udn.com/news/story/7320/4513796。（檢索日期：2020 年 4 月 25 日）

周恩麟（2017）。《以塗鴉文化為導向之社群誕生及其在地實踐？西門地區個案研究》。國立臺北大學都市計畫研究所碩士論文。

苦勞網（2006）。〈商業塗鴉才合法？華山園區法辦塗鴉創作〉。《苦勞網》，取自 https://www.coolloud.org.tw/node/59424（檢索日期：2021 年 1 月 17 日）

宜蘭縣政府（2020）。〈宜！蘭青年合法塗鴉場域首站 —— 中興文創園區〉。宜蘭縣政府，取自 https://www.e-land.gov.tw/News_Content.aspx?n=770C4B84956BD13B&sms=56708437A1C48D11&s=743953A311ED4E84（檢索日期：2021 年 3 月 10 日）

夏鑄九（2016）。《異質地方之營造：理論與歷史》。臺北：唐山。

高雄市政府全球資訊網（2020）。〈2020 苓雅國際街頭藝術節開幕陳其邁邀全民至全台首座國際大型壁畫區朝聖〉。高雄市政府新聞局，取自 https://www.kcg.gov.tw/CityNews_Detail1.aspx?n=3A379BB94CA5F12D&sms=36A0BB334ECB4011&ss=3FD9225F007C03 C1（檢索日期：2021 年 3 月 10 日）

許明霖（2011）。《方言的發散：街頭、展覽、消費場域的臺灣塗鴉次文化》。國立中央大學藝術學研究所碩士論文。

許雯捷（2016）。《街頭藝術浪潮：街上的美術館，一線藝術家、經濟畫廊、英倫現場直擊訪談》。臺北：原點。

畢恆達、郭一勤、夏瑞媛（2008）。〈臺灣的街頭塗鴉文化〉。《臺灣社會研究季刊》70: 79-120。

畢恆達（2011）。《塗鴉鬼飛踢》。臺北：遠流。

陳怡君（2000）。《搶救日茂行》。國立臺南藝術大學音像紀錄研究所碩士論文片。

陳冠宇（2009）。《權力與塗鴉文化的地盤戰》。銘傳大學建築與市防災研究所碩士論文。

陳碧琳（2001）。《90 年代臺灣公共藝術之研究》。南華大學環境與藝術研究所碩士論文。

陳華志（2005）。〈藝文空間發展與都市再生：從臺北市空間再利用觀察〉。《博物館學季刊》19(4): 85-99。

曾士豪（2012）。《《後現代的賽伯格》—— 塗鴉藝術表現於複合媒材之創作研究》。國立臺灣藝術大學視覺傳達設計學系碩士班碩士論文。

黃海鳴（2006）。〈塗鴉藝術的不同價格與價值 —— 從華山文化園區的塗鴉藝術事件談起〉。《典藏 ‧ 今藝術》171: 144-146。

游崴（2018）。〈2005-2006 臺灣視覺藝術評論觀察報告（二）〉。《帝門藝評文集》，取自 http://news.deoa.org.tw/index/contentpage?id=161（檢索日期：2021 年 1 月 17 日）

彰化縣警察局鹿港分局（2020）。〈深夜塗鴉怪客，鹿警連夜追緝到案〉。彰化縣警察局鹿港分局，取自 https://www.chpb.gov.tw/lukang/Announcement/C072100?ID=a6a7dfed-91c2-456d-ad93-2c919c1f4354&PageIndex=8&PageType=1（檢索日期：2020 年 4 月 25 日）

臺北市政府觀光傳播局（2018）。〈藝青閣花車混搭風全臺首見《角頭2》驚呼巨型土狗超吸睛潮流 vs. 民俗混搭有看頭巨狗昂首華麗花燈好驚豔〉。《臺北市政府觀光傳播局》，取自 https://www.tpedoit.gov.taipei/news_content.aspx?n=603755835e928bed&sms=72544237bbe4c5f6&s=dbf3f856eeb64dd1（檢索日期：2021年3月10日）

臺中市政府（2009）。〈台中市街頭塗鴉示範區9/25起開放半年讓民眾盡情揮灑自由創作〉。臺中市政府，取自 https://www.taichung.gov.tw/898298/post（檢索日期：2021年3月10日）

臺南市政府主管法規查詢系統（2017）。〈臺南市塗鴉專區設置管理要點〉。臺南市政府主管法規查詢系統，取自 http://law01.tainan.gov.tw/glrsnewsout/LawContent.aspx?id=GL001052#lawmenu（檢索日期：2021年3月10日）

劉俊裕（2011）。〈歐洲文化治理的脈絡與網絡：一種治理的文化轉向與批判〉。《Intergrams》11(2): 1-15。

劉俊裕（2018）。《再東方化：文化政策與文化治理的東亞取徑》。高雄：巨流。

鄭惠文（2016）。〈艾未未的社群媒體運用與認同生產〉。《現代美術學報》31: 9-37。

蔡宗霖（2012）。《在2D相片的即時街頭藝術創作》。國立成功大學資訊工程學系碩博士班碩士論文。

劉晉彰（2007）。《後現代街頭塗鴉藝術」導入文化創意產業流行消費之研究》。國立臺中技術學院商業設計研究所碩士論文。

蘇金鳳（2020）。〈大里公車候車亭被塗鴉客攻陷居民要求市府管理〉。《自由時報》，取自 https://news.ltn.com.tw/news/life/breakingnews/3244144（檢索日期：2021年3月10日）

蘋果動新聞（2020）。〈台北是塗鴉天堂？藝術家：激進分子被抓也不會留案底〉。《蘋果新聞網》，取自 https://tw.appledaily.com/supplement/20200321/ZZRP2Y4Z5G7HM7HJUZMUR5G4MY/（檢索日期：2021年3月10日）

Andron, Sabina (2018). Selling Streetness as Experience. The Role of Street Art Tours in Branding the Creative City. *The Sociological Review* 66(5): 1036-1057.

Bell, Bethan (2016). Street art: Crime, grime or sublime? *BBC*. https://www.bbc.com/news/uk-england-38316852 (Access January 17, 2021)

Bennett, Tony (1988). The Exhibitionary Complex. *New Formations: AJournalof Culture, Theory & Politics* 4: 73-102.

Bennett, Tony (1992). Putting Policy into Cultural Studies. In Grossberg, Lawrence, Nelson, Cary, & Treichler, Paula (ed.), *Cultural Studies* (pp. 23-37). New York: Routledge.

Caffio, Giovanni (2013). Pragmatic Heterotopias- The Redefinition of Urban Spaces through Street Art: The Case of Grottaglie. *Planum The Journal of Urbanism* 27(2): 1-8.

Dean, Mitchell (1994). *Critical And Effective Histories: Foucault's Methods and Historical Sociology*. London: Routledge.

Finch, Mariko (2019). The Writing's on The Wall for Ben Eine. https://www.sothebys.com/en/articles/the-writings-on-the-wall-for-ben-eine (Access December 7, 2020)

Foucault, Michel & Miskowiec, Jay (1986). Of Other Spaces. *The Johns Hopkins University Press* 16(1): 22-27.

Foster, Max (2006). Transcript- Your World Today. *CNN*. http://transcripts.cnn.com/TRANSCRIPTS/0612/04/ywt.01.html (Access February 3, 2021)

Henley, Jon (2010). Ben Eine: the street artist who's made it to the White House. *The Guardian*. https://www.theguardian.com/artanddesign/2010/jul/21/ben-eine-artist-cameron-obama (Access February 3, 2021)

MacDowall, Lachlan & Souza, de Poppy (2018). 'I'd Double Tap That!!': Street Art, Graffiti, and Instagram Research. *Media, Culture & Society* 40(1): 3-22.

MacDowall, Lachlan (2019). *Instafame: Graffiti and Street Art in the Instagram Era*. Bristol: Intellect.

Maddox Gallery(2020). The Banksy Effect- How Banksy Legitimised Street Ar. https://maddoxgallery.com/news/97-the-banksy-effect-how-banksy-legitimised-street-art/ (Access February 3, 2021)

Manchester's Finest (2018). Ben Eine | Hell is a City Graffiti Mural. https://www.youtube.com/watch?v=f_mRKaPAAmE (Access February 3, 2021)

Sokhi-Bulley, Bal (2016). *Governing (Through) Rights*. London: Bloomsbury Publishing.

Young, Alison (2016). *Street art world*. London: Reaktion Books.

PART

III

策略工具

10

▼

藝術資產進入公共領域
之機制轉換

以資產評價做為手段之初探

—— 柯人鳳 ——

台北藝術產經研究室執行長

一 前言

　　支配與權力和財富不均是人類社會長久的事實。但是，在今日全球的架構來看，這些事實也可從資本主義歷史和其新形式有關的面向來詮釋。除了區隔性的名詞之外，還有沒有其他的方式我們可以重新認知資本主義的經驗，來改變我們對過去和現在兩者的理解，以及我們對未來的態度呢？根據這樣的敘述形式也因而能夠在現代資本主義社會中，產生兩種可能的論述。其一，藝術品於 18 世紀進入美術館典藏範疇，通過美術館對外開放典藏展示，以及展示與教育成為一種公眾資源，藝術品不再只由少數人鑑賞而進入公共領域。其二，20 世紀企業紛紛在公司治理政策制定上強調企業公民（corporate citizenship）的理念，透過企業社會責任（corporate social responsibility）的實踐將理念轉化成行動，發揮企業公民於現代資本主義精神，將文化藝術納入企業社會投資（corporate social investments）項目之一，達到文化傳承的目標。本文以藝術資產進入文化治理場域的概念為基礎，理解文化價值與經濟價值的轉換，與對於文化商品的生產與分配程序、策略和措施上的管理，對經濟層面產生的影響，以及政府在文化治理場域中，與企業之間產生權力結構的轉換，探究藝術品進入公共領域成為具有歷史意義文化資產的過程中，企業從消費者成為文化資產保存者的轉換機制，藝術資產化做為文化私有化之惡，抑或是構成文化資產之必要手段。

　　資產（assets）做為個人或組織可用於清償債務的有價值的東西，亦可指企業透過交易或非交易事項所獲得之經濟資源，能以貨幣衡量，並預期未來能提供效益者。資產可為有形資產與無形資產二大類，有形資產之範疇包含不動產（房屋、土地）與動產（現金、存款、保險、藝術品）。廣義的無形資產包含金融資產，中華民國會計研究發展基金會評價準則委員會評價準則公報第 7 號「無形資產評價」第 5 條，以及 2017 年版之國際評價準則第 210 號（International Valuation Standards, IVS）之規定，可

辨認無形資產之主要類型通常包括：行銷相關之無形資產、客戶或供應商相關之無形資產、技術相關之無形資產，以及藝術相關之無形資產。其中，藝術相關之無形資產，源自於對藝術作品（如戲劇、書籍、音樂、圖像與照片、影音素材）所產生收益（例如權利金）之權利及著作權保護。資產配置（asset allocation）通常是指因應投資者個別的情況和投資目標，來設計組合的投資方法，把投資分配在不同類別的資產上，如：股票、債券、現金和房地產。普遍認為資產配置做為報酬率變動的關鍵因素，在資產類別（asset classes）的組合設定上，對於風險的分散發揮相當程度的效益。一旦建立了主要資產類別收益變動的評量程序，就可來衡量一個投資方式的成果（Sharpe, 1992）。在資本市場中，隨著藝術與金融的關係益發密切，增強人們尋求對替代資產類別的投資需求，藝術品因其波動性相對穩定，且與其他資產類別的相關性較低，成為分散風險的投資標的之一，並且在 20 世紀受到重視與討論。

國際藝術市場自 2005 年至 2020 年從產值 300 億美元成長到 625 億美元，儼然成為資產流動的新途徑，學者開始試圖金融角度，為藝術資產配置建構可衡量收益變動的評量程序，無論是從鉅觀的運用世界著名拍賣行的藝術品拍賣數據，構建 1875-2000 年藝術品價格指數，並用於衡量畫作的風險與收益特性（Mei & Moses, 2002）；地區性的蒐集 30,227 幅澳洲現當代畫作於 1973-2003 年間的價格，建構享樂價格指數（hedonic price index）（Worthington & Higgs, 2006）；探討標普 500 指數（S&P 500）五百家美國大型上市公司中，間接投資全球藝術品市場（Campbell, 2008）；進而微觀的研究特定收藏家實際投資組合的長期買入和持有表現（Chambers, 2020）。另一方面，隨著資本市場需求，為了將資產產生之正負收益價值予以認定與認列，資產評價技術應運而生，以保障資產價值或是消費者權益。

資本結合文化政策研究的興起，兩者交會促成了藝術資產進入文化治理場域的研究，展露出文化價值與經濟價值的雙重辯證。筆者期許初步掌握文化價值與經濟價值彼此之間轉換的實踐邏輯，考察其主題、立場，以及知識

生產的脈絡，並非針對泛文化的考察，而是探討學術界如何評論這些具資本資產特徵的文化現象，藉此窺探這類人們普遍認同的文化現象，如何具備資本資產的特徵，做為知識與實踐的新議程。

二 文化價值與經濟價值轉換的實踐邏輯

　　文化價值與經濟價值兩者之間的關聯性，前者以藝術性為衡量標準，後者以市場價格為衡量標準。藝術活動的存續仰賴經濟價值的支撐，作品內容和形式風格成為影響美學與市場價值的變因，投入價格的變化成為一種相互依存關係，這類經濟活動無論是以經紀關係或是作品代理的形式，植基於藝術生態之中，使致經濟價值與美學價值評量是兩種不同的過程，各自獨立又相互依存。探討文化價值的量化研究，無論是資本主義的文化經濟，或是官方治理文化策略，成為 20 世紀初學術界批判的重要議題。本文梳理文化價值與經濟價值轉換的實踐邏輯，發掘文化資本做為文化價值轉換成為資產價值之邏輯憑證，進而發展文化現象與資產價值相互轉換之理論實證。

　　回顧文化社會學領域對於文化本體論展開無止盡的辯證，文化被視為無法衡量的無形薄霧（amorphous mist），又是一系列可被分析與量化的詮釋模型（Ghaziani, 2009; Mohr & Ghaziani, 2014; Mohr et al., 2020）。文化既是理解社會行動的視角（perspective），又是一門獨特、具自主性的專長（specialty）。無論社會學將文化做為觀察人們如何理解世界的一種持續性專案，經由特定團體的互動表徵所形構的慣有文化（idioculture），包含意義、符號系統和社會生活等，成為文化形式概念化的起源，並且通過宏觀社會生態模型，考察制度化的文化形式以及意識型態如何在場域（field）中運作，將語意研究法轉移到場域分析，以克服測量上的問題（Mohr, 2003; Fine, 1979, 1996, 2001, 2003; Wuthnow, 1987, 1989）。另一方面，主張文化做為獨特專長（specialty）的論者，

關注人與客體之間的關係，如何以社會結構的場域、網絡或關係為中介，透過對於藝術和智力活動過程中所創造、生產、分發、接收、解釋和消費的客體進行測量，做為理解共享社會生活中的意義和重要性。不同於前項將文化視為一團無定形的迷霧或本質上無法衡量的語意結叢，後者認為文化客體的詮釋具有模組化的特性，這些模組可以被分析並轉化為可測量的形式，例如民族誌觀察（ethnographic observation）或質化訪談（qualitative interviews）一旦轉化成為田野筆記或訪談逐字稿，即可適用於第二序外化（second-order externalizations）的詮釋理論（Mohr, J. W. et al., 2020; Ricoeur, 1973）。

（一）文化社會學的質量辯證

文化社會學圍繞在文化本體論的相關辯證，對於發展文化意涵概念上研究產生相當的影響。相較於 Peterson（1979）概略地將文化歸納為規範、價值觀、信仰和表達符號的四個要素，文化社會學對於文化意涵的詮釋領域在 1980 年代晚期以後更加開展，並在研究方法上產生顯著的變化，以下歸納相關之研究主題，依序包括社會階層的建構、社會運動組織、平權行動（Beisel, 1990; Bourdieu, 1984; Johnston & Klandermans, 1995; Skrentny, 1996; Lamont, 2012），以及群體如何在形式上體現共同的意義，包括板球運動、時尚、歌劇、電視、藝術（Kaufman & Patterson, 2005; Crane, 2000; Stamatov, 2002; Bielby & Bielby, 1994; Becker, 1982; Baxandall, 1988; DiMaggio, 1987; Griswold, 2008）。

首先，文化意義的測量一直是社會學家關注的中心問題，在經歷文化轉向後，更加頻繁地關注符號邊界、文化工具包、認知基模和文化框架（Christopher, 2014; Lamont, 2012; Swidler, 1986; DiMaggio, 1997; Benford & Snow, 2000）等方面的研究，除了對於文化現象詮釋方法論的發展產生影響，同時也引發量化導向的學者的興趣，相互匯流發展出新的測量模式，開啟文化做為一系列可被分析與量化的詮釋模型的研究主題。學者

觀察美國社會學對於文化的理解和建模方式產生重大變化，將 1900-2010 年間現代美國社會學的歷史劃分為六個大致相等的時期，對於每個時期用於分析文化的方式，近一步區分為解釋性模型（explanatory models）、詮釋性（interpretative）描述、質性研究社群關聯性強度以及內部群體對於採用方法論的衝突程度四種類型（Mohr, 1998; Mohr & Rawlings, 2018）。

其次，文化社會學開始將文化視為社會學中一個獨特且自主的子領域，關注具有意義的客體（objects），包含藝術活動的作品、產品或書寫文件，如何被創造、生產、分配、接收、解釋和消費等一連串結構性和歷史性的過程。相關學者將文化客體與其社會生活世界、創造者與接收者連結，把我們引導到人與客體之間的社會聯繫，包括客體是如何生產、傳播和消費，以及這些關係如何反過來塑造社會世界（Griswold & Carroll, 2013）。這些客體在形式上具備共享的意義，人們賦予形式的意義必須是社會共享的，而不是個人或特有的，而這份共享的意義是構成文化的要件。此外，客體必須是世界上的物質實例，即使是抽象的文化物件，如戲劇或芭蕾舞表演，也必須是可預測且具有物質性。換句話說，無論是思想、演講還是電子的 1 與 0，必須以物質形式外化，這對在它們的傳播和詮釋過程中是相當重要的條件。即使是不被視為實體的數位客體，如流媒體音樂，仍需具備可視的形式，將知識妥善的轉化成為客體的形式，有助於近用與傳承。

隨著互聯網、社群媒體和數位檔案的興起，產生大量文本資料，電腦科學家開發強大的工具自動分析大數據。面對大量文本的數據世代，文化社會學在追蹤文化元素或意義系統（例如框架、模式或符號邊界）的改變時序上，需要結合新演算技術與傳統質性研究方法，還要具備將文化元素或意義系統分類的操作能力（Christopher, 2014）。有鑑於歸檔的過程是維持客體持久性的關鍵，如何將客體妥善歸檔、保存和收藏也是相當重要（Mohr et al., 2020），將檔案文獻視為體現文化價值的資本資產，納入貨幣價值衡量的概念持續發展，成為典藏機構利用後設系統整合檔案種類與管理資源，做為通往數位經濟的渠道。

　　縱然文化意義與社會構成緊密相連，社會構成又是如此多層次和微妙，當代文化社會學家需要對多種文化元素或意義系統之間的關係，進行中觀和宏觀層面的分析。假設量測僅是代表對於真實世界某個面向的詮釋，那麼每種量測僅對於該面向詮釋有益，無法以一套通用的方法來去進行跨社會意義構成的比較。面對上述種種課題，社會學者為了量測文化與社會建構的關係，必須採取跨領域的研究方法，才能充分衡量客體所發揮的社會影響力。

（二）文化經濟學的文化領域

　　隨著藝術與文化價值評量在人文與社會科學領域反復出現，文化經濟一詞於 20 世紀開始受到矚目（Hutter & Throsby, 2011）。過去在封建和君主制的政府體制下，藝術和文化成為主人或政權掌握者表現代表性的一種形式象徵。在現代資本主義社會中，資產階級公共領域的形成與社會的發展緊密地聯繫在一起，使得藝術和文化脫穎而出成為一種實踐公共性的手段。然而，從文化政策的觀點，藝術長期以來被視為是文化的一個子集；從社會學和人類學的觀點，則被視為一種社會現象。以文化消費為主題的研究，多為社會文化方面的指標，不足以衡量藝術經驗，導致那些相對具獨特性的藝術活動，如情感與審美體驗和探索，且具備資本資產特徵的文化現象容易被忽略，以至於未能達到服務藝術產業政策發展指標與價值衡量的目的。

　　歐盟文化統計領導小組（LEG-Culture）於 1997 年 3 月成立統計資料委員會，其任務是在歐盟建立一個連貫和可類比的訊息系統，以促進文化與社會經濟發展之間的關聯，進一步將藝術和文化對社會提供的經濟貢獻分為直接性與間接性經濟效益（Council of Europe Pub, 1997）。為了適應快速變化的形勢，同時努力保持各方利益之間的某種程度的兼容性，接著LEG 選擇了八個文化領域（cultural domain）做為參考框架，內含藝術和紀念性遺產、檔案、圖書館、書籍和出版社、視覺藝術、建築學、表演藝術（音樂、舞蹈、音樂劇院、戲劇劇院、多學科、馬戲團、啞劇等）、音頻

和多媒體，不僅可以進行分析和比較，更重要的是，可以將其嵌入國家和歐洲文化政策的框架中（Adolfo, 2006）。

　　20 世紀初期法蘭克福學派在批判理論基礎上，對於文化商品化的趨勢提出文化工業這個概念，直到 1960 年代末期，文化工業（cultural industry）[1] 一詞從文化研究領域進入政治領域，產生政策相關的論述，將其從法蘭克福學派的理論中心，在經過文化轉向（cultural turn）的驅動，人文和社會科學的理論與分析中出現知識典範的轉移，導入文化治理的概念（劉俊裕，2011）[2]，使得文化藝術這個長期在政策領域被視為邊陲的項目，也因經濟效益的期許而提高了它做為國家及區域治理策略的地位（王俐容，2006），當代政治經濟學者開始思考文化產業（cultural industries）[3] 結構，在歷經幾番轉折後，逐漸形成一個政策性的概念。[4] 自 1970 至 1980 年代起有越來越多的國家紛紛將此觀點納入文化政策中，並視為國家發展的重點產業，爾後衍生成為「創意產業」（creative industries）做為國家發展戰略規劃。文化經濟理論兼顧歷史轉型、概念區別與社會分化的向度上，在概念成型之前，受到政治經濟學、社會學與後現代主義的影響甚篤，之後則廣泛地與諸多領域連結，探索視覺藝術、音樂、文化遺產、電影或文學領域產生的文化產品與服務（Throsby, 2008），並認為文化價值具有可被觀察與量化的特性。包括文化經濟地理學（cultural

---

1　這個概念是阿多諾的哲學理論的中心，它於 1948 年首次出現於阿多諾的《啟蒙辯證法》著作中。

2　近年來各國以文化產業（cultural industry）或創意產業（creative industry）做為施政方針的國家，都有專文討論文化治理的部分，如（Yue, 2006; Moon, 2001; 王志弘，2003）等。

3　聯合國教科文組織（UNESCO）對「文化產業」的解釋為：「結合創意、生產和商品化等方式，運用本質為無形的文化內涵，這些內容基本上受著作權保障，形式可以是物質的商品或非物質的服務。」（Adolfo, 2006）

4　相較於德國法蘭克福學派的學者狄奧多 · 阿多諾（Theodor L. W. Adorno）及馬克斯 · 霍克海默（M. Max Horkheimer）等人提出文化工業（cultural industry）的概念，用以批判資本主義社會下大眾文化的商品化及標準化。

economic geography）、創意產業（creative industries）、服務性文化產業（culture of service industries）、文化政策（cultural policy），近來更密切地與一個新興的名詞 —— 創意經濟（creative economy）緊密相連（Flew, 2009）[5]。

　　隨著國際間對於文化經濟論述正式展開，[6] 這樣的辯證延續至 20 世紀末葉，1994 年澳洲政府提出「創意之國（creative nation）」首度將「創意產業（creative industries）」納入文化政策，[7] 繼而英國工黨於 1997 年引用「創意產業」做為政策主軸，1998 年文化媒體體育部（DCMS）組成創意產業任務小組（Creative Industries Task Force），並於 1998 年與 2001 年分別提出創意產業發展藍圖（Creative Industries Mapping Documents）。繼而自 2001 年起，為因應國家政策的發展，著手進行創意產業產值評估與統計方法的建立，並進一步於 2011 年的統計報告中闡述詮釋（DCMS, 2001; 2011）。直至 2011 年英國的統計方法與資料庫始發展完全，項目涵蓋「淨加值」、「服務出口」、「就業」與「企業數」四個項目，其中「就業人口」的數據取自 2007 年「英國國家標準產業分類」（UK Standard Industrial Classification 2007，簡稱 UK SIC 2007）以及 2000 年「英國國家標準職業分類」（UK Standard Occupational Classification 2000，簡稱 UK SOC 2000）；而「企業數」數據取自英國

5　21 世紀初期英國以經濟和區域規劃發展為核心的文化經濟論述正式展開，議題包括：文化產業（Garnham, 1987; Hesmondhalgh, 2007; Throsby, 2008）、創意產業（Garnham, 2005; Hartley, 2009; Jason Potts, Stuart Cunningham, John Hartley, & Paul Ormerod, 2008）、文化經濟地理學（Martin, 2008）、文化／創意經濟（Pratt, 2009；Throsby, 2001）等。

6　在名詞的使用上各國訂名不一，包括英國「創意產業 (creative industries)」、韓國「內容產業」、芬蘭「文化產業」與臺灣「文化創意產業（cultural and creative industries）」等。

7　1994 年澳洲政府提出「創意之國」（creative nation）的文化政策，強調：「文化政策就是經濟政策，文化創造財富……文化增加價值，並對於創新、行銷與設計具有不可或缺的貢獻。」

跨部門商業註冊機構（Inter-Departmental Business Register，簡稱 IDBR）。法國政府也開始將「文化產業（cultural industries）」定義成系列性的經濟活動，內涵概念與創意，經過工業化量產且具商業化特性的文化產品。[8] 亞洲區則以香港為例，香港民政事務局 2004 年出版的報告中（Home Affairs Bureau HKSARG, 2004），對香港創意指數進行研究，擬定量度香港創意產業發展架構。

　　1980 年代後期以降，學者進一步將文化產業的發展模型予以彙整，[9] 並納入經濟學理論做為產值的統計工具，包括就業人口、營收、消費指數、進出口盈利、閱聽眾數量、稅收收入、外來投資等項目進行統計，並逐步建立計量模式，如量化分析（quantitative analysis）、財務調查模式（financial survey model）、投入－產出模式（input-output model）、產業鏈模式（production chain model）、產業組織理論（industrial organization theory）、價值鏈分析（value chain analysis）、產業間分析（inter-industry analysis）、區位分析（locational analysis）、契約理論和財產權（contract theory and property rights）、貿易與發展（trade and development）、都市規劃（urban design）、經濟地理學（economic geography）等。凱利與凱利（Kelly, A. & Kelly M, 2000）歸納一份評估調查表，設計了十二項操作項目，分別為組織結構（organisation）、營運收入（income）、營運支出（outgoing）、資本結構（capital improvements）、

8　此處引用法國 Département des études, de la prospective et des statistiques 於 2006 年出版的報告，《Aperçu statistique des industries culturelle》No.6, p7.

9　Radich（1987）解釋經濟效益帶來的影響可被定義為：從微觀層面來看，係指消費者、企業、市場、產業的經濟行為；從鉅觀層面來看，係指國家財富、收入、就業人口和資本。在 Throsby 的《文化產業的模型》（*Modeling the Cultural Industries*）（2008），分別是 UK-DCMS Model、Symbolic Texts Model、Concentric Circles Mode、WIPO Copyright Model、UNESCO Institute for Statistics (UIS) Model、Americans for the Arts Model，共六種。

營運績效（attendances and performances）、員工（staffing）、社會資本（social capital）、營運方針與挑戰（current and future plans and challenges）、文化效益與影響（cultural benefits and impact）、社區經營（building and developing communities）、社會轉型與公眾觀點（social change and public awareness）、人力資本（human capital），進一步指出在藝術專案價值與績效評量上，必須納入利益關係人，包括「藝術家」、「藝術機構」，以及「出資者」。其他常見的績效評量工具還包括平衡計分卡（balanced scorecard）、最佳價值績效指標（best value and performance indicators）、槓桿分析法（benchmarking）等。除此之外，常被用來做為經濟指標的項目還包括「就業人口數」、「營業額（其中還包括對於政府補助款在專案上的績效評估）」、「消費者購買力」等（Reeves, 2002）。學者 Lingayah 等人提出多水平法（multi-level approach），主張從「國家」、「組織」、「地方」與「專案」四種層次來測量藝術的影響力。梅塞（Mercer, 2002）則將文化指標分成「文化的活力、多樣性與歡樂」、「文化普及性、參與度與消費」、「文化、生活方式與身分認同」以及「文化，道德，治理和行為」共四個範疇。然而文化統計數據的國際標準化，改變了數據的建構及統計架構，形成文化指標的基礎。在文化產業與經濟發展的指標建構上，關注的是文化產業化下文化的流通、生產與消費等問題，並以文化統計為指標發展的基礎（IFACCA, 2005）。

　　值得注意的是，1990 年代開始經濟學家試圖將社會學中的文化資本（cultural capital）與人力資本（human capital）相連結，思考是否有機會延伸性探究人力資本蘊含多少文化資本，開啟了文化資本的經濟概念以及其所依賴的文化和經濟價值之間的關係，探究文化資本對經濟分析的可能影響，包括增長、可持續性和投資評估等議題。人力資本為人類自身所儲存的教育、技能、文化和知識的涵量（Costanza & Daly, 1992），亦即內含的文化資本。這種資本是指內化於人們身心上的長久習性，例如個人的語言風格、行為習慣、舉止進退、人格類型和文化習尚等文化素養，它是歷經長期的社會化後的結果。所有的資本之中，最具價值的就是對人投資而形

成的資本，但是在評量上，因為不太可能對此人內含之文化資本單獨進行評估，因此將文化元素納入人力資本範疇在評估上會遇到困難（Woodbury, 1993）。另外，也有學者選擇從系統的角度考慮了自然資本和實物資本之間的關係（Berks & Folke, 1992），試圖將文化資本一詞指涉人類對自然環境的適應能力，並認為需要第三個維度來說明自然資本（natural capital）可以用來創造實物資本（physical capital）的方式。Throsby（1999）提出文化資本（cultural capital）做為物質資本、人力資本和自然資本三種資本形式之外第四種資本的概念，嘗試將經濟與文化兩種領域相互結合。

在實證研究方面，發展出為探討產業核心活動促進產業經濟發展的動能，利用迴歸分析法進行藝術經濟力結構要素的實證分析（柯人鳳，2013）。研究者以個案統計數據導入迴歸模型，實證結果個案單位之「機構營運績效」與「城市年度觀光產值」、「帶動城市就業市場」、「地方政府年收入（含稅收）」、「城市年度觀光產值」、「城市 GDP 成長」具正向關係（附錄一），證實機構營運績效與產業經濟發展具有正向連動關係。

從實證結果進一步分析，「機構營運績效」做為連結文化價值與經濟數值的關鍵環節，「資本存量」則是產出財務績效的計算單位。因知識管理流程而產出的資本，舉凡關鍵知識、顧客關係、商譽、商標、專利、顧客關係及專業技術等無形資產，皆歸納於「智慧資本」的範疇中。由於智慧資本包含了許多隱性資產面向的評估，諸如人力資本、技術資本、財務資本、結構資本、關係資本、顧客資本等，前述項目尚無法在傳統資產負債表中揭示其價值，須仰賴評價機制，將機構具文化特徵之資本存量，以及具備資本資產特徵的文化現象，依會計單位反映在財務報表上，如此一來，資產評價技術就成為價值轉換的實踐工具。

臺灣在文化價值與影響評估主題的研究面向，長期著重概念性的發展，強調文本意義的詮釋，缺乏經濟價值的研究實證，使之在建立整體架構的過程中，落入單向度的對話和辯證。文化統計與文創產業年報則陷入與產業現況脫節的窘境，使得政府部門未能如實掌握營業額、家數、產業鏈、就業人

口等重要評估指標。有感於一個文化政策若要能夠回應產業發展的需求，首要之務，應克服政策思維上對於文化經濟與產值的迷思。不僅如此，文化指標與價值衡量之研究發展，應超越對於經濟數值的批判，重新檢視國家文化統計資料的分析結構，以及各地方文化統計的蒐集制度。調整與產業發展相對應的稅務行業標準分類代碼，定期進行評估工具和流程的修正，做為出具建設性的藝文政策論述之依據，進一步歸納具備資本資產特徵的文化現象，將有助於發展適切的價值評量技術與政策思維。

（三）具備資本資產特徵的文化現象

現代社會將文化從功能上表示具經濟性的文化單位，如文化產業，同時也是做為人們群體或集體行為的表達，如信仰體系、活動和某種有助於人類共享這些經驗的文化價值，舉凡文物建築和藝術品。文化資本在概念發展上做為體現文化價值的資本資產（capital assets），第一層意涵是對文化做為一系列活動的具體解釋，從功能上表示具經濟性的文化單位，如文化產業。第二層解釋從人類學或社會學的觀點，文化被視為對不同社會至關重要的一組態度、實踐和信念。這種文化用特定社會的價值觀和習俗來表達特定的價值觀和習俗，並隨著時間的推移而一代傳一代。換言之，構成文化的基本定義與功能的基本要素，是其做為人們群體或集體行為的表達，如活動和信仰體系、某種有助於人類共享這些經驗的事物，就可以說具有文化價值，例如一本小說或一首詩，可能表達讀者所認識並與之相關的人的處境。文化資產與建築可以將社區或社會聯繫在一起的歷史或傳統予以體現，這些例子提供和傳遞文化信息的共同語言，往往伴隨著文化價值的概念。諸如文物建築和藝術品等許多人們普遍認同的文化現象皆具備資本資產的特徵，若僅僅將之視為一種或多種常規的經濟資本形式，無法充分體現它們對人類總體發展以及對經濟交易的影響，透過文化資本以便形式化這種同時存在於文化和經濟中的現象。

　　回顧社會學對文化品味、文化參與以及文化資源（例如父母特徵和教育程度）相關性之研究脈絡，從早先提出通過慣習轉化為有意義的實踐傾向（Bourdieu, 1984），到當代社會學家將偏好和品味做為兩個獨立的領域進行研究，雖然參與藝術活動的模式，通常依循著偏好表達模式（Peterson & Simkus, 1992），當社會行動受到偏好的約束，表示文化參與在很大程度上也取決於文化偏好（Ro ̈ssel, 2008），但偏好某些藝術家或繪畫流派，並不一定會去博物館看這些藝術家或流派的作品（Silva, 2006），運用雙變量分析（Bivariate Analysis）進行受訪者文化資本衡量標準，驗證出文化品味先於文化參與的研究結果（Yaish & Katz-Gerro, 2010）。當社會中個人和群體之間的關係被挑起時，文化資本與社會資本相互交織，許多實證研究證實教育和場域慣習對於經濟和社會產生總體性的影響。論者將文化組成元素概括分為藝術與人類行為兩個層面，前項指涉人類社會所有的表達形式，舉凡寫作（小說或非小說）、音樂、舞蹈或表演以及期刊或學術研究（Osborne, 2013），後者指涉社會學中的文化資本，認為文化資本以內化狀態（embodied state）、具體化狀態（objectified state）、制度化狀態（institutionalised state）三種形式存在，個人確定為擁有文化資本，前提是他們已經獲得了社會地位高的文化的能力（Bourdieu, 1986）。雖然慣習（habitus）的概念將文化帶入以經濟為討論主軸的社會階層分析，開展人們在品味、消費和不平等相關研究，拓展對於社會階層如何透過文化，抑或中介特定的社會場域來生產和再生產社會階級關係的視野，但其理論意義仍具有部分潛在機制未具體說明，尚無法對各種解釋開放，使得社會學的文化資本在說明特定社會的階級文化品味及其變遷時出現了理論和現實的落差（莊致嘉、游騰林，2016）。

　　事實上，文化資本可以說是一種體現資本資產的文化價值存量。更確切地說，文化資本是體現資產的文化價值的存量。隨著時間的流逝，本身具有文化和經濟價值的商品，可能反過來會產生商品和服務的流動。資產可分為有形資產與無形資產。有形文化資本資產的存量具有文化意義（通常稱為文化遺址）的建築物、場所，以及做為個人財物的藝術品和手工藝品，例如繪

畫、雕塑和其他物體。這些資產產生服務，這些服務流可能會隨著私人或公共物品立即進入最終消費而被消耗，它們可能有助於文化商品和服務。另一方面，無形文化資本包含思想、實踐、信仰、傳統和價值觀念。這些無形文化資產產生的服務流，構成文化消費的一部分，將有助於文化生產。當文化資本可依資本資產概念來衡量其價值，個人或團體可以將之依據會計單位認列之資產項目，就像對任何商品的估價（表示為他們的需求價格或支付意願）。儘管個人之間可能無法就特定項目的文化價值達成共識，但在特定情況下可能會達成足夠的共識，如此一來，便能夠對具有重要文化意義的項目進行社會的文化價值評量。

三　藝術資產進入公共領域的微觀實證

　　文化做為提升公民社會生活品質中不可或缺的元素，企業參與藝文類型可概分為三類：藝術慈善事業導向、藝術改善企業營運效能與藝術改造企業商業模式（Rangan et al., 2015）。藝術慈善事業導向的活動，並非設計於營利用途或直接改善企業營運績效，而是以捐錢或捐設備給民間組織、參與社區活動或是支持員工擔任志工等方式進行。藝術改善企業營運效能的模式係指在既有的商業模式中，藉由支援公司價值鏈之運作，增進社會或環境利益，經常能改善企業營運效能，舉凡開發藝術文創商品，以增加公司營收；深化企業與藝術之連結、打造企業品牌形象，以提升企業商譽；或是提供員工藝術品導覽課程及以藝術品妝點工作環境，減低員工工作壓力、增加員工工作效率等。藝術改造企業商業模式係指創造新的商業模式，特別是解決社會或環境挑戰。此類型必須藉由解決社會或環境挑戰，達到改善企業績效的目標。如何根據國情制定出適用藝文社會投資評價體系，並與國際責任投資原則介接，引導與規範企業公司治理的準則，成為 21 世紀文化價值與經濟價值轉換之實踐場域。

　　自 18 世紀藝術通過美術館對外開放典藏展示，以及展示與教育成為一種公眾資源，發展至今，在文化藝術資源的行政、分配與管理上，公部門從文化治理的角度在制定文化政策時，所強調的文化機構與藝術活動性質往往定位在「高級」文化或是所謂「純藝術」的範疇，這些機構多半為音樂廳、表演廳、美術館、圖書館、歷史博物館與教育單位等（Moon, 2001: 433）。回顧 1980 年代美國企業受到政策鼓勵，開始購藏藝術品並展示於私人辦公大樓的空間，成立私人美術館做為彰顯企業社會責任價值的方式之一，同時開啟了對於文化私有化的省思（Wu, 2003; Evans, 2015）。中央集權形式的自由主義至新自由主義以降的文化經濟相關論述，包括將政府的開支、稅賦與管制最小化，撤銷福利國家制度或推動民營化等主張，在歷經 1960-1970 年代的經濟蕭條，1980 年代雷根主義與柴契爾主義後，國家對於公共補助於支持文化事務的意願逐漸降低，逐漸形成 20 世紀後半葉市場導向（market-driven）大於政府導向（government-driven）的治理時代，政府與企業於文化藝術推動上的比重消長產生相當變動。以英國首相柴契爾夫人、美國總統雷根為首，開始推動「新自由主義」，大力推動減稅、縮減社會福利、解除金融管制，以企業和富人利益為依歸，二次戰後福利國家置身於兩難的困境，逐漸被所謂的自由市場經濟所取代，私有化（privatization）、自由化（limited government）、去管制化（deregulation）和企業文化（enterprise culture），成為當時大西洋兩岸政治意識型態的流行語。伴隨資本主義的發展而產生出一個新的資產階級公共領域（bourgeois public sphere），因其背後有明顯的政治和經濟利益，造成了公共領域准入的限制以及為了資本主義在競爭經濟中的運行和繁榮而不可避免的對公共領域的政治控制（Habermas, 1989）。

　　相較之下，21 世紀的企業在文化治理扮演角色的比重，因經濟環境的影響，處於一個動態改變的位置。橫跨國家機構與民間第三部門的公共事務決策和執行過程，替代過去侷限於「政府」的公共決策取向，從管理主義到強調企業主義和創新，乃至於反身性自我治理的心態（王志弘等，2011），

觸發文化藝術經資本化成為資本資產，通過企業社會責任進入公共領域的轉換機制。

（一）CSR 做為公共領域第三次轉型的觸媒

　　過去企業在實踐企業社會責任的做法多數採取事件型態，如公益慈善活動（捐款、賑災、救助弱勢等）、地球公民環保（種樹、淨灘等），只要對於企業形象或聲譽能加分就可以簡單地被稱為企業社會責任。隨著公民意識崛起，企業利害關係人不再滿足於此種贖罪券或功德補償的做法，而是期待在商業決策體質上進行改變。ESG 準則做為企業實踐 CSR 的發展指標，從環境（environment）、社會（social）、公司經營（governance）評估一家企業的永續性（sustainability），強調公司決策機制必須考慮到這三方面因素。例如公司進行資本預算與投資決策評估時，是否考慮到環境與社會影響，公司治理機制如董事會是否有監督與諮詢功能。除此之外，隨著 CSR 發展成為一門學科，關於 CSR 的管理原則逐漸受到重視，國際上擬定之「責任投資原則（Principles for Responsible Investment, PRI）」，強化了企業社會責任與公司治理的關聯，反映環境、社會及公司治理與投資實務日益密切的關連性。企業非財務面的績效報告書在國際上有如雨後春筍般的快速興起，報告揭露企業的天職不再只是提高股東利益，亦必須關照顧客、投資者、供應商、員工、社區及社會人士（Lim, 2010; McShane & Cunningham, 2012）。2002 年國際金融公司（International Finance Corporation, IFC）於倫敦招開會議，討論環境與社會因素對專案融資的影響，參與會議的銀行決定草擬一份架構，強調銀行在進行專案融資時所需考量的環境與社會議題。2003 年由花旗銀行等十家以 IFC 與世界銀行共同發起自願性專案融資準則，以社會與環境為藍圖，稱為「赤道原則（Equator Principles）」。聯合國於 2006 年與國家大型投資機構聯合發表「責任投資源則」，將環境、社會、公司治理等所謂 ESG 納入投資人決策過程，此原則列出六大類二十五項可行方案當做投資參考準則，進而於 2009

年成立「永續性證券交易所」（Sustainable Stock Exchanges, SSE），引發越來越多主動式管理基金在公開說明書加入 ESG 準則，如 JP Morgan、Morgan Stanley 及 RBC 管理的基金開始將 ESC 準則列入。根據 CFA 協會（特許金融分析師協會）發布 ESG 聲明：「無論何種投資風格、資產類別或投資方式，CFA 協會鼓勵所有專業投資人士將 ESG 準則納入投資決策流程中做為分析及投資的重要部分。」大多數的永續型基金是股票型基金，投資在美國、已開發國家及新興市場地區，少部分是債券型基金，類別大致可區分為 ESG 衡量型基金（ESG Consideration Funds）、ESG 決策型基金（ESG Integration Funds）與 ESG 影響型基金（ESG Impact Funds）。值得注意的是，ESG 決策型基金會將 ESG 準則延伸至持股公司層面，著重投資於重視永續經營的公司，多數 ESG 決策型基金會在其基金名稱標示「ESG」或「永續」等字眼。ESG 影響型基金則進一步希望在獲得報酬同時能對社會及環境帶來正面影響，ESG 影響型基金通常關注特定議題，如低碳、性別平等及綠色債券，甚至部分 ESG 影響型基金採用特定議題為持股證券的篩選指標，越來越多 ESG 影響型基金將其投資流程對社會帶來的影響傳達給投資人，多數會將「影響」一詞放進基金名稱中。

不可諱言地，企業是藝術產業重要的支柱之一，例如瑞銀集團（UBS）龐大的藝術藏品，不僅梳理了當代藝術史，於各地巡迴的藏品展也對藝術教育推廣及文化交流有極大的影響，以此為立基，藝術諮詢服務中心（Art Competence Center）的成立，將銀行本身定位為專業藝術顧問，提供高資產客戶藝術品投資、維護管理、藝術法律諮詢等服務，是企業進化改造商業模式的經典案例。觀察 BMW 寶馬集團與德意志銀行將資產配置在文化藝術項目上獲得良好績效，其成功因素可歸納為：成立專責單位實踐企業社會責任下的文化藝術專案與服務；在企業社會責任項目的預算分配上維持固定比例與金額；以及規劃之藝術專案與服務有助於企業永續經營價值的實踐。英國 Arts & Business 描繪 CSR 於企業公司治理之結構（The SMART Company, 2004），發現 CSR 策略方案需要在董事會與整個企業的高層進行討論。依照目前企業經營觀念的轉變，公司的聲譽不再只與產品

本身相關，而是其做為企業公民的定位，企業在應用社會責任資源之分配上，從社會公益衍生成為品牌能見度超越行銷的經營策略之一，藝術專案與服務，產生的無形與有形文化資產評價結果，成為企業營運績效評量項目。比起公益性質，對於資源的投放逐漸轉變以投資的發展潛力衡量之，並成為推動公司治理及藝文社會責任政策之指引。換言之，在資本市場面臨 CSR 的浪潮推進下，企業從文化消費者成為文化保存的角色轉換，藝術品進入公共領域成為具有歷史意義文化資產的過程，甚或成為公共領域第三次轉型的觸媒。

（二）CSR in ARTS：具文化特徵之資本存量

探究具文化特徵之資本存量是否增進社會或環境利益、改善企業營運效能，是一個重要且複雜的課題。主要是在瞭解政策是否能有效達成促進產業技術升級之目的，以及在執行層面，資源是否分配給有效率的組織，並達成充分的預期結果。在實務層面上，企業經由藝術專案與服務產生的智慧資本存量，轉化成為公司的聲譽、品牌形象、顧客關係、創新能力、專業技能的培養與掌握，而使企業在市場上能保持優勢，如何將這些智慧資本變成投入公司的知識管理流程和促進因素（enabler），進一步將產生的智慧資本存量的變化和財務績效兩種產出（Cooper, 1987）進行評價，以提升企業公司治理針對單位特性提供績效改善策略之參考，是鼓勵企業發展藝文專案與服務、創造文化公共領域的流動性與影響力評估的政策基礎。

臺灣資本市場在面臨企業社會責任的世界浪潮下，為喚起企業對社會責任的重視，在資本市場制度面上，金融監督管理委員會（簡稱金管會）陸續修訂企業社會責任揭露之規範，並責成臺灣證券交易所股份有限公司（簡稱證交所）及財團法人中華民國證券櫃檯買賣中心於 2010 年發布《上市上櫃公司企業社會責任實務守則》及《上市上櫃公司誠信經營守則》，以引導臺灣的上市櫃公司能夠實踐企業社會責任並落實誠信經營，強化企業永續發展。另於 2013 年公布《2013 強化我國公司治理藍圖》，做為我國推動公司

治理及社會責任政策之指引。在市場投資面上，證交所陸續發布「臺灣就業99 指數」及「臺灣高薪 100 指數」，藉由指數設計與商品推出，鼓勵企業提高就業機會並為員工加薪。在履行企業社會責任實務的推廣上，金管會於2012 年起指導證交所及櫃買中心每年辦理「上市上櫃公司誠信經營與企業社會責任座談會」，藉由標竿公司在誠信經營與企業社會責任方面的經驗分享，提供上市櫃公司實踐企業社會責任之案例。

2014 年證交所加入世界交易所聯合會（World Federation of Exchanges，簡稱 WFE）的永續工作小組，推動臺灣資本市場對於環境、社會與治理等面向的規範能與國際接軌，加快我國企業投入社會責任的腳步。此外，自 2013 年起，證交所每年年底公告「公司治理評鑑指標」，並於次年 4 月底前公布評鑑結果，鼓勵企業落實公司治理，該指標涵蓋五大構面，並側重「強化董事結構與運作」之成果。公司治理評鑑的製作方式，主要是依 OECD 公司治理五大原則、同時參考 ACGA 公司評鑑指標和ASEAN 計分卡指標，問題設計則是依國內資訊揭露評鑑指標、《公司法》、《證交法》等相關規章，以及公司治理實務等守則及其他上市、上櫃規則等建立標準，參酌上列調整為指標之五大構面，以第四屆為例，分別是「維護股東權益（權重 15%）」、「股東平等對待（權重 13%）」、「董事會結構與運作（權重 32%）」、「資訊透明度（權重 22%）」及「落實企業社會責任（權重 18%）」，以第四屆為例設計研議共九十九項指標。金管會於 2017 年規定資本額達 50 億元以上企業必須強制編製 CSR 報告書，並宣告 2023 年申報門檻再從 50 億降至 20 億。實務守則並建議以「落實公司治理」、「發展永續環境」、「維護社會公益」、「加強企業社會責任資訊揭露」為 CSR 實踐原則。惟文化發展項目因並未明列於四項實踐原則範疇中，以致各企業認定情形不一。

文化部為促進上市上櫃企業支持臺灣文化發展，自 2017 年起與金管會及證交所啟動協調，證交所於 2019 年 6 月函覆文化部，同意將「促進文化發展」納入《上市上櫃公司企業社會責任實務守則》的「維護社會公益」實

踐範疇，實質鼓勵上市櫃公司贊助支持藝文發展。觀察國內金控集團，舉凡富邦金控集團、國泰金控集團、台新金控集團、元大金控集團以及中國信託金控股份有限公司，近年紛紛設立企業永續經營委員會，發布年度 CSR 報告書，各家金控集團推出相應的 ESG 金融方案（附錄二）。

觀察國內金控集團之財務報告較無直接揭露與 CSR 相關項目（附錄三），此點可能與 CSR 報告書屬非財務資訊揭露範疇的特性有關。其次，財務報告尚無反映與 CSR 報告書相關之執行項目，以及會計單位相關的資訊揭露。此外，國際企業常見的「藝術購藏」，即企業將藝術品做為企業資產配置的選項之一，並藉由支持藝術家並協助藝術家舉辦展覽，連帶提升企業品牌形象的做法，從國內各家基金會之財務報告中資訊揭露仍顯不足，而外商公司較本土公司更願意揭露企業社會責任相關作為。關鍵因素在於企業藝術品購藏之稅務議題，舉凡藝術品購入及移轉、藝術品持有期間的會計及稅務規範等相關配套措施基礎薄弱（台北藝術產經研究室，2017），導致今日國內以企業為單位之藝術購藏風氣未開。

相關研究結果顯示公司積極推行企業社會責任，企業推動 CSR 活動評價越佳，會發生財務報表重編的可能性較低；而家族企業及股價淨值比高之公司，與財務報表重編呈現正向顯著（陳宜伶、陳文英，2019）。主要原因為企業社會責任公司較重視名聲與財報品質，凡可能會造成公司名譽減損或財報品質不佳的情形，都會盡量予以避免（陳政芳，2008）。各家集團在預算分配上維持固定比例與金額，經由文教基金會或公益集團，規劃藝文專案與服務，贊助各種文化藝術的講座、展覽、表演、活動、研討、學術研究及出版，結合集團資源，將藝術文化導入企業品牌空間，多元實踐企業社會責任（附錄四）。

隨著我國文創產業內容研發能量逐漸累積，面對亞洲國家快速崛起，為了導引企業社會責任資源挹注，促進文化永續發展之政策目標，文化內容策進院倡議「CSR for Culture 文化發展與企業社會責任網」，鼓勵民間企業善用政府資源，持續支持文化事業。然而，這類打造使企業、文化與社會得

以永續發展的環境的政策思維，應先協助企業評估經由實踐藝術專案與服務產生的智慧資本存量，針對具文化特徵之資本存量的創造程序進行價值評估，並將評價結果反映在 CSR 報告書或財務報導中。

四 結論

　　隨著大眾對在各種條件下瞭解文化與藝術資產價值的需求不斷增加，資產評價的功能亦須同步進行檢討與改善。當藝術品價值因長期持有而與日俱增，現行購藏藝術品的企業於資產負債表無法依公允價值重新衡量，將成本與公允價值之差異金額調整入帳以彰顯藝術品之市場價值，致使企業資產價值遭高（低）估，進而成為消滅企業購藏動力的因素。此外，企業購藏藝術品的稅務處理無任何特殊的租稅誘因亦是主要原因之一，如能同有價證券移轉交易課徵藝術品交易稅，將有助於活絡藝術品交易市場，並為政府開拓新稅源。然而，無論是依展覽或裝潢之藝術品，抑或是為資產增值目的而購藏之藝術品，從國家與地方文化政策推動之立場，一旦進入資本市場建構文化金融體系，皆需面臨資產評等與鑑價作業。臺灣目前採用之會計準則，無論是公開發行公司所適用之「國際財務報導準則」（IFRS）或中小企業所適用之「企業會計準則公報」（EAS），對藝術資產之會計處理尚不明確，導致企業所持有之藝術資產常面臨僅能選擇按成本衡量，然而成本可能無法彰顯藝術品之資產價值。「財務會計」與「資產評價」是不同但又互補的知識領域，面對臺灣相關產業對於藝術資產評價制度及評價人員規範缺乏共識，藝術品於臺灣稅務及會計處理上能否彰顯其公允價值等議題，雙方的準則與解釋需要理解對方的知識領域，並互相瞭解另一方的專業角色與責任為何，進而建立符合文化內容資產特性之資產評價機制。

　　另一方面，對於藝術機構來說，瞭解 CSR 永續投資方面的趨勢也是至關重要。藝術組織尋求企業經營預算的支持，往往與企業的社會責任之公司治

理方針息息相關。除協助藝術機構能夠依此在尋求社區投資與業務支持時，接觸到正確的企業部門與專業人士，企業也因為能夠有效實踐藝文參與而提升營運績效，強化企業社會責任與公司治理的關聯，反映企業非財務面的績效報告，揭露企業的天職不再只是提高股東利益，亦必須關照顧客、投資者、供應商、員工、社區及社會人士。對所處社會與環境，發展最具正面影響力的企業公民模式，尋求企業發展與社會和諧的契合點，達到互惠與雙贏。

隨著資本市場深化，企業經營與整體社會互動日趨密切，再加上經濟全球化的進程，政府在社會整體福利投入的資源日漸消減。本文探討政策願景，為追求永續發展的新經濟模式，首要之務應善用企業資源達成文化保護與傳承的使命，透過 CSR 報告書系統性的引導企業跳脫單純藝術贊助的模式，增設藝術品成為企業資產配置的選項，並同步揭露在 CSR 報告書與公司財務報表上，發揮企業公民之角色，從消費者成為文化資產保存者的轉換機制，成為 21 世紀帶發展之研究課題。

♥ 附錄一、藝術經濟力結構要素

經濟力結構	產業藝術經濟力	城市藝術經濟力	企業藝術經濟力
資源稟賦 （鉅觀層面）	總體環境分析	總體環境分析	總體環境分析
資源整合 （微觀層面）	機構營運績效 ● 結構資本 ● 財務資本 ● 人力資本 ● 關係資本	機構營運績效 ● 結構資本 ● 財務資本 ● 人力資本 ● 關係資本	企業「藝術倡議 ABIs」構面整合分析
效益動力	直接性經濟效益 ● GDP ● 總就業人口數 ● 產業群聚效益 ● 生產要素 ● 專業供應商 ● 知識技術的傳播 ● 間接經濟效益／加值性產業活動（產業群聚效益） ● 城市內美術館年度門票收入 ● 城市年度觀光產值	直接性經濟效益 ● GDP ● 總就業人口數 ● 地方政府單位年收入（含稅收） ● 地方政府單位決策上的應用之成本效能 ● 間接經濟效益／加值性產業活動（產業群聚效益） ● 城市內美術館年度門票收入 ● 城市年度觀光產值	機構營運績效 ● 結構資本 ● 財務資本 ● 人力資本 ● 關係資本

資料整理：柯人鳳（2013）。

📍 **附錄二**

公司名稱	CSR 單位	CSR 報告書	撰寫單位	ESG 金融方案	報告書認證單位	ISO	SDGs 標示
富邦金控集團	公司治理與永續委員會	有	永續經營（ESG）執行小組	ESG 基金	BSI、KPMG	26000	有
國泰金控集團	企業永續（CS）委員會	有	企業永續辦公室	E&S（Environmental&Social）貸後管理方案	BSI、PwC	26000	有
台新金控集團	企業永續經營委員會	有	CSR 報告書執行小組（公共關係部）	1. 綠能與環保產業放貸 2. 支持能源與環境相關綠色債券 3. 支持獲選 ESG 相關指數或評比之成分股股權 4. ESG 相關產業籌資 5. 提供永續基礎建設融資	BSI	-	有
元大金控集團	永續經營委員會	有	企業社會責任推動中心之事務小組	ESG 永續 ETF 基金	BSI	26000	有
中國信託金融控股	中信金控企業永續委員會	有	企業永續辦公室	1. 國內外綠色及永續債券 2. 國內再生能源融資專案	BSI	-	有

資料來源：本研究整理。

● 附錄三

機構名稱	資本額	資產總額	無形資產	投資型不動產	不動產及設備	資料來源	財報有無揭露企業社會責任項目
富邦金控集團	115,002,640,000	8,547,702,000,000	32,713,186,000	218,019,514,000	57,380,993,000	109 年度及 108 年度合併財務報告暨會計師查核報告	無
國泰金控集團	131,692,102,000	10,065,479,341,000	51,270,972,000	408,696,108,000	101855371000	109 年度及 108 年度合併財務報告暨會計師查核報告	無
台新金控集團	114,567,044,000	2,030,941,331,000	2,464,448,000	1,001,062,000	19,051,458,000	109 年度及 108 年度合併財務報告暨會計師查核報告	無
元大金控集團	116,706,115,000	2,414,319,106,000	33,197,460,000	4,915,972,000	22,242,669,000	109 年度及 108 年度合併財務報告暨會計師查核報告	無
中國信託金融控股	199,969,796,000	6,219,434,536,000	24,425,065,000	81,655,764,000	50,698,386,000	109 年度及 108 年度合併財務報告暨會計師查核報告	無

資料來源：本研究整理。

📍 **附錄四**

機構名稱	藝術專案與服務	資料來源
富邦文教基金會	粉樂町	富邦金控2019年企業社會責任報告書
	無牆美術館	
	富邦講堂	
	電影蒐藏家博物 —— 數位修復與文化保存（文教基金會）	
	富邦世紀音樂盛宴 —— 克里夫蘭交響樂團	
	富邦小力生活音樂會	
	電影及影展贊助	
台新銀行文化藝術基金會	**業務** • 台新藝術節獎金與捐贈 **贊助** • 社團法人台灣視覺藝術協會《當代一年展》畫冊導覽手冊贊助 • 國光劇團《十八羅漢圖》2019 上海大劇院演出 • 驫舞劇場《半身相》歐洲巡演 • 財團法人布拉瑞揚舞團文化基金會《路吶》多倫多舞蹈節演出 • 本木工作室共時的星叢一風車詩社與跨界藝術時代特展 • 財團法人兒童文化藝術基金會 2019「影像好玩藝」活動贊助 • 何郁雯 2019CSS 共創集智站青年創意提案競賽獎金 • 崔廣宇荷蘭藝術家協會《Awkward》展出計畫 • 江之翠劇場 2020 臺灣戲曲藝術節《朱文走鬼》重製演出 **捐助** • 財團法人優人文化藝術基金會優人神鼓山上劇場火災修復	財團法人台新銀行文化藝術基金會108 及 107年度財務報表暨會計師查核報告

（續下表）

機構名稱	藝術專案與服務	資料來源
國泰 公益集團	• 國泰金融集團年度藝術桌曆 • 國泰藝術節 • 國泰藝術中心展覽 • 大樹計畫「愛與希望 —— 愛心藝術家公益畫展」 • 藝術講堂	國泰 公益集團 2019 年報
	• 臺陽美術協會「第八十二屆臺陽美展」 • 中華民國油畫學會「第四十三屆全國油畫比賽及全國油畫展」 • 財團法人中華民國唐氏症基金會 ——「唐」心階力讓愛陪伴 ——2019 唐氏症基金會公益登高賽 • 屏東縣 Puzangalan（希望）兒童合唱團參加「第十一屆國際約翰內斯勃拉姆斯合唱節暨比賽」	
	霖園圖書館才藝教學活動（文教基金會）	
元大 文教基金會	第三屆 Dream Big 元大公益圓夢計畫	元大 文教基金會 2019 年報
	元大幸福日	
	元大金控職福會公益電影	
中國信託 文教基金會	新舞臺藝術節	中國信託文 教基金會 108 年度業 務報告
	Love & Arts 夢想 + 元夢工程	
	大師傳承講座	
	扶植獨立音樂	
	中信新銳美術獎暨展覽	
	藝術教育與贊助	

資料來源：本研究整理。

參｜考｜文｜獻

王俐容（2006）。〈文化公民權的建構：文化政策的發展與公民權的落實〉。《公共行政學報》20: 129-159。

王志弘（2003）。〈台北市文化治理的性質與轉變，1967-2002〉。《台灣社會研究季刊》52: 121-186。

王志弘等（2011）。《文化治理與空間政治》。臺北：群學。

台北藝術產經研究室、資誠聯合會計師事務所（2017）。《亞太藝術市場報告2016/17》。社團法人中華民國畫廊協會。

莊致嘉、游騰林（2016）。〈反省文化資本理論在臺灣的有效性：文化品味、教育和階級的關聯性及其變遷〉。《臺灣教育社會學研究》16(1): 39-87。

柯人鳳（2013）。《藝術經濟力：藝術經濟學論述之基礎研究》。臺北：文化部。

陳宜伶、陳文英（2019）。〈企業社會責任與公司治理對財務報表重編之影響〉。《商略學報》11(4): 271-292。

陳政芳（2008）。《企業社會責任與財務報表品質之關聯性分析 —— 以財報重編為例》。國立成功大學會計學系碩博士班博士論文。

劉俊裕（2011）。〈歐洲文化治理的脈絡與網絡：一種治理的文化轉向與批判〉。取自 http://benz.nchu.edu.tw/~intergrams/intergrams/112/112-liu.pdf（檢索日期：2011 年 8 月 26 日）

Adolfo, M. (2006). (rep.). *Guidelines for measuring cultural participation*. UNESCO Institute of Statistics.

Baxandall, M. (1988). *Painting and Experience in Fifteenth Century Italy*. Oxford University Press.

Benford, R. D. & Snow, D. A. (2000). Framing Processes and Social Movements: An Overview and Assessment. *Annual Review of Sociology* 26(1): 611-639. https://doi.org/10.1146/annurev.soc.26.1.611

Beisel, N. (1990). Class, Culture, and Campaigns Against Vice in Three American Cities, 1872-1892. *American Sociological Review* 55(1): 44.

Berkes, F. & Folke, C. (1992). A Systems Perspective on the Interrelations between Natural, Human-Made and Cultural Capital. *Ecological Economics* 5(1): 1-8.

Becker, H. S. (1982). *Art Worlds*. Univ. of California Pr.

Bellah, R. N., Madsen, R., & Sullivan, W. M. (1985). *Habits of the Heart: Individualism and Commitment American Life*. University of California Press.

Bielby, W. T. & Bielby, D. D. (1994). "all hits are flukes" : Institutionalized Decision Making and the Rhetoric of Network Prime-Time Program Development. *American Journal of Sociology* 99(5): 1287-1313.

Bourdieu, P. (1986). *The Forms of Capital*. (trans. By Richard Nice). Retrieved April 13, 2010.

Bourdieu, P. (1987). *Distinction: A Social Critique of the Judgement of Taste*. Harvard University Press.

Connor, S. (1992). *Theory and Cultural Value*. Blackwell.

Costanza, R. & Daly, H. E. (1992). Natural Capital and Sustainable Development. *Conservation Biology* 6(1), 37-46.

Cooper, R. G. & Kleinschmide, E. J. (1987). Success Factor in Product Innovation. *Industrial Marketing Management* 16, 215-223.

Council of Europe Pub. (1997). In from the Margins: A Contribution to the Debate on Culture and Development in Europe.

Corporate Social Responsibility and the arts. (n.d.). Retrieved January 28, 2022, from http://www.aandbcymru.org.uk/documents/2012-04-26-14-31-46-Sept09_REI_%20Understanding%20CSR.pdf

Crane, D. (2000). *Fashion and Its Social Agendas: Class, Gender, and Identity in Clothing*. University of Chicago Press.

Creative Industries Economic Estimates 2011 - gov.uk. (n.d.). Retrieved January 28, 2022, from https://assets.publishing.service.gov.uk/government/uploads/system/uploads/attachment_data/file/77959/Creative-Industries-Economic-Estimates-Report-2011-update.pdf

Deroin, V. (2011). European statistical Works on Culture. *Culture etudes* 8(8): 1- 28.

Department for Digital, C. (2001). Creative Industries Mapping Documents 2001. GOV.UK. Retrieved January 28, 2022, from https://www.gov.uk/government/publications/creative-industries-mapping-documents-2001

Département des études, de la prospective et des statistiques (2006). Aperçu statistique des industries culturelles No.16. Ministère de la culture et de la communication, from http://www.culture.gouv.fr/dep/telechrg/stat/nstat16.pdf

DCMS. (2001). (rep.). *Creative Industries Mapping Document*.

DCMS. (2011). (rep.). *Creative Industries Economic Estimates*.

DiMaggio, P. (1987). Classification in art. *American Sociological Review* 52: 440-455.

DiMaggio, P. (1997). Culture and cognition. *Annual Review of Sociology* 23: 263-287.

Evans, M. (2015). *Artwash: Big Oil and the Arts*. PlutoPress.

Fine, G. A. (1979). Small Groups and Culture Creation: The Idioculture of Little League Baseball Teams. *American Sociological Review* 44(5): 733.

Fine, G. A. (1996). *Kitchens the Culture of Restaurant Work*. University of CA Press.

Fine, G. A. (2001). *Gifted tongues High school Debate and Adolescent Culture*. Princeton University Press.

Fine, G. A. (2003). *Morel Tales: The Culture of Mushrooming*. University of Illinois Press.

Flew, T. (2009). The Cultural Economy Moment? *Cultural Science Journal* 2(1).

Garnham, N. (1987). Concepts of Culture: Public Policy and the Cultural Industries. *Cultural Studies* 1(1): 23-37.

Garnham, N. (2005). From Cultural to Creative Industries. *International Journal of Cultural Policy* 11(1): 15-29.

Ghaziani, A. (2009). An "Amorphous Mist"？ the Problem of Measurement in the Study of Culture. *Theory and Society* 38(6): 581-612.

Griswold, W. & Carroll, C. (2013). *Cultures and Societies in a Changing World*. SAGE Publications.

Guidelines for measuring cultural participation. (n.d.). Retrieved January 28, 2022, from http://uis.unesco.org/sites/default/files/documents/guidelines-for-measuring-cultural-participation-2006-en.pdf

Habermas, J. (1989). The Structural Transformation of the Public Sphere: An Inquiry into a Category of Bourgeois Society (T. Burger, Trans.). Oxford: Polity Press.

Hartley, J. (2009). *Creative Industries*. Blackwell.

Hesmondhalgh, D. (2007). *The Cultural Industries*. SAGE.

Home Affairs Bureau, The government of the Hong Kong Special Administrative Region. (2004). (rep.). *A Study on Hong Kong Creativity Index*. (n.d.). Retrieved January 28, 2022, from https://www.hab.gov.hk/file_manager/en/documents/policy_responsibilities/arts_culture_recreation_and_sport/HKCI-InteriReport-printed.pdf

Hutter, M. & Throsby, C. D. (2011). *Beyond Price: Value in Culture, Economics, and the Arts*. Cambridge University Press.

International Federation of Arts Councils and Culture Agencies . (2005). (rep.). *D'Art 18: Statistical indicators for arts policy*.

Klandermans, B. & Johnston, H. (1995). *Social Movements and Culture*. UCL Press.

Kaufman, J. (2004). Endogenous Explanation in the Sociology of Culture. *Annual Review of Sociology* 30(1): 335-357.

Kelly, A., & Kelly, M. (2000). *Impact and Values - Assessing the Arts and Creative Industries in the South West*. Bristol Cultural Development Partnership.

Lamont, M. (2012). *Money, Morals, and Manners the Culture of the French and the American Upper-Middle Class*. University of Chicago Press.

Lim, T. M. (2010). *Measuring the Value of Corporate Philanthropy: Social Impact, Business Benefits, and Investor Returns*. Committee Encouraging Corporate Philanthropy.

Lingayah, S., MacGillivray, A., & Raynard, P. (1996). *Creative Accounting: Beyond the Bottom Line*. Comedia.

Madden, C. (2005). Statistical Indicators for Arts Policy. International Federation of Arts Councils and Culture Agencies.

Martin, R. (2008). Economic Geography: Critical Concepts in the Social Sciences. Routledge.

McShane, L. & Cunningham, P. (2012). To Thine Own Self be True? Employees' Judgments of the Authenticity of Their Organization's Corporate Social Responsibility Program. *Journal of Business Ethics* 108(1): 81-100.

Mei, J. & Moses, M. (2002). Art as an Investment and the Underperformance of Masterpieces. *American Economic Review* 92(5): 1656-1668.

Mercer, C. (2002).*Towards Cultural Citizenship: Tools for Cultural Policy and Development*. Bank of Sweden Tercentenary Foundation & Gidlunds Förlag.

Mohr, J. W. (1998). Measuring Meaning Structures. *Annual Review of Sociology* 24(1): 345-370.

Mohr, J. W. (2003). The Cultural Turn in American Sociology: A Report from the Field. Culture 17: 1-5.

Mohr, J. W. & Ghaziani, A. (2014). Problems and Prospects of Measurement in the Study of Culture. *Theory and Society* 43(3-4): 225-246.

Mohr, J. W. & Rawlings, C. M. (2018). *Formal Models of Culture* (pp.85-94) Routledge Handbook of Cultural Sociology.

Mohr, J. (2020). *Measuring Culture*. Columbia University Press.

Moon, M. J. (2001). Cultural governance. *Administration & Society* 33(4): 432-454.

Osborne, P. (2013). *Anywhere or Not At All: Philosophy of Contemporary Art*. Verso.

Peterson, R. A. (1979). Revitalizing the Culture Concept. *Annual Review of Sociology* 5(1): 137-166.

Potts, J., Cunningham, S., Hartley, J., & Ormerod, P. (2008). Social Network Markets: A New Definition of the Creative Industries. *Journal of Cultural Economics* 32(3): 167-185.

Pratt, A. C. (2009). The Creative and Cultural Economy and the Recession. *Geoforum* 40(4): 495-496.

Radich, A. J., Chartrand, H. H., Seaman, B. A., Foss, S. K., Cwi, D., Penne, R. L., Shanahan, J. L., Hendon, W. S., & Gapinski, J. H. (1987). In *Economic Impact of the Arts: A Sourcebook*. Denver, CO; National Conference of State Legislatures.

Rangan, K., Chase, L., & Karim, S. (2015). The truth about CSR. *Harvard Business Review* 93(1/2): 40-49. Retrieved from https://store.hbr.org/product/the-truth-about-csr/R1501B

Reeves, M. (2002). *Measuring the Economic and Social Impact of the Arts: A Review*. Arts Council of England.

Ricoeur, P. (1973). The Task of Hermeneutics. *Philosophy Today* 17(2): 112-128.

Ro ̈ssel, J. (2008). Conditions for the Explanatory Power of Life Styles. *European Sociological Review* 24(2): 231-241.

Sharpe, W. F. (1992). Asset Allocation. *The Journal of Portfolio Management* 18(2): 7-19.

Silva, E. B. (2006). Distinction through Visual Art. *Cultural Trends* 15(2-3): 141-158.

Skrentny, J. D. (1996). *The Ironies of Affirmative Action: Politics, Culture, and Justice in America*. The University of Chicago Press.

Stamatov, P. (2002). Interpretive Activism and the Political Uses of Verdi's Operas in the 1840s. *American Sociological Review* 67(3): 345.

Swidler, A. (1986). Culture in Action: Symbols and Strategies. *American Sociological Review* 51(2): 273.

The SMART Company. (2004). (rep.). How Business Engagement with the Arts is Changing. Arts&Business.

Throsby, D. (1999). Cultural Capital. *Journal of Cultural Economics* 23(1):3-12.

Throsby, D. (2001). *Economics and Culture.* Cambridge University Press.

Throsby, D. (2008). Modeling the Cultural Industries. *International Journal of Cultural Policy* 14(3): 217-232.

A study on creativity index a study on creativity index. (n.d.). Retrieved January 28, 2022, from https://www.hab.gov.hk/file_manager/en/documents/policy_responsibilities/arts_culture_recreation_and_sport/HKCI-InteriReport-printed.pdf

Understanding Creative Industries; cultural stat's for public-policy making: IFACCA - International Federation of Arts Councils and Culture Agencies. IFACCA. (n.d.). Retrieved January 28, 2022, from https://ifacca.org/news/2006/03/01/understanding-creative-industries-cultural-stats-f/

Worthington, A. C. & Higgs, H. (2006). A Note on Financial Risk, Return and Asset Pricing in Australian modern and Contemporary Art. *Journal of Cultural Economics* 30(1): 73-84.

Woodbury, S. A. (1993). *Culture and Human Capital: Theory and Evidence or Theory Versus Evidence?* (pp. 239-267). Labor Economics: Problems in Analyzing Labor Markets.

Wuthnow, R. (1987). *Meaning and Moral Order: Explorations in Cultural Analysis*. University of California Press.

Wuthnow, R. (1989).*Communities of Discourse: Ideology and Social Structure in the Reformation, the Enlightenment, and European Socialism*. Harvard University Press/Cambridge Mass.

Wu, C.-T. (2003). *Privatising Culture: Corporate Art Intervention Since the 1980s*. Verso.

Yaish, M. & Katz-Gerro, T. (2010). Disentangling 'cultural capital': The Consequences of Cultural and Economic resources for Taste and Participation. *European Sociological Review* 28(2): 169-185.

Yue, A. (2006). Cultural Governance and Creative Industries in Singapore. *International Journal of Cultural Policy* 12(1): 17-33.

How to Make a Universal Museum?

Investigating on Autonomy and Accessible
Technology Application with Multisensory
Interpretation for the Visually Impaired Visitors

——Hsin-Yi Chao——

Assistant Professor,
Program of Digital Humanities and Creative Industries,
National Chung Hsing University

如何創造通用性博物館？

以視障觀眾自主化及無障礙
之多感官轉譯科技應用程式調查為例

—— 趙欣怡 ——

國立中興大學文化創意產業學士學位學程助理教授

▼

21世紀博物館強調包容與平權，提升身心障礙者文化參與成為博物館致力達成之願景目標。本文試圖探討以視覺訊息為教育知識傳遞主要媒介的博物館，如何藉由科技解決視障觀眾多感官詮釋及自主導賞需求。研究對象為近年因應政府積極推動文化平權政策發展，進而開發視障導覽科技應用程式之博物館，探討口述影像製作、操作介面及相關裝置之做法。筆者以行動研究、田野調查及館員訪談方式進行資料收集，分析國立臺灣博物館、國立臺灣美術館、國立臺灣歷史博物館、國立史前文化博物館及國立傳統藝術中心之視障導覽系統設計與成效。研究結果發現：（一）各館地理位置顯示身心障礙者參觀人數，亦影響導覽系統製作資源及專業性，都會區館所仍有其優勢及必要性；（二）各館因展品屬性差異，製作方式早期無法達到自主導覽成效，而後加上定位裝置以促進視障觀眾自主行動及個人化參觀經驗機會；（三）導覽內容需兼具適度長度文字、語音、圖像資訊以提供視障者多樣化使用需求；（四）導覽內容持續更新將有效增進使用率，並擴展至其它影音平臺將提升使用成效。因此，視障導覽系統仍需文化政策資源持續挹注、專業人力培育、行銷推廣整合，且擴增語言多樣性，方能達到視障觀眾文化參與永續性。

How to Make a Universal Museum?
Investigating on Autonomy and Accessible Technology Application with
Multisensory Interpretation for the Visually Impaired Visitors

11

1 Introduction

The 'museum' of the International Council of Museums (ICOM) is mainly defined by the development of museums in Europe and the United States. Since 1946, it has undergone six revisions, which primarily focus on the collection, preservation and display of collections, and gradually turned to emphasize the public character and cultural values of the museum. In recent years, it has led to the mainstream development trend of social services and education promotion, focusing on audience research and trying to shorten the distance between exhibits and the public, and to broaden the concept of multi-ethnic and social integration.

In order to enhance the social responsibility and to diversify service demands of the twenty-first century, museums have been not only paying attention to the cultural participation of the physically and mentally handicapped audience and of the aging population, but also integrated the service resources into universal design. The tasks have gradually become the trend of museological development for the future, implementing their mission to serve everyone step by step.

In 2002, 19 museums from North America and Europe announced *The Declaration on the Importance and Value of Universal Museums* to make cultural and ethical inclusions clearly. The Declaration emphasizes that 'museums serve not just the citizens of one nation but the people of every nation.' In the text of the Declaration, the universal or inclusive design of the exhibition display for the audience with diverse demands are the major tools to promote the 'universal museum'. For example, visually impaired visitors require nonvisual experience with multi-sensory facilities to overcome the museum ocularcentrism.

In 2013, the Ministry of Culture in Taiwan released the 'Cultural Equality' policy to promote the rights of cultural participants and accessibility for the groups with disabilities. Along with disabilities, youth, gender issues, and newly migrated residents were included in the policy. Establishing the governmental cultural equality committee to integrate the government resources and financial subsidies to enhance implementation and effectiveness, the Ministry of Culture expects to reduce the inequalities between various social groups and to promote cultural diversity and social inclusion. The collaboration with the Ministry of Science and Technology has encouraged the national museums to propose innovative visiting services and projects through new technology for visitors with blindness and hearing impairments since 2015.

People with visual impairments are the key group for the realization of universal museum vision in this study. Beside the trend of global museological development for cultural quality, the study is also inspired by Kojiro Hirose's research. The researcher of National Museum of Ethnology in Osaka, who lost his sight at 7 years old, gives great effort to promote the universal or inclusive design in the exhibition through his own life experience. Kojiro Hirose extends the idea of universal design to challenge

How to Make a Universal Museum?
Investigating on Autonomy and Accessible Technology Application with
Multisensory Interpretation for the Visually Impaired Visitors

11

ocularcentrism and encourages mutual understanding between the sighted and the blind. Kojiro Hirose believes that tactile learning can improve museums' methods of display, change the perceptions of the museumgoers and, eventually, the whole society (Chiu, 2016: 142).

> Museums belong to the public sphere, and cultural participation is a basic human right, all people shall be able to access any art event or activity without barriers. For the rights of the visually impaired visitors, museums are required to interpret their displays and artworks from visual to alternative mediums such as touchable replicas, audio descriptions, or provide nonvisual workshops to increase their cultural participation.

According to the statistics on the handicapped population of the Ministry of Health and Welfare from 2013 to 2018, in Taiwan, the population with visual impairments remained between 56,582 and 57,319, who account for 4.8% of the total disabled population in Taiwan and 0.02% of Taiwan's total population. This group is divided into congenital blindness and acquired blindness, total blindness, and low vision. The proportion of people with visual impairments who are congenitally blind is lower, under the usual ableism of the society, they are often treated as a representative of the group with visual impairments, their demands for visual arts and aesthetics have been ignored routinely.

This study attempts to explore whether Taiwan's national-level museums, which mainly focus on visual culture exhibits, have developed navigation services for people with visual impairments, and to compare the development of barrier-free technology applications. The study analyzes if the operation of the application model is suitable for viewers with visual impairments and if it provides adequate cultural service information for people with visual impairments.

Historically, the earliest record of visual impairments service provided to audiences was that Robert W. de Forest, the curator of The Metropolitan Museum of Art, offered two courses to people with disabilities to perceive art via touching in 1913. The courses allowed the visitors to touch artworks, sculptures and musical instruments with their hands. The service inspired other museums to pay attention to the rights of people with disabilities to access art (American Association of Museums 1992, 12-13). Communities and museums began to design displays to meet the demands of people with visual impairments, including braille information, large print, extension aids, tactile images, dictation video, tactile navigation services, stereo maps and models to allow viewers with visual impairments to access artworks in museums (Axel and Levent, 2002, 444-479; Chao, 2016: 135-136; Groff et al., 1989: 30-39; Okada, 2003: 274-277).

Thanks to the much advanced technology, in addition to basic information and mobility-oriented demands, the museum visit of viewers with visual impairments today can be shifting from group to individual, and from the assistance of in-person narration to self-serving electronic voice. While supportive technology becomes increasingly important for museum's service, viewers

How to Make a Universal Museum?
Investigating on Autonomy and Accessible Technology Application with
Multisensory Interpretation for the Visually Impaired Visitors

11

with visual impairments are also experiencing the same evolution process. The interpretation via audio description becomes an important basis for the visual cognition and spatial perception. The main features of the tour application for visitors with visual impairments are developed based on the facilities for sending messages about the visual elements of color, line, shape, material, composition, texture, space, etc...

In order to understand the demands of visitors with visual impairments in Taiwan, conjoint analysis is employed in this research to value the priority of service accessibility. 39 visitors of different museums with visual impairments were surveyed in this study. The results showed that the 'company of the museum staff' is highly desired, as it could make visitors with visual impairments feel more comfortable. 'Transportation arrangement' is also important for them, because some major museums are not easy to access. The 'assistive resources', 'assistive technology device', and 'guide services' as extended services could provide more useful detailed information (Lin and Chao, 2016, 44).

In recent years, Taiwan's museums have actively developed services for physical disabilities. In particular, the development of the universal navigation of museums is focused on the multiple sensory demands of visitors with visual impairments, who couldn't be served with visual information resources. The design and service of multiple sensory aids have been engaged especially in the early stage of planning exhibitions.

Chao (2016, 135-136) collected the examples of the service items for visitors with visual impairments from the major museums in Taiwan, Europe and the United States for a comparative analysis, summarized four aspects of these items as 'exhibition space planning', 'visitor services and aids', 'multimedia resource' and 'extending resources and activities'. The author proposed the design requirements (Table 1) of service items of exhibitions that can meet the demands of viewers with visual impairments. In her study, the necessity of audio description content and technological positioning device services is evident. Tools such as tactile exhibits or textbooks allow viewers with visual impairments to obtain sufficient visit information through multiple senses and enhance their comprehension of the works greatly.

As for accessible technology in recent years, the Polish OpenArtsMuseum application that integrated the physical and mental disabled service system of four main museums, represented similar experiences. The audio description of the Polish OpenArtsMuseum application provides a speech of 2 to 3 minutes for each exhibit, along with maps and access mode triggered by beacon. The National Museum in Kraków, the National Museum in Warsaw, Museum ArechologiczneKrakowie, and the Museum of Contemporary Art in Kraków (MOCAK) benefited from the technology. By applying the audio description and videos guide of sign language for permanent exhibition of modern and contemporary art collection, the museums could integrate their services with the demands of people who are totally blind, stone-deaf, people with low-vision or hearing

How to Make a Universal Museum?
Investigating on Autonomy and Accessible Technology Application with
Multisensory Interpretation for the Visually Impaired Visitors

11

impairments. In addition, the Polish OpenArtsMuseum shares the advantage with international travelers with English language option (Jankowska et al. 2017, 114-115).

The purpose of this study is to investigate the differences of the assistive tools in the type, distribution, and expenditure of the budget among five national museums in Taiwan. These are the National Taiwan Museum (NTM) which built a visually impaired digital navigation system since 2013 (Shiang and Chang, 2014: 91-92), and other four national museums affiliated to the Ministry of Culture as the NTM.

In response to the humanistic friendliness science, the Ministry of Culture is funding the National Taiwan Museum of Fine Arts (NTMOFA), the National Museum of Taiwan History (NMTH), the National Center for Traditional Arts (NCFTA) and the National Museum of Prehistory (NMP) to develop navigation systems for persons with visual impairments. With the support of the Ministry, more technology resources and different types of contents could have been developed for the museums to realize the cultural equal rights policy.

This study used questionnaires to survey the diversity of exhibit types and the scales of the major museums in Taiwan. The questions read: How do the museum workers think about the demands of audiences with visual impairments? How do they plan the navigation service to meet the demands of viewers with visual impairments from a museum professional'sperspective? How is the current state of the service facilities? Will there be any improvement in the future? Who is benefited? After the analysis of this study, the results of the research could not only be provided to more museum professionals as the basis for further adjustments or corrections, but also to the museum visitors with visual impairments to be acknowledged about the accesses of the navigation resources of each museum. In this way, the study could help to improve the service efficiency of the museums in Taiwan.

2 Methods

This study uses the questionnaire survey method for data and statistics, comparison and analysis for the investigation of the current status of navigation services for people with visual impairments. The survey covers the five national museums affiliated to the Ministry of Culture of Taiwan. By taking the seven principles of universal design as criteria, the postulate of the questionnaire is based on the results of the highly satisfying 'NTMOFA accessibility APP'. The methods are developed by the NTMOFA and assessed by Su, Zhuang, Wu, and Chuang (2018, 55-56), who are specialized in the field of Special Education.

The questionnaire contains four parts: the basic information (name of museum, built year, number of visitors per year from 2013 to 2018, average number of disabled visitors per year from 2013 to 2018, and the accessible facilities and services), the development method (type, name of guide system, built year, number of AD,the average time of the audio descriptions,

How to Make a Universal Museum?
Investigating on Autonomy and Accessible Technology Application with
Multisensory Interpretation for the Visually Impaired Visitors

11

museum device, visit aids), the usage condition (usage count, satisfaction, promotion, education), and the difficulties and suggestions.

This study provides questionnaires for the museums with visually impaired digital navigation service. The contents of the NTMOFA were filled out by the researchers, and all the questionnaires for other museums were filled in by the personnel responsible for the navigation business for people with visual impairments from 2018 to 2019. The final data update was done in June 2019.

The researchers used the field survey method to go to the museums to test the technology for the audiences with visual impairments from 2017 to 2019. In order to gain an in-depth understanding of the development of each museum, the researchers had to be familiar with the online guide system or borrow the navigation device from the museums. In order to collect the testing data and user experiences, the researchers had operated the digital application in person to understand the functions, the supporting facilities and other related services.

3 Results

The results of this study are based on the analysis and comparison of the four major items. The differences were analyzed, including the basic data, development methods, current state and improvement suggestions of each museum.

3.1 Basic Information

The five museums are all affiliated to the Ministry of Culture. According to the geographical locations as shown in Table 2, the 3 museums with the highest numbers of visitors are in western Taiwan, where is densely populated, in contrast to the eastern Taiwan. The number of people with physical and mental disabilities is relatively high. The NTMOFA is located in the middle of the western Taiwan, the visitors come from both north and south, recording a visitor number of more than one million every year. The highest proportion of visitors with physical and mental disabilities is with the NMTH, which was established in 2011. The study found out that the later the museum was founded, the more its workers know the importance of providing services to the disabled. Whereas, due to the openness of the museum area, there are no statistics for the NCFTA on the number of visitors with disabilities.

Table 3 shows that on the facilities and services for people with visual impairments, each museum provides basic audio description services, as well as braille characters, tactile maps or image information. Among all services of cultural equality required by the Ministry of Culture, the NTMOFA was designated to put weight on the visitors with visual impairments. Therefore, the NTMOFA were relatively well equipped. The NMTH, with the concept of the 'museum of new age', also provided more resources for visitors with visual impairments. At the same time, being established for more than 100 years, it is not easy for the NTM to add too many facilities to the historical building. The

How to Make a Universal Museum?
Investigating on Autonomy and Accessible Technology Application with
Multisensory Interpretation for the Visually Impaired Visitors

11

NMP emphasized workshop activities for groups with visual impairments, while NCFTA sets up guide bricks in the permanent exhibition room, providing tactile space guidance and audio guidance for exhibits to benefit people with visual impairments.

Since the Ministry of Culture paid more and more attention to the policy of cultural equality, the five national museums are extending their budgets continuously to diversify their services. However, a higher percentage of visitors with disabilities was recorded mainly in the urban areas.

3.2 Development Method

In Table 4, the differences and changes could be found in the development methods of each museum. First, the NTM had completed the audio description digital navigation for people with visual impairments in 2013 and provided 10 video and audio contents for audio description in the National History Branch in 2015. The service was offered in the form of navigation tools and to be borrowed by the visitors. Since people with visual impairments cannot download the navigation content by themselves, and the writing method is not much different from that for the general public, it is difficult to increase the number of users (Shiang and Chang, 2014: 94). The NTM educator who was in charge of the accessible affairs mentioned that it was difficult to understand for the people with visual impairments because the nontechnical contents of the audio description still were written for visual understanding, not using nonvisual interpretation terms. After the flaws were detected, the NTM started to design the navigation application for persons with visual impairments in 2019, re-created 21 audio description contents for the exhibits, combining them with beacons to promote the independent navigation of the visitors. The application and device were already going online for downloading by the end of the year.

The NTMOFA's developed successfully the navigation application for the target audience by referring to the experiences of visually impaired users. The methods include the user interface and three operating modes (nearby, map, and list). The NTMOFA, which first completed the application that can be downloaded and used by people with visual impairments, had developed further to 19 contents of audio description navigation in the outdoor sculpture park in 2016 and keeps adding different navigation themes year by year. 12 contents for photography exhibitions were added in 2017, andfurthermore45 contents for the permanent exhibition were added in 2018. The usage of the contents includes the utilization of variety of multimedia, such as online application for downloading in visitor's device, and also in form of portable navigation tools for borrowing. The results of the data analysisshow that for the audience with visual impairments, who usually have patience to listen to all texts, the shorter an audio description text is, the easier is it for them to perceive (Chao, 2018: 105). Accordingly, the NTMOFA has reduced the texts to 120 seconds or even as short as 90 seconds from the average 180 seconds. With shorter texts, they can contact a bigger variety of exhibits during a limited visit time. In this way, the studies of user experiences may improve the satisfaction of the visitors with visual impairments.

How to Make a Universal Museum?
Investigating on Autonomy and Accessible Technology Application with
Multisensory Interpretation for the Visually Impaired Visitors

11

Similarly, the NCFTA completed 19 audio descriptions of approximately 120 seconds in 2018. And it already added 13 audio descriptions by the end of 2019. The NMTH also began to write texts for the audio description of its collections in 2015, and organized workshops to train volunteers for the audio description to narrate the exhibits. There are quite a few visitors with visual impairments who prefer to visit the museum with the self-navigation system rather than joining a group tour. (Chang, 2016: 165). In order to meet the demand of people with visual impairments who expect to experience the museum with the self-navigation tools, the NMTH has completed new version audio descriptions through an adjusted application similar to NTM.

Meanwhile, it was difficult for the NMP, located at the remote location in the eastern part of Taiwan, to find a professional manufacturer for cooperation with limited funds. As a result, the development of the service application failed, the 50 contents of audio description to QR Code left unused for people with visual impairments to scan and listen. The efficiency of the simplified mode is yet to be assessed.

3.3 Usage Condition

In the case of usage conditions, the number of downloads used as the basis for the quantification can be found in Table 5 for the NTMOFA, the NMTH and the NCFTA, which have developed the applications. For the NTMOFA which has completed the development for more than 3 years, the use count has reached 5,317 times up to June 30, 2019. The survey and questionnaires represented high satisfaction with the viewers with visual impairments. The marketing and promotion methods of the museum not only provide news coverage, but also use social media and governmental websites as promotional interfaces to achieve higher usage count. Meanwhile, due to the short time since the completion of the application (about one and a half years for the NCFTA and less than half a year for the NMTH), the NMTH's data for promotion and satisfaction survey could not have been assessed for a conclusion.

The NTM, which was the earliest in Taiwan to develop the digital navigation content for people with visual impairments, in the National History Branch and the Nanmen Branch in 2013 and 2015 respectively, is not as flexible as the newly established museums. Regarding the nonetheless important duty for the maintenance of the historical buildings, the planning of space for a circulating visit with self-serving equipment is much more difficult for the NTM. So, the number of viewers with visual impairments who borrowed machines and the use rate are not high, and the NTM conducts no statistical record. In order to realize the policy of cultural equality, the NTM started planning the production of visually impaired exclusive navigation applications to improve the usage efficiency in 2019.

The NMP's accessible service took place by inviting 20 people with visual impairments to participate in the personal audio description navigation and workshop, instead of the sum for download of online application. The statistical meaning is different from other museums.

How to Make a Universal Museum?
Investigating on Autonomy and Accessible Technology Application with
Multisensory Interpretation for the Visually Impaired Visitors

11

The five national museums have cooperated with each other to promote the cultural equal rights policy initiated by the Ministry of Culture. In addition to the improvement of service resources, the museum staff and volunteers were trained to conduct visually impaired audio description, personal guidance, or application operation to make museum personnel more professional for the cultural equality service.

From the usage data, the reason that the NTMOFA presented the highest records on application and satisfaction may refer to the policy of cultural equality by the Ministry of Culture since 2013, designating the NTMOFA as the main museum for serving visually impaired viewers. In addition to the facilities in the museum, in order to draw young visitors with visual impairments, the NTMOFA also offers easily accessible online audio or video via social media.

3.4 Difficulties or Improvements

The difficulties or improvements in the process of planning devices of navigation systems for the audience with visual impairments in each museum can be found in Table 6. Even though the five national museums are all affiliated to the Ministry of Culture, due to the differences in the space, the nature of the collection or the geographic locations, the issues that need to be addressed are different.

The NTM mentioned that the facilitating works have been impeded, because the museum is housed in a historical heritage, the scope for space circulation is small. Beside the spatial challenge, the museum was allowed to spend only a part of the yearly funds designated for the cultural equality policy for the architectural improvement. In addition, the number of users was rare for evaluating the qualities of audio description and specific guide device commissioned by the same company. With more professionality, the effectiveness of the service could be improved properly.

On the other hand, the NTMOFA had experienced that the audience with visual impairments failed to respond to the improved effectiveness of the self-guided navigation. It is recommended that the museum could establish tactile guidance facilities in the indoor or outdoor exhibition areas, such as outdoor sound guides or indoor blind floor tiles. The guidance could enable people with visual impairments to find the precise position of the exhibit with their hearing and tactile perception. However, due to limited funding and the current infrastructural environment, it is still impossible to meet all kinds of the demands of people with visual impairments. It is expected that the experience of the self-guided tour will be optimized soon.

The challenges for the NMTH were that the level of disability is different. The number of participants has not yet been effectively improved by marketing. However, after a certain number of users, a questionnaire survey could also be conducted as a basis for improvement or correction. The experience up to date shows, apart from the establishment of digital navigation resources, it is still necessary to consider the demands of

How to Make a Universal Museum?
Investigating on Autonomy and Accessible Technology Application with
Multisensory Interpretation for the Visually Impaired Visitors

11

individual users to achieve the best visually impaired visit experience.

The execution for the accessible guide system of the NMP was limited due to its geographical location. It was difficult to find professionals for further cooperation. The outsourcing unit could assist the NPM to complete the contents of audio description navigation, but it could hardly complete the application setting. Instead, the visitors with visual impairments were only provided the digital navigation content via QR Code. It was paradoxical that the NMP had first to guide the visually impaired people to find QR Code to approach the hearing audio descriptions.

The NCFTA proposed a comprehensive plan, hoping to have more funds to equip more tactile-related facilities and auxiliary materials, as well as to construct a long-term aesthetic course to improve the learning benefits of people with visual impairments.

Although the number of people with physical and mental disabilities is small, it is necessary to build a digital resource sharing platform through the governmental agencies to connect museums with all the communities, so that the contents of friendly technology services can be effectively disseminated.

Summing up the difficulties of the five national museums, how to disseminate the visiting information and resources to the target audience with visual impairments is the major problem. Also, the service quality provided by the museum educators, volunteers, and infrastructures are the keys for the visually impaired individuals' willingness to visit the museums. The types of the collection and the architecture of the museums decisively influence the degree of the accessibility for people of various disabilities.

The first result presents difference between two main types: the popular one is used online application with Bluetooth Low Energy (BLE) Beacon, Audio Descriptions (AD), touchable map, and personal mobile devices (NTMOFA, NMTH, and NCFTA); the other is the traditionally fixed guide facility with audio descriptions and tangible materials set up for renting in museum or via QR code (NTM and NMP). The second, the selected works in the permanent exhibition are the major subjects and contents made into audio description tracks, and the ideal length of the audio track is 120 seconds or less. The third, tactile materials map, 3D display replica, and the assist device such as indoor guide brick or voice increasing the understanding of exhibition space and collections.

According to the survey results, there are currently 224 items of visually impaired audio description produced by the five museums. By the end of 2019, besides the NMP, the other four museums have free navigation applications on iOS and Android platforms for visitors with visual impairments, either for downloading to their smartphones, or borrowing from the museums' navigation device. The audio description has audio tracks with background music or sound effects, and the reading speed may be adjusted through VoiceOver or TalkBack. The device also provides pictures and multiple modes of operation, allowing low-vision visitors to view with residual vision. It is combined

How to Make a Universal Museum?
Investigating on Autonomy and Accessible Technology Application with
Multisensory Interpretation for the Visually Impaired Visitors

11

with the function of beacon, allowing viewers with visual impairments to carry portable devices to trigger voice content through induction. The adjustment reduces the dependence on personal service or group appointments and improves the use ratio of self-guided navigation.

However, for a visually impaired visitor who loves art and culture, he or she needs first to download four navigation applications on his or her mobile phone at the same time. From the user's point of view, the museum may consider simplifying the integration of all the applications into one as soon as possible. Referring to the Polish OpenArtsMuseum application, the integration of multi-function of different museums can greatly reduce the complication and difficulties for visually impaired users.

The navigation applications for the persons with visual impairments developed by NTMOFA and NCFTA have also included the subject matter of the hearing impaired. Therefore, it is recommended that the Ministry of Culture should fund the further integration of the contents of the navigation applications for people with visual and hearing impairments to re-develop a complete application. The integrated device with multiple functions may encourage more frequent use for people with visual impairments and people with other disabilities in museums or at home, is highly recommendable to all museums also to serve anyone in need.

4 Conclusion

The museum takes responsibility for culture transmission and interpretation for all. Innovative and accessible technology developed by the museums facilitates more individualized social participation. The personalized museum experience helps the disabled audience to access art and culture, platforms and methods to communicate and enables visitors with visual impairments to experience exhibits such as artworks or historical relics. Taiwan's museums not only offer multisensory interpretation like braille, large print, audio description, tactile pictures, and touchable models for people with visual impairments, but also create a universal museum through the autonomy provided by the accessible technology for everyone.

All the five national museums made audio descriptions from their collections in different types such as APP or QR Code with assistant materials or guide devices, keeping improving the system, making the usage comprehensive and adding more subjects at the same time. The technologies equipped in the national museums to promote barrier-less accessibility for all, showed only a small step for the Ministry of Culture's policy of cultural equality.

The different types of collections of the five national museums in this study cover natural sciences, art and performance, history and humanities, archaeological and the original cultures. Distributed in different regions of Taiwan,

How to Make a Universal Museum?
Investigating on Autonomy and Accessible Technology Application with
Multisensory Interpretation for the Visually Impaired Visitors

11

they could meet the diversified visit demands of the audience with visual impairments in all areas of north, south, west and east. The study shows that Taiwan is actively promoting friendly culture and technology and building a barrier-free environment.

Through the more and more popular technological applications, the Ministry of Culture's policy of implementation cultural equality has enabled all the national museums to actively promote the services for people with disabilities. Although there are still needs for improvement at this stage, it has benefitedthe museum's visitors and allowed the museums to take bigger responsibility for social inclusion. When the society in Taiwan is becoming hyper-aged, the accessibility service will not only serve the physically and mentally handicapped audience, but also benefit people of all ages and demands. Everyone can use the technology to achieve the versatility and universality of the museum.

A suggestion for the further improvement will be the funding of the translation of all the contents into English and the languages of the newly migrated residents. Taiwan may greatly promote its cultural equality and diversity if the navigation applications can be used in Chinese, English and the languages of the new residents to include even more people with or without physical and mental disabilities. An even improved public sphere through inclusive museums will soon be realistic in Taiwan.

♥ Table 1. The methods of visual art exhibition designed for the blind.
(Chao, 2011, 83 & Chao 2016, 135-136)

SUBJECT	ITEM	CONTENTs
PLAN OF EXHIBITION SPACE	Visiting route	One-way visiting route Guide path is larger than 40 centimeters in width Handrail of visiting route with different materials Audio alarm at visiting corner Micro-orientation or GPS guide installation
	Environment	Adjust illumination to the artworks Increase the contrast of colors of walls and ground
	Display	360 degrees rotatable display booth Display bracket 75 centimeters in height Distance between two works is larger than 140 centimeters Labels with light color text and dark background
	Touch Gallery	Permanent exhibition with tactile display Touchable 3D map
VISITOR SERVICES AND AIDS	Space information	3D model of museum architecture Visual description of orientation and mobility
	Aid and materials	Braille and large-print guide textbook Tactile pictures of artworks with braille and large print Optical aids such as magnifiers, projectors, myopia glasses, reading glasses
	Services	Visiting company Guide dog company Guide tour with audio description Touch tour
	Artworks	Touchable original artworks with gloves Reproduction as the same texture and size as the original Raised-line painting Layered tactile pictures Replicated collection

（續下表）

How to Make a Universal Museum?
Investigating on Autonomy and Accessible Technology Application with
Multisensory Interpretation for the Visually Impaired Visitors

11

SUBJECT	ITEM	CONTENTs
MULTIMEDIA RESOURCES	Technical aid	Braille computer Audio color sensor Online learning resources
EXTENDING RESOURCES AND ACTIVITIES	Workshop	Multi-sensory workshop Training for art teachers and volunteers
	Artistic lesson	Lectures of art appreciation, art history and art criticism
	Schools and nonprofits	Exchange assistive materials of artworks with schools and nonprofits

Table 2. Basic information of the five museums (Table by the Author)

MUSEUM	LOCATION (CITY)	BUILT YEAR	AVERAGE NUMBER OF VISITORS PER YEAR (2013–2018)	AVERAGE NUMBER OF DISABLED VISITORS PER YEAR (2013–2018)
NTM	North (Taipei)	1908	477,187	6,468
NTMOFA	West-Middle (Taichung)	1988	1,308,505	552
NMTH	South (Tainan)	2011	456,142	13,975
NMP	East (Taitung)	2002	166,538	3,783
NCFTA	Northeast (Yilan)	2003	445,661	No record

Table 3. Accessible facilities and services of the five museums

MUSEUM	ACCESSIBILITY	
	Facilities	Services
NTM	Braille, 3D touchable models, tactile graphs, tactile map	Audio description, touch tour

MUSEUM	ACCESSIBILITY	
	Facilities	Services
NTMOFA	Braille, 3D touchable models, tactile map, tactile graphs, large print, magnifier, reading glasses, accessible application	Audio description, touch tour, nonvisual workshop
NMTH	Braille, tactile map, large print, accessible application, reading glasses, magnifier, 3D touchable models	Audio description, touch tour
NMP	Braille, tactile map, reading glasses	Audio description, nonvisual workshop
NCFTA	Braille, tactile map, indoor guide brick	Audio description, touch tour

📍 **Table 4.** Types of audio description development of the five museums

MUSEUM	TYPE	NAME	YEAR	AMOUNT OF AD	AVERAGE LENGTH (SECOND)	MUSEUM DEVICE	VISIT AIDS
NTM	On site & APP (Beacon)	Digital guide system	2013 2015 2019	40	150	45 Opus 32 iPod touch	3D models, tactile pictures, and map
NTMOFA	APP (Beacon)	NTMoFA Accessibility APP	2016	76	120	25 iPod touch	3D models, tactile pictures, and map
NMTH	APP (Beacon)	NMTH APP	2019	27	180	20 iPod Touch	3D models, tactile pictures, and map
NMP	QR Code	Descriptive video service	2019	50	180	0	3D models, tactile maps
NCFTA	APP (Beacon)	NCFTA APP	2018	31	120	20 iPads	3D models and map

How to Make a Universal Museum?
Investigating on Autonomy and Accessible Technology Application with
Multisensory Interpretation for the Visually Impaired Visitors

11

♥ Table 5.   Usage conditions of the five museums

MUSEUM	USAGE COUNT	SATISFACTION	PROMOTION	EDUCATION
NTM	No record	Normal (Verbal feedbacks)	Press release	Staff and volunteer training
NTMOFA	5,317 (APP)	High (User tests, questionnaires)	Facebook, press release, website, YouTube	Staff and volunteer training
NMTH	74 (APP)	Not yet	Not yet	Staff and volunteer training
NMP	20	Normal (Verbal feedbacks)	No	Staff and volunteer training
NCFTA	133 (APP)	Observing (Verbal feedbacks)	Facebook, website, official documents	Staff and volunteer training

♥ Table 6.   Difficulties or Improvements of the five museums

MUSUEM	DIFFICULTIES AND IMPROVEMENT
NTM	Historical building with limited space and visiting routes; no professional staff
NTMOFA	Outdoor sound installation or indoor guide brick
NMTH	Increase usage and improve promotion
NMP	No professional company in the east area
NCFTA	More assistive facilities, services, and connecting platform with society

References

American Association of Museums (1992). *The Accessible Museum: Model Programs of Accessibility for Disabled and Older People*. Washington DC: American Association of Museums.

Axel, Elisabeth S. & Nina S. Levent (2002). *Art beyond Sight: A Resource Guide to Art, Creativity, and Visual Impairment*. New York: American Foundation for the Blind Press.

Chang, Ying-Chih (2016). Audio Description in Museums: A Case Study on the Audio Description Project of the National Museum of Taiwan History. *Journal of Museums and Culture* 12: 157-80. (In Chinese)

Chao, Hsin-Yi (2011). "Art Education for the Visually Impaired: From a Visually Impaired Artist to Art Appreciation for the Visually Impaired." PhD diss., National Taiwan University of Science and Technology.

Chao, Hsin-Yi (2016). A Study on Museum Exhibition Designs and Accessible Programs for Visually Impaired Visitors. *Journal of Museum and Culture* 12: 105-40. (In Chinese)

Chao, Hsin-Yi (2018). Autonomy and Equity: Practical Application of Accessible Guided Tour Technology in the National Taiwan Museum of Fine Arts. *Journal of Museums and Culture* 15: 75-108. (In Chinese)

Chiu, Ta-Sing (2015). A Tactile Turn: Exhibition Ideas of Kojiro Hirose. *Journal of Museum & Culture* 12: 141-156. (In Chinese)

Groff, Gerda, Laura Gardner, & Oraien E. Catledge (1989). *What Museum Guides Need to Know: Access for Blind and Visually Impaired Visitors*. New York: American Foundation for the Blind Press.

Jankowska, Anna, Agnieszka Szarkowska, K. Krejtz, A. Fidyka, J. Kowalski, & M. Wichrowski (2017). Smartphone App as a Museum Guide. Testing the Open Art Application with Blind, Deaf, and Sighted Users. *International Journal of Translation* 19: 113-30.

Lin, Yung-Neng & Hsin-Yi Chao (2016). A Study on the Accessibility and Special Demands for Visually Impaired Museum Visitors. *Journal of Museums and Culture* 12: 43-64. (In Chinese)

How to Make a Universal Museum?
Investigating on Autonomy and Accessible Technology Application with
Multisensory Interpretation for the Visually Impaired Visitors

11

Okada, K. (2003). *The Design of the Art Gallery of the Visually Impaired Person, the Modern Art Museology of Japan—from the Sound of the Scene in Japanese Art Museum*. Taipei: Five Senses Arts Management Association. (In Chinese)

Shiang, Li-Rong & Shih Chang (2014). Audio Guide Service for the Visually Impaired Visitors of National Taiwan Museum. *Museum Studies*123, no. 33: 86-95. (In Chinese)

Su, Chien-Wen, Su-Zhen Zhuang, Hsiao-Hsuan Wu, & Nien-Tzu Chuang (2018). The Research of Investigating the Amiable Guide Tour of the National Taiwan Museum of Fine Arts Based on Seven Principles of Universal Design. *Journal of Research in Special Education and Assistive Technology* 18: 47-57. (In Chinese)

Culture Prevails: Co-Vibrating Public Sphere in Taiwan

Chieh-Hsiang Wu (Editor-in-Chief)

Chieh-Hsiang Wu, Chun-Hung Chen, Pao-Ning Yin, Fang-Jay Rong, Ming-Feng Liu, Li-Hui Lee, Tu-Chung Liu, Yu-Ting Kao, Yi-Wen Huang, Ren-Feng Ke, Hsin-Yi Chao

Abstract

The development of public sphere for cultural affairs in Taiwan has multiple directions in order to fit in all possible societal issues. As readers will find in this book, the dynamics in Taiwan's public sphere is to engage the public with creativity for deeper discussions of democratization through various forms.

The 10 chapters of this book are categorized into three subthemes: *Culture of Memory*, *Dynamics of Urbanism* and *Instrument for Commonality*.

In the part of *Cultural Memory*, Chun-Hung *Chen's* research *Cultural Interventions and Transitional Justice* suggests several paths to pass on memories of historical injustice to the coming generations. As former director of the National Human Rights Museum, Chen introduces events the Museum had tried, such as representing the history of White Terror through performing art or picture books. Through artistic narratives, the roles of victims and perpetrators are reflected, and a greater audience is reached in the broadened public sphere.

Citing Nancy Fraser's plurality of contesting publics that amended the narrowly defined and single-gendered Habermasian public sphere, Pao-Ning Yin's article *Cultural Heritage Education and the Formation of Cultural Public Spheres: A Case Study on Nanguo Elementary School and the Revitalization of Official Residence of Nanguo Magistrate in Changhua Country, Taiwan* sets a goal to include minority groups into the tasks of cultural heritage preservation. The author takes the preservation of Nan-Guo Officials' Residences dating from the 1920s as an example. The maintenance of the Residences has successfully engaged students of the Nan-Guo Elementary School who are the users as well as the caretakers of the historical asset. It is a proof that the preservation of historical heritage can engage diverse participants.

Fang-Jay Rong's *Heritage Education as an Opportunity for Cultural Public Sphere: An Imagination of Education for Sustainable Development* delivers another empirical researchof integrating cultural heritage into the general educational system. Through his personal involvement with the summer camp in Matzu, Rong addresses the great potential of the cultural heritage to be integrated into the curricula for students from elementary school and up. In this way, young people can acquire the knowledge conveyed in cultural heritage and strengthen their roles in public spheres.

Ming-Feng Liu's chapter *The Culturalization of Battlefield as the Representation of the Construction of Public Sphere during the Democratization: Comparing the Ppolitical Societies of Kinmen and Matsu* compares the cultural spaces in Kinmen and Matsu, the two islets once serving as military bases and now are tourist attractions. Liu elaborates how the clan systems of the populations in these two places consolidated people's identity when the cross-strait relations between Taiwan and China were tense.According to the findings of the author, after the realignment and closure of the military bases in Kinmen and Matsu, different clan systems in these two places led to different directions of the development of their respect civil societies and cultural public sphere.

In the part of *Dynamics of Urbanism*, Li-Hui Lee's chapter *Curation as a Medium for Promoting Public Discussion on Culture: a Case Study of the Taichung Second Traditional Market, Taiwan* introduces her project of curating a traditional market with modern museological practice as well as the model of art intervention. The curatorial work aimed at mobilizing the market vendors' memories by representing their occupations and personal histories. The creative intervention generated their sense of belonging to a community sharing the same values. Hence they were empowered to participate in the tasks to improve the conditions of the market.

Tu-Chung Liu's chapter *The Public Sphere of Cultural Entrepreneurship: Urban Imagination and Sustainable Development of the Historic District of Dadaocheng* is about the sustainability of the historical district Da Dao Cheng through commercial vitality. The preservation of the district was achieved by people of different professions, including urban planners, architects, historians, merchants, tour guides and artists. Liu observed how the district has developed from a traditional trading site to a compound for urban life, heritage promotion, tourism as well as centuries-old local businesses. In this district, consumerism is a support of historical heritage and spending money here is taking part in public cultural affairs, as asserted by the author.

In the chapter *Turning the Streets inside out: The Withdrawal and Overflow of the Cultural Life in Changhua City* about the cultural life of Changhua City, a city less economically developed, Yu-Ting Kao points out that the cultural diversity of the city was boosted by Changhua people returning home and bringing back different perspectives after living elsewhere. Many of them repurposed their properties for cultural use and overcame the public's distrust of the bureaucratic government. Through networking committed people and limited resources, a vibrant and diverse cultural life gradually grows. In time, Changhua people began to identify themselves with their culture rather than their economic achievement.

Yi-Wen Huang's research *Graffiti in the Public Spaces - Dynamics and Regulations of Cultural Activities* finds that graffiti artists in Lukang Township have different motivations compared to graffiti artists in metropolises like New York or London. The graffiti artists Huang had interviewed are shrewd in dealing with the authorities and smart in attracting public attention. Their strategies to avoid law enforcement, and the playful messages they send out with their graffiti show that they are more tactical than their seniors. However, as Huang's observation, public policies are still left behind in responding to the emerging strategies of the graffiti artists in Lukang and might lead them away from really taking part in the cultural public sphere.

The part *Instrument for Commonality* consists of 2 chapters, contributed by Ren-Feng Ke and Hsin-Yi Chao respectively. Ren-Feng Ke's research *Cooperate Owned Artworks in Public Sphere - A Feasibility Study of Asset Assessment for the CSR* discusses the feasibility to integrate the discipline of art assessment into assets assessment, with the perspective that artworks and art projects could be quantified and utilized for the indexes of Corporate Social Responsibility (CSR) and Environmental, Social and Governance (ESG). This study gives a vision that artworks or art projects can fit the interests of corporate governance.

Hsin-Yi Chao's study *How to Make a Universal Museum? Investigating on Autonomy and Accessible Technology Application with Multisensory Interpretation for the Visually Impaired Visitors* on the digitalized and individualized facilities for disabled museum visitors are crucial to the museum administration. The five museums Chao investigated have different shortcomings and face different challenges in completing the entire assistant system. In order to support each disabled visitor as independent individuals, this study looks into where and how the technical assistance is needed and in what way the facilities could be improved. The 2 chapters by Ke and Chao have supplemented the instrumental and technical dimensions of the futuristic cultural public sphere to this book.

Contents

Part 2 Dynamics of Urbanism

Chapter 6

Curation as a Medium for Promoting Public Discussion on Culture: a Case Study of the Taichung Second Traditional Market, Taiwan / Li-Hui Lee

Chapter 7

The Public Sphere of Cultural Entrepreneurship: Urban Imagination and Sustainable Development of the Historic District of Dadaocheng / Tu-Chung Liu

Chapter 8

Turning the Streets inside out: The Withdrawal and Overflow of the Cultural Life in Changhua City / Yu-Ting Kao

Chapter 9

Graffiti in the Public Spaces - Dynamics and Regulations of Cultural Activities / Yi-Wen Huang

Part 3 Instrument for Commonality

Chapter 10

Cooperate Owned Artworks in Public Sphere - A Feasibility Study of Asset Assessment for the CSR / Ren-Feng Ke

Chapter 11

How to Make a Universal Museum? Investigating on Autonomy and Accessible Technology Application with Multisensory Interpretation for the Visually Impaired Visitors / Hsin-Yi Chao